# 왜 유럽연합은 한국외교에서 잘 보이지 않을까

• 김형진

박영사

한·EU 관계

2017.2.22. EU 신임장 제정

한 알의 모래 속에서 세계를 보고
한 송이 들꽃 속에서 천국을 본다.
손바닥 안에 무한을 거머쥐고
순간 속에서 영원을 붙잡는다.

To see a World in a Grain of Sand

And a Heaven in a Wild Flower

Hold Infinity in the palm of your hand

And Eternity in an hour

윌리엄 블레이크, "순수의 전조" (번역: 장영희)*

---

* 장영희 씀, 김점선 그림, *축복: 장영희의 영미시산책*.

# 서 언

한 알의 모래를 통해 세계를 볼 수 있듯이 유럽연합을 통해 세계를 볼 수 있다. 필자가 유럽연합에 관해 강의할 때면 윌리엄 블레이크의 "순수의 전조"를 인용하곤 하였다. 고 장영희 교수님의 번역이 마음에 와닿았다. 실제로 한 알의 모래에서 세계를 볼 수 있을까? 순간 속에서 영원을 붙잡는 것이 가능한 일일까?

유럽연합은 하나의 세계이다. 유럽연합 회원국 간의 관계가 각 회원국의 대외 관계에서 가장 중요한 부분을 차지한 때도 있었다. 유럽연합은 하나의 정치체로서 움직이기도 하고 회원국이 각각의 국가로 행동하기도 하면서 다른 나라와 협력하며 경쟁한다. 유럽연합 회원국의 정치제도와 상호 협력만이 아니라 유럽연합이 만드는 기준은 선도적으로 다른 나라의 모범이 된다.

2025년은 한국과 유럽연합이 전략적 동반자 관계를 수립한 지 15주년이 되는 해이다. 2023년 7월 24일 양측은 수교 60년을 맞았다. 양측은 서로 호감을 가지고 있다. 다만 상호 관심과 이해의 수준이 높지 못한 것도 사실이다. 한국에서는 독일, 프랑스 등 유럽연합 회원국에 대한 관심이 더 높다. 유럽연합에서 한국에 대한 이해와 관심은 미국, 러시아, 중국과 일본에 미치지 못한다.

사실 유럽연합은 가까이 있다. 한국과 유럽연합은 1963년 수교 이래 정치, 경제, 안보 면에서 탄탄한 전략적 동반자 관계를 발전시켜 왔다. 양측은

많은 문제에서 사전에 조율하지 않아도 같은 입장을 취하는 경우가 대부분
일 정도로 자연스러운 파트너이다. 민주주의, 시장경제, 법의 지배, 인권 등
기본적인 가치를 공유하며 전략적인 국익이 서로 부합되는 부분이 많다.

2017년 2월 22일 도널드 투스크(Donald Tusk) 당시 EU 정상회의 상임
의장은 필자의 신임장을 받으며 한국은 유럽연합의 "최고의 파트너"라고
말하였다. 한국은 유럽연합의 "최고의 파트너 중 하나"라고 말하지 않고
"최고의 파트너"라고 말한 것이다. 당시 한국은 유럽연합과 기본협정,
FTA, 위기관리협정의 정무, 경제, 안보 면에서 3대 협정을 체결한 유일한
나라였다.

필자는 2017년 1월부터 2019년 12월까지 유럽연합 주재 우리나라 대사
로 근무하면서 투스크 상임의장의 평가에 근거가 있음을 확인하였다. 유럽
연합과 그 회원국은 한국에 대하여 호의와 관심을 가지고 협력하기를 희
망한다. 한국은 유럽연합의 전략적 동반자 10개국 중에서도 '진정으로 뜻
을 같이하는'(truly like-minded) 나라로 평가된다.

필자의 브뤼셀 근무가 결정되자 주한 유럽 대사들이 도움을 주었다. 유
럽연합 조직도를 가지고 각 부서의 업무 및 회원국 간 관계를 설명해 주었
다. 업무를 총괄하는 총국장은 물론, 최고 인사 비서실장을 만나라고 권유
하였다. 식사를 함께 하라고 하면서 벨기에 음식은 "프랑스 음식인데 독일
음식만큼 많은 양"(French food with German portion)을 준다고 소개하였
다. 음식을 소개하는 때도 유럽연합에서는 역시 프랑스와 독일이 전면에
나왔다.

브뤼셀은 단일도시로서는 세계에서 가장 많은 대사가 주재한다. 대사가
400명이 넘는다. 미국 대사만 3명이 주재한다. 유럽연합, 벨기에, 나토에
각각 대사가 주재한다. 프랑스, 독일, 캐나다 등도 같다. 유럽연합을 중심
으로 브뤼셀에는 한국에 호감을 가지는 인사가 많았다. 한국에도 유럽연합
에 대해 우호적 인식을 가지는 사람이 많지만 직접 경험할 기회는 많지 않

은 것으로 보인다.

　G7 정상회의가 2024년 6월 이탈리아에서 개최되었다. 참석 정상이 7명
이 아니라 9명이었다는 사실은 주목받지 못하였다. 미국, 영국, 독일, 프랑
스, 이탈리아, 캐나다 및 일본 정상이 관심을 받았다. 함께 한 EU 정상은
2명인 데다 명칭이나 역할도 생소하여 조연과 같은 인상을 주었다. 언론
보도는 7명의 국가 정상에 집중되었다. 독자의 수요와 언론의 공급이 일치
하였다.

　유럽연합에 관하여 설명하고자 하여도 미국, 중국이나 일본에 관한 강
연 수요가 더 많다. 한 유럽대사는 다음과 같이 조언하였다. 뱀에 관해 공
부하였는데 코끼리에 관한 시험 문제가 나왔다고 하자. 이런 경우 코끼리
는 거대한 동물인데 코가 길쭉한 것이 뱀을 연상시킨다고 하면서 뱀 이야
기로 넘어가듯이, 무슨 주제로 시작하든 유럽연합으로 넘어가 이야기하라
는 것이었다.[1]

　유럽연합은 개인정보 보호부터 환경에 이르기까지 범세계적 기준을 선
도한다. ‘브뤼셀 효과’(Brussels effect)이다. 유럽연합은 민주주의, 인권, 법
의 지배 등 보편적 가치를 중시하며 미국, 중국에 이은 세계 제3위 경제권
으로서 영향력을 갖는다. 세계는 미국과 중국이 선도하는 G2, 어느 나라
도 이끌지 못하는 G0(zero)만큼 유럽연합과 미국, 중국이 이끄는 G3 측면
이 있다.

　유럽연합이 수명을 다했다는 평가도 있다. 브렉시트, 유로화 위기, 난민문
제 등 도전을 맞을 때면 유럽연합이 해체될 것이라는 예측도 제기되었다.
유럽연합은 과거의 일이 되고 마는가?[2] 유럽연합은 제2차 세계대전 이후 유
럽에 평화와 번영을 가져온 전례 없는 거대한 실험이 되고 있는 만큼 ‘미지

---

1) 2022년 주한 외국 대사들 모임에서 Aris Vigants 주한 라트비아 대사가 필자에
　게 이야기한 내용이다.
2) The European Union could soon be a thing of the past. 이러한 평가는 학
　자, 언론인 사이에서 빈번히 제기되어 왔다.

의 목적지로의 여행'(journey to an unknown destination)에 비유된다.3)

유럽연합은 1953년 유럽석탄철강공동체(European Coal and Steel Com-munity: ECSC)로 출범한 후 계속 진화하여 왔다. 새로운 도전은 새로운 해결을 가져와 유럽연합을 더욱 강하게 만들었다. 마치 "우리를 죽일 수 없는 것은 우리를 더 강하게 만든다"(That which does not kill us, makes us stronger)라는 니체(Friedrich Nietzsche)의 말의 실증 사례와 같았다.

유럽인의 정체성도 확립되어 왔다. 유럽의회 행사에서 자신을 이탈리아 출신이라고 소개하지 않고 남부유럽 출신이라고 말한 인사를 보았다. 자신을 영국 출신이라고 하지 않고 스코틀랜드 출신이라고 말한 인사와 대조를 이루었다. 유럽연합이 주권국가 간 국제기구 성격을 넘어 연방국가를 지향하는 모습과 일부 회원국 내 분리주의 동향이 있음을 보여 주었다.

브뤼셀은 '호텔 캘리포니아'의 가사처럼 "체크아웃은 할 수 있어도 떠날 수는 없다"(You can check out but you cannot leave).4) 유럽연합이 갖는 구심력이다. 필자도 유럽연합에 관해 강연할 때는 이 말을 인용하며 EU 회원국 27개국 중 26개국, 북대서양조약기구(NATO) 회원국 32개국 중 31개국을 방문하였다고 소개하고 사이프러스와 아이슬란드는 다시 유럽을 방문할 이유로 남겨두었다고 말하곤 한다.

이 책은 독자가 유럽연합을 이해하는 데 도움이 되기를 바라며 기술하였다. 많은 분이 생각을 공유해 준 결과를 반영하였다. 코끼리를 만지며 이야기하는 것과 같을지 모르지만 필자가 경험한 유럽연합의 안팎을 소개해 보고자 하였다. 많은 분들이 유럽연합의 속사정을 설명해 주면서 필자가 다른 사람들에게도 알려주기를 원하였다. 필자는 2022년 5월 공직에서

---

3) Andrew Schofield, "Europe: Journey to an Unknown Destination: 1972", The Reith Lectures, *BBC,* 1972.11.7.

4) 'Hotel California'는 1976년 나온 가수 Eagles의 록 음악의 제목으로서 가사에 "You can check out any time you like. But you can never leave."라는 구절이 있다.

퇴직한 이후에도 유럽연합 및 회원국 인사와 어울릴 기회가 많아 계속 유럽연합에 대한 이해를 높일 수 있었다.

문제는 필자가 파악한 점들을 연결하는 작업이었다. 5년 전에 초안을 쓰고 추가로 읽는 글과 만나게 되는 유럽인들의 설명을 토대로 수정하고 다듬기를 계속하였다. 유럽연합 관련 상황이 변화하여 수정이 필요한 사항이 계속 추가되지만 일단락을 짓기로 하였다. 책의 내용은 필자의 개인적 견해이다. 많은 분의 도움을 받아 정확을 기하였지만 남아 있는 어떠한 잘못도 필자의 책임이다. 유럽연합이 진화해 나가듯이 더 많은 공부와 경험을 통해 보완해 나가기를 희망한다.

2019년 12월 6일 대사관 동료들은 다음 날 브뤼셀을 떠나는 필자를 '테디 베어'(Teddy Bear)라고 부르며 환송해 주었다. 유럽의회 의원들이 우정을 담아 필자를 부르던 말이었다. 3년의 브뤼셀 근무는 국제정치를 새로운 각도에서 볼 수 있다는 기쁨과 도와주는 분들에 대한 감사의 연속이었다. 우정과 생각을 아낌없이 나누어 준 많은 분께 감사한다. 대사관 동료, 현지의 교민 분들, EU와 나토 동료에게 감사하다는 말을 전하고 싶은 것이 이 책을 쓰게 된 마음 깊은 곳의 이유이다. 모든 일을 주관하시는 하나님, 항상 기도해 주시는 부모님과 사랑을 남기고 소천하신 장인·장모님, 아내와 아이들, 동생, 친구, 동료들에게 각별히 감사하다는 말을 꼭 전하고 싶다.

2025년 5월
김형진

# 발간 축사

점점 더 복잡해지는 지정학적인 환경 속에서 대한민국이 글로벌 무대에 서의 역할을 계속 확대해 나가고 있는 가운데, 이 훌륭한 책은 주목받지 못했던 대한민국의 중요한 파트너 중 하나인 유럽연합에 대한 독특한 통찰력을 제공한다.

김형진 대사는 EU 기관과 외교정책의 진화를 대단한 통찰력과 명료성을 가지고 추적함으로써 EU와 대한민국 간의 아직 충분히 개발되지 않은 전략적이며 외교적인 잠재력을 부각시킨다. 가장 존경받는 한국 외교관 중 한 사람에 의해 쓰인 이 책은 현재의 지정학에 관심을 갖는 사람이라면 반드시 읽어야 할 필독서이다.

As the Republic of Korea continues to expand its role on the global stage in an increasingly complex geopolitical environment, this excellent book offers a unique insight into one of its less visible, yet crucially important partners: the European Union.

By tracing the evolution of the EU's institutions and its foreign policy with great insight and clarity, Ambassador 김형진 highlights the still largely untapped strategic and diplomatic potential between the EU and the Republic of Korea. Written by one of Korea's most respected diplomats, this book is a must read for anyone interested in current geopolitics.

**다니엘 볼벤**, 스웨덴 외교부 아시아·태평양 지역 및 중남미 국장
(Daniel Wolven, Director General for Asia, the Pacific Region and Latin America,

Swedish Ministry for Foreign Affairs)

이 중요한 책에서 김형진 대사는 자신의 경험과 독창적 연구에 기초하여 왜 EU가 성장하는 한국에 중요한지를 설명한다.

In this essential book, Ambassador Kim Hyoung−zhin draws on his own experience and original research to explain why the EU matters to a thriving Korea.

**라몬 파체코 파르도**, 벨기에 브뤼셀 자유대학교 한국 석좌

(Ramon Pacheco Pardo, KF-VUB Korea Chair at Vrije Universiteit Brussel)

지리적인 거리는 협력에 장애가 되지 않는다. 지난 세월을 통해 유럽연합과 한국은 공동 가치와 공통의 이해를 토대로 더욱 긴밀한 공약과 유대의 네트워크를 구성하여 왔다. 유럽 측의 주체는 EU 기관들과 회원국 등이 다양하게 있다. 이 책에서 김형진 교수는 외교관의 통찰력과 학자의 정확성을 가지고 EU와 대한민국 간의 모범적인 관계의 구성, 통로와 업무 방식을 밝힌다. 한 페이지, 한 페이지가 모두 읽을 가치가 있다.

Geographical distance poses no hindrance for cooperation. Over past years, the European Union and South Korea have woven an even closer network of commitments and ties based on joint values and common interests. On the European side actors are manifold: European institutions and EU member states. In his book, Professor Kim Hyoung−zhin unveils the architecture, the channels and working methods of the exemplary relationship of the EU with the Republic of Korea with the insight of a diplomat and the precision of a scholar. Worth reading every single page.

**볼프강 앙거홀처**, 주한 오스트리아 대사

(Wolfgang Angerholzer, Ambassador, Austrian Embassy, Seoul)

이 책은 한국 독자가 유럽을 더 잘 알고 이해할 수 있도록 하기 위한 시의적절하며 중요한 시도이다. 김형진 대사는 유럽연합에 대한 광범위한 지식과 경험을 갖고 있는, 이 일에 적절한 인사이다. 유럽연합과 대한민국의 관계를 더 긴밀히 하기 위한 그의 기여는 대단했다. 우리는 그에게 매우 감사한다.

This book is a timely and important initiative to make Europe better known and understood to a Korean audience. Ambassador Kim Hyoung Zhin, with his extensive knowledge and experience of the EU, is the right person to make this happen. His contribution to bring EU and RoK closer together has been immense. We are very grateful to him.

**마리아 카스티요 페르난데즈**, 주한 유럽연합 대사
(Maria Castillo Fernandez, Ambassador, Delegation of the European Union to the
Republic of Korea)

선의의 무시부터 이해 조정까지: EU 권력의 중심에서 한국 대사로 근무한 김형진은 세계에서 가장 중요한 비국가 행위자인 EU의 작동에 관해 필요한 통찰력과 이해를 제공한다.

From benign neglect to coordination of interests: Kim Hyoung—zhin, having worked as Korean ambassador at the centre of EU—power, provides the necessary insight and understanding of the workings of the EU, the most important non—state actor in the world.

**미하엘 라이터러**, 교수, 전 주한 유럽연합 대사
(Professor Michael Reiterer, EU-Ambassador ret.)

  EU는 복합적인 정부 간 구조물로, 항상 명확하게 이해되는 것은 아니지만 시간이 지남에 따라 폭과 깊이가 증가하고 있다. EU의 기능에 관한 김 대사의 이러한 기록은 국제관계를 용이하게 하는 데 중요하며, 실험적인 연방 구조물의 사례로서, 또 다른 나라에 대한 모범으로서도 의미가 있다.

  The EU is a complex intergovernmental construct that is not always well understood, but still growing in breadth and depth with the day. Accounts like this one by Ambassador Kim of its functioning are important to facilitate international relations, but also as example of a experimental federal construct, and as model for other nations.

**카렐 라누**, 유럽정책연구센터 소장

(Karel Lannoo, Chief Executive Officer, Centre for European Policy Studies)

# 목 차

# 유럽연합의 **발전과정**

**모든 것은 지나간다, 과거만 제외하면.**

Everything passes except the past.

벨기에 왕립 중앙아프리카 박물관의 안내문

# 제1장

## 유럽연합의 발전과정

## 1.1 유럽연합의 발전

### ▌유럽연합의 발전 배경

유럽인에게 제2차 세계대전은 큰 악몽이었다. 제1차 세계대전도 피해가 너무 커서 피로스 왕의 승리(Pyrrhic victory)처럼 승전국도 의미를 찾기 어려웠다.[1] 제1차 세계대전 후 주요 국가들은 국제연맹을 만들며 전쟁을 막기 위해 노력하였다. 그러나 제1차 세계대전을 잘못 처리한 결과처럼 제2차 세계대전이 일어났다. 두 전쟁 사이의 평화 기간은 20년에 불과하였다.

전쟁을 막아야 했다. 유럽석탄철강공동체(European Coal and Steel Community: ECSC)가 창설되었다. 무기를 만들 때 필요한 석탄과 철강을 공동 관리하여 전쟁을 생각할 수 없게 하며 물리적으로 불가능하게 만들자는 것이었다. 로베르 슈망(Robert Schuman) 프랑스 외교장관이 1950년 5월 9일 발표한 구상이었다.[2] 장 모네(Jean Monnet) 프랑스 경제계획청장

---

1) 에피로스 왕국의 피로스 왕은 로마군에 맞서서 기원전 280년 헤라클레아 전투, 기원전 279년 아스쿨룸 전투에서 승리했지만 병력 피해가 너무 커 결국 전쟁에 패하고 퇴임하였다.
2) Schuman Declaration(1950.5.9.) 중 "The solidarity in production thus

의 생각을 발전시킨 것이었다.

슈망은 룩셈부르크에서 태어나 독일과 프랑스 학교를 다녔다. 부친은 로렌(Lorraine) 출신 프랑스인이었다. 로렌은 1871년 독일에 합병되었고, 슈망의 부친은 룩셈부르크로 이주하여 룩셈부르크인과 결혼해 1886년 슈 망을 얻었다. 로렌은 제2차 세계대전 후 프랑스로 돌아왔다. 로렌은 알퐁 스 도데(Alphonse Daudet)의 단편소설 '마지막 수업'(La Derniere Classe: The Last Class)의 무대인데, 소설은 프랑스어가 아니라 독일어의 마지막 수업 이야기가 될 수도 있었다.

유럽은 먼 길을 걸어왔다. 언덕 위에 하얀 집을 짓는 것과 같았다. 주목 을 받았지만 과정이 늘 순탄하지는 않았으며 실패로 끝날 것이라는 의구 심도 많았다. 그러나 유럽연합은 불사조가 부활하듯 기본문서를 갱신하며 발전하여 왔다. 유럽연합은 유럽을 전쟁의 대륙으로부터 평화의 대륙으로 변화시킨 공로를 인정받아 2012년 노벨 평화상을 받았다.3)

유럽연합은 유일무이한(sui generis) 정치체로서 △정부 간 기구 △초국 가 기구 성격을 모두 가지고 있다. 전자는 회원국의 역할과 정부 간 관계, 후자는 EU 기관에 중점을 둔다. 전자는 현실주의 관점에서 각국의 국익 추구에, 후자는 신기능주의 관점에서 통합 진전에 초점을 맞춘다. 유럽연 합은 △국제기구 △초기단계 국가(proto-state) △새로운 정치조직의 성격 을 모두 가지고 있다.4)

---

established will make it plain that any war between France and Germany becomes not merely unthinkable, but materially impossible."

3) "The stabilizing part played by the EU has helped to transform most of Europe from a continent of war to a continent of peace," The Norwegian Nobel Committee, 2012.10.12.

4) Simon Usherwood & John Pinder, *The European Union: A Very Short Introduction,* p.1

## 유럽연합의 발전과정

1945년 이래 유럽통합에서 두 가지의 흐름이 나타났다. 유럽연방의 방향으로 이동하려는 노력과 국가의 정체성과 주권을 지키려는 노력이었다. 유럽통합 과정은 하나의 일정한 선을 따라 진행되지는 않았다. 단 도전을 맞을 때마다 유럽연합은 해결책을 찾아 오히려 통합을 강화하였다. EU 조약은 주기적으로 개정되었다. 유럽연합의 발전을 10년 단위로 나누어 보면 다음과 같다.[5]

## 유럽공동체의 시발(1945-1959년)

파리 조약(1951년 4월 18일 서명, 1952년 7월 23일 발효)으로 유럽석탄철강공동체(ECSC)가 창설되었다. 프랑스, 서독, 이탈리아, 벨기에, 네덜란드, 룩셈부르크 등 6개국이 참여하였다. 영국도 고려되었지만 참여하지 않았다. 영국은 국제조직에 주권을 이양해야 할 가능성을 우려하였으며 대영제국 중의 남은 부분으로도 살아갈 수 있을 것이라고 생각하였다.

영국의 유보적 태도로 말미암아 영국을 포함하지 않는 통합이 추진되었다. 유럽에서 전쟁의 근본 원인이 된 것은 독일과 프랑스 간 경쟁관계였다는 생각이 배경이었다. 장 모네 프랑스 경제계획청장은 무기를 만드는 자원인 철강과 석탄을 초국가적 기구가 공동관리하며 공동시장 운영을 통해 전쟁을 막는 획기적인 구상을 제의하였다.

로베르 슈망 프랑스 외교장관은 이 구상을 강력히 지지하여 초국가적 기구를 통해 프랑스와 독일의 석탄과 철강산업을 공동 관리하는 새로운 개념의 ECSC를 제의하였다. 슈망 장관이 1950년 5월 9일 제의(슈망 선언)를 발표한 것을 기념하여 유럽연합은 5월 9일을 유럽의 날(Europe Day)로 기념한다. 제2차 세계대전 유럽 종전(1945년 5월 8일) 기념일 바로 다음 날이다.

윈스턴 처칠(Winston Churchill) 총리가 유럽합중국(United States of

---

5) "History of the EU," the European Union 공식 홈페이지(2024.12.15. 열람)의 시기 구분을 따랐다.

Europe) 구상을 말하기도 하였지만 영국은 대영제국과 영연방을 유지하고
자 하였다. 프랑스는 유럽에 장기적이며 전략적인 이득이 있다고 판단하였
다. 프랑스가 유럽통합을 이끌게 된 배경이었다. 독일과 이탈리아는 전쟁
직후 리더 역할을 하기 어려웠으며 베네룩스 3국은 경제·군사력에서 프랑
스에 필적할 수 없었다.6)

프랑스와 독일이 중심이 되었다. 두 나라가 모든 일을 할 수는 없었지만
두 나라의 협력이 없으면 어떠한 일도 할 수 없었다. 유럽공동체 본부는
상대적으로 작은 나라인 벨기에와 룩셈부르크가 유치할 수 있었다. 큰 나
라 사이에는 서로 견제가 있었다. 벨기에는 프랑스어와 네덜란드어, 독일
어가 공용어이다. 룩셈부르크는 프랑스어, 독일어, 룩셈부르크어가 공용어
이다. 두 나라의 국민이 여러 언어를 자유롭게 구사하여 유럽공동체 본부
를 유치하기에 안성맞춤이었다.

로마가 그러하였듯이 로마 조약은 하루아침에 이루어지지 않았다.
ECSC 창립 6개국은 1957년 3월 25일 로마 조약을 체결해 유럽경제공동체
(European  Economic  Community:  EEC)와  유럽원자력공동체(European
Atomic Energy Community: EURATOM)를 추가로 창설하였다. EEC는 관세
연합, 공동시장을 통해 경제부문에서 성과를 거두었다. 대외적으로 공동관
세를 부과하며 영향력을 발휘하였다. EURATOM은 원자력의 평화적 이용
과 연구를 위한 핵물질과 기술에 대한 접근을 보장하였다.

## 경제 발전의 시기(1960-1969년)

ECSC 창립 6개국은 1965년 4월 8일 통합 조약(Merger Treaty)에 서명
(1967년 7월 1일 발효)하여 ECSC, EEC, EURATOM 등 3개 공동체에 각각
설치되어 있던 기관을 하나로 묶어 각료이사회(Council), 집행위원회
(Commission), 유럽의회(European Parliament)로 단일화하였다. 단일 공동

---

6) Anthony Pagden, *The Idea of Europe: From Antiquity to European Union*,
   p.230

체를 유럽공동체(European Community: EC)로 통칭하였다. EC는 관세연합, 공동시장 및 공동농업정책을 실시하고 1979년 3월 유럽통화제도(European Monetary System: EMS)를 발족시켰다.

각료이사회 결정을 가중다수결로 바꾸는 것을 두고 샤를 드골(Charles De Gaulle) 대통령의 프랑스와 여타 5개국이 충돌했다. 프랑스는 1965년 6월부터 7개월간 각료이사회 참석을 거부하는 공석 정책(empty-chair policy)을 밀고 나갔다. 프랑스는 공동농업정책 비토권을 유지하고자 하였다. 공공지출을 통해 농산물 가격을 지지하는 것은 농업의 비중이 큰 프랑스의 핵심 관심사였다.

1966년 1월 프랑스는 '룩셈부르크 타협'(Luxembourg Compromise)을 이끌어 내었다. 합의의 골자는 △한 회원국이 핵심이익에 관한 사안으로 판단하는 경우 회원국 만장일치로 결정 △결정권한을 집행위원회 등 EC 기관으로부터 회원국으로 환원 등이었다. 프랑스는 희망대로 비토권을 유지하였다. 이후 20년간 드골의 견해가 EC를 지배하였다.

## 혼재된 통합 및 회원국 확대(1970-1979년)

1974년 EC 정상회의(European Council)가 공식 기관으로 창설되어 정부 간 협의가 부각되면서 EC의 통합과정이 약화되었다. 정부 간 최고 협의체인 EC 정상회의는 영국이 가입하는 경우 미국과의 관계를 과도하게 부각할 가능성에 대비해 프랑스와 독일이 사전보장 장치로 만든 측면이 있다. 마침내 1973년에 영국이 회원국으로 가입하였다. 덴마크, 아일랜드도 함께 가입하였다. 1974년에는 포르투갈과 그리스에서 1975년에는 스페인에서 독재체제가 종식되었다.

1979년 6월부터 유럽의회 의원에 대한 직접선거가 실시되어 주민 의사가 바로 반영되게 되었다. 유럽의회는 EC 기관 중 가장 연방적 성격을 가지고 있어 유럽 통합의 추진력이 되었다. 지스카르 데스탱(Giscard d'Estaing) 프랑스 대통령이 주도한 개혁이었다. 그는 EC 정상회의 창설, 유럽의회 의원 직접선거를 이끌어내었다. EC의 정부 간 기구성격과 초국가적 기구성격이 함께 진전되었다.

## ▌ 유럽의 얼굴 변화 ─ 공산주의 붕괴(1980-1989년)

1981년 그리스, 1986년 스페인과 포르투갈이 가입하였다. 유럽공동체는 12개 회원국으로 확대되었다. 회원국이 확대됨에 따라 EC의 정치적, 사회적인 구성이 변화되고 통합의 추동력이 약화되면서 제도적 이완이 일어났다. 일부 회원국의 유보적 입장을 감안하여 통합주의자들은 경제 통합에 집중하였다. 영국과 덴마크가 통합에 가장 유보적이었다.

단 1986년 2월 단일유럽의정서 합의로 광범위한 변화가 일어났다. 미국, 일본에 비하여 경쟁력이 부족한 데 따른 대응으로 12개 EC 회원국의 역내시장을 완성하고자 한 것이었다.[7] EC의 배타적 권한 분야를 확대하며 EC 기관이 의제를 정할 수 있게 되었다. 단일유럽의정서는 상품, 서비스, 자본, 인원의 이동 제한을 철폐하여 1993년 1월 역내 단일시장을 구축하기로 하였다.

1987년 6월 13일 에라스무스 프로그램이 시작되어 대학생이 여타 회원국 대학에서 수학할 수 있도록 자금을 제공하였다. 1989년 11월 9일 베를린 장벽이 붕괴되어 동서독 통일로 이어지는 길이 열렸다. 구 동구권 국가의 체제가 붕괴되어 시장경제 제도를 도입하였다. 서유럽 국가와 협력을 증대할 수 있는 여건이 마련되었다.

## ▌ 국경 없는 유럽의 출범(1990-1999년)

EC 12개국은 경제통합을 가속화하고 정치통합을 위하여 1992년 2월 7일 마스트리히트 조약(Maastricht Treaty)을 체결하였다. 이에 따라 1993년 11월

---

7) Andreas Staab, *The End of Europe? - The Five Dilemmas of the European Union*, p.6

1일 유럽연합(European Union)이 출범되었다. EU조약 내에 3개의 기둥 (pillars)이 창설되었다. ① 유럽공동체[European Communities: EC(EEC, ECSC 와 EURATOM 포괄)] ② 공동외교안보정책(Common Foreign and Security Policy: CFSP) ③ 사법·내무업무(Justice and Home Affairs: JHA) 협력이었다. EEC는 유럽공동체(European Community: EC)로 개명되었다.

1993년 1월 1일 역내 단일시장이 출범되어 경제통합이 심화되고 단일 통화권 구성 움직임이 가속화되었다. 가중다수결 결정이 확대되어 각료이 사회의 정책결정이 효율화되었다. 유럽의회와 유럽사법재판소의 권한을 확대하고 여타국의 지방법원에 해당하는 일반 재판소(General Court)를 설 치하였다. 마스트리히트 조약은 각료이사회와 유럽의회의 공동입법 기능 을 확립하였다.

마스트리히트 조약으로 유럽연합이라는 상징적 단어가 나오고 EU 시민 권 구상도 만들어졌다. 공동화폐 유로(Euro)의 기초도 놓여졌다. 큰 변화 가 이루어졌는데도 회원국 중 3개국에서만 국민투표에 부쳐져 아일랜드에 서 쉽게 승인되었으나 프랑스에서 51:49로 어렵게 승인되었고 덴마크에서 는 두 번째 국민투표에서야 겨우 승인되어 유럽 내의 복합적인 인식을 보 여 주었다.[8]

암스테르담 조약(Amsterdam Treaty)(1997년 10월 2일 서명, 1999년 5월 1일 발효)은 각료이사회와 유럽의회의 공동결정 분야를 확장하고 유럽의회의 권한을 확대하였다. 사법과 내무 분야의 많은 업무를 유럽연합으로 이관하 였다. '건설적 기권'(constructive abstention) 방식을 도입해 유보적인 회원 국에게 시간을 주면서 유럽통합을 추진해 나갈 수 있도록 하였다. 공동외 교안보정책 고위대표직도 설치하였다.

1986년 단일유럽의정서 체결, 1989년 예산개혁을 이루어 낸 들로르 패 키지(Delors Packages) 채택, 철의 장막 붕괴 및 1990년 동서독 통일 직후

---

8) Roger Eatwell and Matthew Goodwin, *National Populism: The Revolt Against Liberal Democracy,* pp.99−100

인 1992년 마스트리히트 조약 체결, 1997년 암스테르담 조약 체결, 2001
년 니스 조약 체결로 이어지는 일련의 과정은 유럽적인 거버넌스가 발전
한 시기로서 유럽 통합의 중흥기였다.

## 유럽연합의 추가 확대(2000-2009년)

니스 조약(Nice Treaty)(2001년 2월 26일 서명, 2003년 2월 1일 발효)은 유
럽연합의 조직 개혁을 목적으로 하여 유럽의회의 입법·감독 권한을 증대
하고 각료이사회의 가중과반수 표결 분야를 확대하였다. 유럽석탄철강공
동체(ECSC)는 당초에 합의한 대로 50년을 지속한 이후 2002년 7월 23일
종료되었다.

헌법조약(Constitution Treaty)(2004년 10월 29일 서명, 발효 무산)은 기존
조약 내용을 종합한 것이었다. 기존의 조약을 통합하여 헌법과 같은 문서
를 만들고자 하였으나 간결한 문서를 만들어 내지는 못하였다. 유럽연합의
일관성과 정체성을 확대하여 상징적인 의미를 가지는 것이었는데 프랑스
와 네덜란드의 국민투표에서 부결됨으로써 채택이 무산되었다.

EU 회원국은 헌법조약을 수정하여 리스본 조약(Lisbon Treaty)(2007년
12월 13일 서명, 2009년 12월 1일 발효)을 체결하였다. 일부 유럽 주민의 유
보적인 입장을 감안하여 '헌법'이라는 표현은 삭제하였다. 공동체(Community)
대신 연합(Union)이라고 하였다. 외교장관(Minister for Foreign Affairs) 대신
외교안보정책 고위대표(High Representative of the Union for Foreign
Affairs and Security Policy)라고 하였다. 니스 조약과 리스본 조약은 2004
년 중·동부 유럽국가의 대거 가입을 계기로 EU 기관과 정책을 현대화시
켰다.[9] 2009년 유로존 부채위기가 닥치자 유럽통합에 대한 의문이 다시
제기되었다.

---

9) Andreas Staab, *The End of Europe? - The Five Dilemmas of the European
   Union*, pp.6-9

## ▎유럽연합을 찾아온 도전의 10년(2010-2019년)

2008년 미국에서 시작된 금융위기는 2010년 유럽에까지 밀어닥쳤다. 유럽연합의 통합이 유지될 수 있을지 의문이 제기되었다. 그리스가 유럽연합을 탈퇴할 수 있다는 그렉시트의 위협이 제기되었지만 점차 상황을 극복하였다. 2012년 12월 10일 유럽연합은 전쟁의 대륙을 평화의 대륙으로 변화시킨 공로를 인정받아 노벨 평화상을 수상하였다.

2013년 7월 1일 크로아티아가 28번째 유럽연합의 회원국으로 가입하였다. 2015년 12월 12일에는 유럽의 국가들이 많은 관심을 가져온 기후변화 파리 협약이 서명되었다. 2015년 한해에만 1백만 명이 넘는 난민이 유럽으로 유입되어 유럽연합의 통합과정에 커다란 도전을 제기하였다. 급기야 2016년 6월 23일 영국 국민은 국민투표에서 영국의 EU 탈퇴를 지지하였다. 영국으로의 이주민이 증가된 것이 중요한 이유였다.

영국 정부는 유럽연합을 탈퇴할 준비가 되어 있지 않았지만 엎질러진 물처럼 국민투표 결과를 받아들여 어려운 탈퇴협상을 진행하여 2020년 1월 유럽연합을 공식 탈퇴하였다. 2016년 3월 18일에 유럽연합이 60억 유로를 지원하는 조건으로 튀르키예 정부가 난민 수용시설을 제공한다는 합의를 도출하여 잠정적으로 해결되었지만, 난민 문제는 여전히 과제로 남아 있다.

## ▎다시 도전을 활용하는 유럽연합(2020년-)

2020년 1월 코로나19의 유행에 따라 유럽연합은 공동대응을 결정하였다. 마스크 대란까지 일으킨 사안이었지만 유럽연합의 통합을 강화하는 계기가 되었다. 2020년 1월 31일에는 영국이 유럽연합을 탈퇴하였다. 2022년 2월 24일 러시아가 우크라이나를 침공함으로써 유럽연합은 공동 대응을 강화하였지만 미완의 과제로 남게 되었다. 특히 트럼프 2기 행정부의 미국과 전략적 동반자 관계를 어떤 방향으로 발전시켜 갈 수 있는 것인가는 큰 과제이다.

EU 관련 주요조약10)

| 서명/발효 | 조약명 | 주요결과 |
|---|---|---|
| 1951.4.18.<br>1952.7.23. | 파리 조약<br>(Treaty of Paris) | o European Coal and Steel Community (ECSC) 설립<br>- 프랑스, 서독, 이탈리아, 벨기에, 네덜란드, 룩셈부르크 |
| 1957.3.25.<br>1958.1.1. | 로마 조약<br>(Treaty of Rome) | o European Economic Community (EEC), European Atomic Energy Community (EURATOM) 추가 설립 |
| 1965.4.8.<br>1967.7.1. | 통합 조약<br>(Merger Treaty) | o ECSC, EEC, EURATOM 등 3개 공동체의 기관 통합<br>o 3개 공동체가 사실상 단일공동체로 발전하고 명칭도 EC로 통칭 |
| 1986.2.17./<br>2.28. 서명<br>1987.7.1.<br>발효 | 단일유럽의정서<br>(Single European Act) | o 93.1. 역내 단일시장 구축 |
| 1992.2.7.<br>1993.11.1. | 마스트리히트 조약<br>(Maastricht Treaty) | o EU 출범<br>o EU의 3개 기둥: ① EU 공동체(EC, ECSC, EURATOM) ② 공동외교안보정책 ③ 사법·내무업무 |
| 2004.10.29.<br>비준 실패 | 유럽헌법 조약<br>(Constitutional Treaty) | o 3개 범주로 조약 분류: 주요헌법규정, 기본권리, EU 정책 및 기능<br>- 프랑스, 네덜란드의 국민투표에서 부결됨에 따라 비준 실패 |
| 2007.12.13.<br>2009.12.1. | 리스본 조약<br>(Treaty of Lisbon) | o 유럽헌법 조약의 변형<br>o 로마 조약과 마스트리히트 조약 개정/EU의 3개 기둥 소멸 |

# 1.2. 유럽연합의 회원국 확대

## 북방 확대: 영국, 덴마크, 아일랜드 가입

유럽연합 회원국 확대는 계단식으로 이루어졌다. 한 나라씩 차례차례로 가입한 것이 아니라 몇 번의 계기에 수 개국이 함께 가입하였다. 가입 희

---

10) 외교부 자료에 기초

망국의 상황이 비슷한 경우도 있었고 가입 추진 시기가 겹친 경우도 있었다. 회원국의 확대 과정에 몇 차례의 흐름이 있었다. 회원국 확대 과정은 유럽연합의 통합증대 과정과 맞닿아 있었다.

우선 영국의 가입이다. 영국은 제2차 세계대전 이후 유럽통합에 유보적인 입장이었다. 영국은 ① 영연방 국가 간 관계, ② 대서양 동맹, 특히 영·미 특별관계, ③ 서유럽과의 관계 등 3개의 중첩되는 관계를 중시하였다. 영국은 서유럽 통합기구 4개 중 3개에는 관심이 없었다. ① ECSC는 석탄·철강 능력이 앞선 영국에 유인이 되지 않았다. ② 유럽방위공동체(European Defence Community)(1952.5.27. 서명, 비준 실패)도 국방부담이 큰 영국에는 매력이 없었다. ③ EURATOM과 핵 관련 비밀을 공유하고 싶지 않았다. ④ EEC에는 관심이 있었으나 초국가주의로 나아가는 데 우려가 있었다.11)

영국은 1958년 EEC가 출범된 이후 가입을 원하였지만 드골 대통령의 프랑스가 가로막았다. 프랑스는 독일과 동맹을 발전시키는 데 방해받을 것을 우려하며 영국을 통해 미국이 침투하고자 하는 것이 아닌지도 의심하였다. 드골 대통령이 퇴임한 후, 프랑스의 입장은 변화하였다. 프랑스는 영국의 가입이 강력해지는 독일을 견제하는 데 도움이 될 수 있다고 생각하였다.12)

덴마크, 아일랜드도 당초 관심이 적었다. 덴마크는 영국과의 교역비중이 커서 영국과 행보를 함께 하는 것이 현실적이었다. 아일랜드도 북아일랜드 평화 문제를 고려할 때 영국과 보조를 맞추는 것이 중요했다. 이러한 이유로 영국, 덴마크, 아일랜드 같은 시기에 가입을 추진하여 1973년 EC에 함께 가입하였다. 동일한 시기에 가입을 추진한 노르웨이는 결국 EC에 가입하지 않았다. 노르웨이의 국민투표에서 다수가 반대하였다. EC 가입비용에 비해 반대급부가 낮다는 판단이었다. 1인당 GDP가 높아 EC 납부예산

---

11) Neill Nugent, *The Government and Politics of the European Union*, pp.57-58
12) ibid., p.58

규모가 큰데, 농업 분야가 미미하며 미개발 분야가 거의 없어 받을 수 있는 경제적 지원이 크지 않았다. 어업이 경제에서 큰 비중을 차지하는 상황에서 EC 공동어업정책으로 자율성을 잃게 될 것을 우려하였다.

영국은 EC에 가입한 이후에는 공동시장을 더 완전한 단일시장으로 발전시키는 데 선도적인 역할을 하였다. 마가렛 대처(Margaret Thatcher) 총리는 단일시장 시행에서 추진력을 주었으며 토니 블레어(Tony Blair) 총리는 탈냉전 시대 신규 회원국 가입, 예산 혁신, 적극적 외교정책 추진에서 촉매제 역할을 하였다. 영국은 미국과의 특별한 관계를 바탕으로 미국과 유럽연합 간의 다리가 되었다. 그러나 영국은 가입 47년 후 유럽연합을 탈퇴하였다.

덴마크는 상당 기간 스칸디나비아 국가 중 유일하게 유럽연합과 나토에 모두 가입한 국가로서 독특한 위치에 있었다. 덴마크는 영국과 함께 급속한 유럽통합을 반대하였다. 유로를 사용하지 않고 경찰·사법통합에 참여하지 않았다. 아일랜드는 EU 회원국 중 오스트리아, 몰타, 사이프러스와 함께 나토에 가입하지 않는 4개국 중 하나이다.

## ▌지중해, EFTA, 동방, 발칸 확대

다음으로 지중해 국가들이 EC에 가입하였다. 그리스는 1981년, 스페인과 포르투갈은 1986년에 가입하였다. 이들 국가는 당초 독재체제하에 있어 민주주의 관련 기존 회원국 수준에 미치지 못하였다. 이들 국가가 EC에 가입한 것은 민주화가 이루어진 이후였다. 그리스는 튀르키예를 견제할 수단을 얻고자 EC 가입을 서둘렀다. 그리스와 튀르키예는 모두 나토 회원국이지만 여러 문제에서 충돌한다. 스페인과 포르투갈은 공통의 역사를 토대로 많은 사안에서 협력한다.

이어서 EFTA(유럽자유무역연합: European Free Trade Association) 회원국이 가입하였다. EEC 미가입 유럽 국가들은 EFTA를 통해 협력하였지만,

EEC만큼 효율적이지 못했다. EFTA 회원국 중 오스트리아, 핀란드, 스웨덴이 1995년 EU에 가입하였다. 소득수준이 높은 민주주의 선진국으로서 EU의 확대과정에서 가장 논란이 적었다. 스위스도 1992년 5월 가입 의사를 밝혔지만 1992년 12월 국민투표에서 전 단계가 될 EEA(유럽경제지역: European Economic Area) 가입에 대한 국민의 반대가 확인되어 1993년 1월 EC 가입 신청을 철회하였다.

다음으로 구 동구권 국가가 대거 가입하였다. 10개국에 이어서 2개국 (10+2)이 가입하였다. 2004년 폴란드, 헝가리, 체코, 슬로바키아, 슬로베니아, 리투아니아, 라트비아, 에스토니아, 사이프러스, 말타의 10개국이 EU에 가입하였으며 이어 2007년 루마니아와 불가리아가 가입하였다. 가장 다수의 회원국이 함께 가입한 가장 복합적인 확대로서, 빅뱅(Big Bang)으로도 불린다.

폴란드와 리투아니아, 라트비아, 에스토니아는 러시아에 접경하는 국가로서 러시아의 위협을 경계하며 목소리를 높인다. 폴란드, 체코, 슬로바키아, 헝가리는 비세그라드 4개국 그룹을 이뤄 협력한다. 서유럽 국가들로부터 민주주의의 발전이 미흡하다는 지적을 받는데, 특히 헝가리는 다른 회원국과는 달리 중국과 러시아에 밀착한다. 사이프러스는 그리스와, 몰타는 이탈리아와 공통의 역사를 배경으로 긴밀하게 협력한다. 루마니아와 불가리아는 기존 회원국에 의해 차별받는다는 동류 의식을 가지고 협력한다.

2013년 크로아티아가 구유고 국가 중 슬로베니아 다음으로 EU에 가입하였다. 크로아티아에 경제 발전의 기회를 가져다 주었다. 크로아티아에는 이탈리아의 전통이 남아 있어 유럽 내 오랜 상호 관계의 흔적을 볼 수 있다. 다만 크로아티아와 슬로베니아는 서로에 대한 불신을 숨기지 않으며 국경 분쟁 등을 이어가지만 유럽연합과 나토라는 틀이 이를 완화한다.

1993년 6월 코펜하겐에서 개최된 EC 정상회의에서 신규회원국 가입 관련 3개의 정치·경제적 기준이 결정되었다. '코펜하겐 기준'(Copenhagen

Criteria)으로 불리는 신규회원국의 가입조건으로서 ① 민주주의, 법치, 인권, 소수민족 보호제도, ② 시장경제 체제 및 EC 경제와의 조화 능력, ③ 회원국으로서의 의무준수 능력이다.

'코펜하겐 기준'은 안정된 민주주의, 법의 지배, 경쟁적인 시장경제, 회원국 의무를 부담할 수 있는 능력을 확인하자는 것이었다. 대부분 단일시장에 관한 것이지만 17만 쪽에 이르는 EU의 입법을 이행할 의무를 포함한다. 이는 새로운 회원국이 EU에 가입한 후 기존 회원국과 협력할 수 있도록 보장하는 장치가 된다.

### EU 회원국 확대 동향[13]

| 확대 | 확대 라운드 | 년도 | 신규 회원국<br>(신규회원국 수/<br>전체 회원국 수) |
|---|---|---|---|
| 0차 | 창설 | 1951 | 프랑스, 서독, 이탈리아, 벨기에, 네덜란드, 룩셈부르크 (6/6) |
| 1차 | 북방 확대 | 1973 | 영국, 덴마크, 아일랜드 (3/9) |
| 2차 | 지중해 확대 | 1981 | 그리스 (1/10) |
| 3차 | | 1986 | 스페인, 포르투갈 (2/12) |
| 4차 | EFTA 확대 | 1995 | 오스트리아, 핀란드, 스웨덴 (3/15) |
| 5차 | 동방 확대 | 2004 | 체코, 슬로바키아, 폴란드, 헝가리, 슬로베니아, 리투아니아, 라트비아, 에스토니아, 사이프러스 몰타 (10/25) |
| | | 2007 | 루마니아, 불가리아 (2/27) |

---

13) Ana E. Juncos and Nieves Perez – Solarzano Borragan, "18. Enlargement," in Michelle Cini and Nieves Perez – Solarzano Borragan, *European Union Politics (7th Edition)*, p.265

| 6차 | 발칸 확대 | 2013 | 크로아티아 (1/28) |
|---|---|---|---|
| - | 축소 | 2020 | 영국 탈퇴 (-1/27) |

## ▌EU 회원국 증가 전망

2013년 크로아티아가 28번째 회원국으로 EU에 가입한 이후 새로운 회원국의 가입은 주춤하였으며 오히려 영국이 2016년 6월 23일 국민투표의 결정에 따라 2020년 1월 31일 유럽연합을 탈퇴하였다. 유럽연합 역사에서 기존 회원국이 탈퇴한 것은 처음이었다.

2025년 현재 만년 후보 튀르키예를 비롯하여 세르비아, 몬테니그로, 북마케도니아, 알바니아, 보스니아·헤르체고비나, 우크라이나, 몰도바, 조지아가 가입후보국이며 코소보가 잠재적 후보국이다. 2022년 2월 러시아의 우크라이나 침공을 계기로 2022년 6월 EU 각료이사회는 통상적인 절차를 앞당겨 우크라이나, 몰도바를 가입후보국으로, 조지아를 잠재적 후보국으로 추가하였다. 이어 EU 각료이사회는 2023년 12월 조지아를 가입후보국으로 확정하였다.

튀르키예는 오랜 협의를 해 왔지만 가입은 요원하다. 유럽연합은 튀르키예의 민주주의, 인권이 미흡하며 유럽 정체성도 불확실하다고 판단한다. 튀르키예가 1987년 가입을 신청하고 2005년 협상이 시작되었으니 2025년 현재 협상기간만 20년에 이른다. 독일에는 4백만 명의 튀르키예 교민도 거주하고 있지만 양날의 칼이다.[14] 교민이 다수인 것은 힘이 되지만 동시에 여타 유럽국가의 경계도 유발한다. 2014년 에르도안(Erdogan) 대통령이 취임한 후 민주주의에 대한 우려가 커지고 가입은 더욱 멀어졌다. 양측은 관세연합(1995.12.31. 발효)을 통해 협력한다.

---

14) 독일은 인종에 기초한 자료를 수집하지 않는 만큼 독일 거주 튀르키예 출신 사람들 추계는 250만 명에서 400만 명 이상에 이르기까지 다양하다. 터키 외교관들은 4백만 명을 말한다.

유럽연합의 관점에서 튀르키예는 제2차 세계대전 후 국방과 경제 협력
이 필요한 동반자에서 점차 거북한 인접국으로 변화되어 왔다. 사이프러스
문제 관련 그리스와 튀르키예가 대립한다. 유럽국가 간 국경 중 그리스와
튀르키예 국경처럼 군인들이 삼엄한 경계를 서는 곳도 드물다. 그리스와
튀르키예는 나토 동맹국이지만 서로에 대한 불신을 숨기지 않는다.

한때 튀르키예는 개혁하는 척, 유럽연합은 협상하는 척하며 협력의 여
지를 보이기도 했으나 이제는 겉치레조차 하지 않는다. 유럽연합은 어느
회원국보다 인구가 많으며 국민 99.8%가 이슬람 교도인 튀르키예의 가입
을 우려한다. 유럽연합은 2005년 튀르키예와 가입협상을 시작할 때부터
시한을 두지 않고 협상이 표류할 가능성을 염두에 두었다. 유럽연합은 에
르도안 대통령의 강압적인 정책을 문제 삼지만 이는 울고 싶은 이의 뺨을
때려준 데 지나지 않는다.15)

2024년 6월 현재 EU 가입협상에서 몬테니그로(2012년 협상 개시)와 세
르비아(2014년 협상 개시)가 가장 앞서 있다. 몬테니그로는 총 35개 부문
(Chapter) 중 33개 부문에 대한 협상을 진행하여 6개 부문 협상을 잠정 완
료하였다. 몬테니그로는 2028년 가입을 목표로 한다. 세르비아는 35개 부
문 중 22개 부문의 협상을 진행하여 2개 부문의 협상을 잠정 완료하였다.

EU 가입 협상은 3단계로 진행된다. ① 준비가 갖춰지면 가입후보국으로
인정한다. ② EU 법과 규정 준수능력을 확인하는 가입협상으로 상당 기간
이 소요된다. ③ 모든 회원국의 동의를 얻어 유럽연합에 가입한다. 오랜
시간이 걸리는 이유는 가입후보국의 국내법을 EU 법과 규정에 맞춰 개정
하는 데 시간이 걸리기 때문이다. 가입협상은 35개 부문에 걸쳐 진행된다.
각 부문의 협상을 완료하기 위해서도 모든 기존 회원국의 만장일치 확인
이 필요하다.

EU 가입 협상은 기본적으로 기존 회원국과 후보국 간의 협상이다. EU

---

15) "Charlemagne: Nowhere fast," *The Economist*, 2021.8.28.

각료이사회의 지침을 받아 EU 집행위원회가 실무를 맡는다. EU 가입 조약이 완료되어 구속력을 갖기 위해서는 ① EU 각료이사회의 만장일치 채택 및 유럽의회 동의, ② 가입 후보국과 모든 기존 회원국 대표의 서명, ③ 가입 후보국과 모든 기존 회원국의 비준이 필요하다.

2022년 2월 24일 러시아의 우크라이나 전면침공으로 예상하지 못한 상황이 전개되었다. 2월 28일 우크라이나의 젤렌스키(Zelensky) 대통령은 EU 가입 신청서에 공식 서명하였다. 2022년 3월 몰도바와 조지아도 가입 신청서를 제출하였다. 러시아의 위협에 맞서 유럽 국가의 도움이 절실하게 필요한 나라들이었다. EU 27개 회원국은 2022년 6월 23일 정상회의 시 만장일치로 우크라이나와 몰도바에 EU 가입 후보국 지위를 부여하였다. 조지아는 2022년 12월 14일 EU 가입 후보국 지위를 부여받았다. 우크라이나는 수년이 걸리는 과정을 단축해 3개월여 만에 후보국이 되었다. 다만 회원국이 되려면 수년이 더 소요될 전망이다. 유럽연합이 요청하는 개혁조치를 이행해야 하며 27개 회원국의 만장일치 동의도 필요하기 때문이다.

## ▌EU 회원국 같은 비회원국

EU 비회원국이지만 긴밀히 협력하는 나라들이 있다. 우선 노르웨이, 아이슬란드, 리히텐슈타인이다. 노르웨이는 1972년과 1994년 두 차례나 EU 가입 협상을 완료하였으나 국민투표에서 부결되어 가입하지 못하였다. 다만 해당 EU 규정과 법을 지키며 회원국과 비슷한 지위를 갖는다. 아이슬란드와 리히텐슈타인은 국가가 작아 유럽연합 밖에서 동등한 지위를 유지하고자 한다.

아이슬란드는 2009년 EU 가입희망 의사를 표명하고 2010년 가입협상을 시작하였지만 2013년 협상을 중단시킨 후 2015년 협상재개 의사가 없음을 통보하였다. 아이슬란드의 이 같은 결정은 주산업인 어업을 통제받게 되는 데 대한 우려, 미국과의 긴밀한 관계 유지로 유럽연합에 대한 의존도 감소 등이 배경이었다. 아이슬란드는 노르웨이, 리히텐슈타인과 함께 EFTA와 EEA를 통해 유럽연합과 협력한다.

스위스는 독특한 나라이다. 국민들의 독립성이 매우 강하다. 스위스는 중요한 사안에 관하여 국민투표를 통해 국민의 의사를 묻는다. 스위스는 1992년 5월 EC 가입을 신청하였으나 국민투표에서 국민의 반대 의견을 확인하여 바로 철회하였으며 2016년 공식적으로 가입신청을 철회하였다. 스위스는 EEA는 아니지만 EFTA를 통해 유럽연합과 협력한다.

EU의 일부처럼 생활하지만 가입의사가 없는 나라도 있다. 안도라(EU와 관세연합), 바티칸(이탈리아와 국경개방), 산마리노(EU와 관세연합), 모나코(사실상 셍겐지역) 등 도시 규모의 국가들이다. 이들 국가들은 유로를 사용하는 등 EU 회원국과 같이 생활하지만 EU 가입에 따른 의무를 수행하는 것이 부담되어 가입을 추진하지는 않는다.

# 제2장

# 유럽연합의 **주요기관**

합리적인 사람들은 적응한다,
비합리적인 사람들은 세계를 변화시킨다.

Reasonable men adapt, unreasonable men change the world.

리콴유 Lee Kuan Yew

# 제2장

## 유럽연합의 주요기관

## 2.1 유럽연합의 7개 공식기관

유럽연합을 움직이는 기관은 무엇인가? 유럽연합에는 정부 간 협의기관과 초국가기구기관이 있다. 중국식 표현을 빌리면 '이중궤도의 정치체제'이다.[1] 중국의 공산당은 지휘, 국무원은 실행, 전인대는 거수, 정협은 박수를 담당한다고 비유된다. 무리한 면이 있지만 굳이 비유하자면 EU 정상회의와 각료이사회는 지휘, 집행위원회는 실행, 유럽의회는 거수, EU 사법재판소는 박수를 담당한다. EU 정상회의와 각료이사회가 결정하며 집행위원회가 이행한다. 유럽의회는 자문하며 EU 사법재판소는 법 해석을 통해 입법을 보충한다.[2]

유럽연합에서 가장 영향력 있는 인사는 누구일까? 일반적인 국가에서는 대통령(President)이나 총리이다. 유럽연합에 총리는 없지만 'President'는 있다. EU 정상회의 상임의장과 집행위원장, 유럽의회 의장은 물론, 유럽중앙은행 총재도 'President'이다. 각 회원국은 6개월마다 순환되는 이사회의장(Presidency)을 담당한다. 직함만으로는 판단하기 어렵다는 뜻이다.

---

1) 조호길, 리신팅, *중국의 정치권력은 어떻게 유지되는가*, p.21
2) Neill Nugent, *The Government and Politics of the European Union*, p.49

EU 조약(Treaty on European Union) 제13조는 EU의 7개 공식기관으로 유럽의회, EU 각료이사회, EU 정상회의, EU 집행위원회, EU 사법재판소, 유럽중앙은행, 유럽회계감사원을 규정한다. 공식기관의 기능은 EU 기능조약(Treaty on the Functioning of the European Union) 제223 – 287조에 명기되어 있다. 이 중 정상회의, 각료이사회, 집행위원회, 유럽의회만 모든 정책과정에 관여한다. 집행위원회와 유럽의회는 초국가기구기관, 정상회의와 각료이사회는 정부 간 협의기관 성격을 갖는다.

**유럽연합의 7개 공식기관3)**

| 기구명 | 소재지 | 구성 | 주요기능 |
|---|---|---|---|
| EU 정상회의 (European Council) | 브뤼셀 | EU 정상회의 상임의장, 회원국 27개국 정상, EU 집행위원장, 외교안보고위대표 | o EU 최고 정책결정기관: EU의 전반적인 정치적 방향과 우선순위 결정<br>o 연간 4회 브뤼셀에서 정상회의 개최 |
| EU 각료이사회 (Council of the European Union) | 브뤼셀, 룩셈부르크 | 외교/경제재무/농업 수산 등 10개 이사회 (각 이사회 구성: 27개 회원국 장관) | o EU의 입법 및 주요정책 조정기관<br>o EU 내외부 협약 체결, EU 예산 채택<br>o 의장국은 6개월마다 순환 |
| EU 집행위원회 (European Commission) | 브뤼셀 | 집행위원장, 수석부위원장 3명, 부위원장 5명 및 집행위원 18명(전체 27명: 각 회원국 1명) | o EU의 전반적 전략 개발, 정책 입안 및 이행, 법안 제안 및 이행, 예산관리·집행<br>o 행정부 역할/33개 총국 등으로 구성 |
| 유럽의회 (European Parliament) | 스트라스부르, 브뤼셀, 룩셈부르크 | 총 720명 의원(임기 5년) EU 시민이 직접 선출하는 유일한 EU 기관으로서 각 회원국에서 직접 보통선거로 선출 | o EU의 입법, 감독 및 자문<br>o 각료이사회와 예산결정 권한 공유<br>o 집행위원장 선출, 집행위원단 임명동의, 집행위원회 불신임권 |

---

3) 유럽연합 EU(European Union) "EU의 구조," 외교부 홈페이지(2024.12.20. 열람), 유럽연합 기관을 우리말로 표기하는 것은 통일되어 있지 않다. 이 책에서는 외교부의 표기를 따른다.

| 유럽중앙은행 (European Central Bank) | 프랑크 푸르트 | 운영위원회 (총재·부총재· 이사 4명/유럽통화연합 (EMU) 회원국 중앙은행 총재 20명) | o 유로지역 통화정책 수립 및 집행<br>o 역내 금융안정 도모, 금융통합 촉진 |
|---|---|---|---|
| EU 사법재판소 (Court of Justice of the EU) | 룩셈부르크 | 유럽사법재판소: 27명 법관(각 회원국 1명, 임기 6년)<br>일반재판소: 54명 법관 (각국 2명) | o EU 법규 해석<br>o EU 조치의 적법여부 판결 |
| 유럽회계감사원 (European Court of Auditors) | 룩셈부르크 | 27명 감사위원(각 회원국 1명, 임기 6년) | o EU 회계감사<br>o 유럽의회의 재정 성격 입법 시 의견 제출 |

　회원국의 의사는 정부 간 협의기관인 정상회의와 각료이사회를 통해 수렴된다. 유럽적 이해관계는 초국가기구기관인 집행위원회를 통해 이행된다. 시민사회의 이해는 주민의 직접선거로 구성된 유럽의회를 통해 반영된다. 이익단체와 지방정부는 유럽경제사회위원회(European Economic and Social Committee) 및 지역위원회(Committee of the Regions)를 통해 정책과정에 관여한다.

　집행위원회는 '조약의 수호자'(guardian of the treaties), 유럽의회는 '공동체 방식의 수호자'(guardian of the Community method)로 불린다. 2016년 6월 영국의 브렉시트 국민투표 이후 집행위원회와 유럽의회의 수호자 역할이 더욱 부각되었다. EU '규칙과 규정'은 17만 쪽에 달한다. EU 인사들은 이를 흔히 프랑스어로 '아퀴 꼬뮤노떼르'(acquis communautaire)라고 부른다. '연합으로 획득된 것'이라는 의미이다. 유럽연합의 오랜 연륜을 반영하는 문서이다.

　경제통상 협력을 기초로 EU 기관의 권한이 증대되어 왔다. 집행위원회 32,400여 명, 이사회 3,100여 명, 대외관계청 5,200여 명 및 유럽의회에는 720명의 의원과 별도로 7,500여 명이 근무한다. 24개의 공식언어를 운용하기 위한 4,300명의 번역사와 800명의 통역사를 포함한다.[4] 4억 5천만 유럽인을 위해 약 6만 명의 EU 공무원이 일한다. 프랑스 재무부에 6천 7백만 명의 인구를 위해 일하는 14만 명의 직원이 있는 것과 대비된다.[5]

## 2.2 현 유럽연합 지도부 출범(2024.12.1.)

2024년 6월 6일–9일 3억 7천만 명의 유권자가 참여하는 유럽의회 선거가 실시되었다. 1979년 직접선거가 처음 도입된 이래 10번째 선거였다. 유럽의회 선거는 단 한번도 동일한 방식으로 선거가 실시된 적이 없는데, 이번에도 예외는 아니었다. 의원의 총수가 변화되었다. EU 정상회의는 2023년 9월 유럽의회 의원의 수를 705명에서 720명으로 증원하였다.

2019년에 이어 투표율이 증가하였다. 관심이 지속적으로 저하되던 유럽의회 선거 추세가 바뀌었다. 2019년 50%가 넘는 투표율로 25년 만에 최고 투표율을 기록하였던 흐름을 이어가게 되었다. 2019년에는 브렉시트 등으로 유럽 차원의 관심이 야기되었는데 이번에도 우크라이나–러시아 전쟁과 미·중 전략적 경쟁 등 유럽 차원에서 관심을 가져야 할 문제가 지속되었다.

직선제 실시 이후 유럽의회 선거 투표율(1979-2024년)[6]

| 년도 | 1979 | 1984 | 1989 | 1994 | 1999 | 2004 | 2009 | 2014 | 2019 | 2024 |
|---|---|---|---|---|---|---|---|---|---|---|
| 투표율 (%) | 61.99 | 58.98 | 58.41 | 56.67 | 49.51 | 45.47 | 42.97 | 42.61 | 50.66 | 50.93 |

---

4) "Organisation of the European Commission" European Commission; "The GSC's staff and budget," European Council, Council of the European Union; "Human Resources Report 2023," European External Action Service(2025.2.5. 열람)

5) "Types of institutions and bodies" European Union 홈페이지(2024.12.20. 열람)

6) "Voter turnout in the European Parliament Elections in the European Union (EU) from 1979 to 2024," statista; 유럽의회 홈페이지는 2024년 투표율을 51.05%로 소개

최대 정치그룹인 중도보수 성향 유럽국민당 그룹(European People's Party: EPP)은 의석을 확대하여 선도후보인 우르줄라 폰데어라이엔(Ursula von der Leyen) EU 집행위원장의 연임에 무게가 실렸다. 함께 지도부를 구성하였던 중도진보 성향 사회당 그룹(Progressive Alliance of Socialists and Democrats: S&D) 및 자유당 그룹(Renew Europe)은 의석이 줄어들어 목소리가 적어졌다.

상기의 3개의 정치그룹 간 배분이 논의된 유럽연합 내 고위직은 ① EU 집행위원장, ② 정상회의 상임의장, ③ 유럽의회 의장, ④ 외교안보고위대표였다. 5년 전과는 달리 유럽중앙은행 총재는 배분의 대상이 아니었다. 5년 전에는 7년 임기의 유럽중앙은행 총재의 임기가 여타 고위직과 동시에 종료되어 함께 고려된 것뿐이었다.

① 정치그룹, ② 동서(신구 회원국)와 남북(빈부 회원국), ③ 큰 회원국과 작은 회원국, ④ 남녀 간 배분 중 정치그룹 간 배분이 가장 큰 관심사가 되었다. 폰데어라이엔 집행위원장(독일, EPP), 안토니오 코스타(Antonio Costa) 정상회의 상임의장(전 포르투갈 총리, S&D), 로베르타 메촐라(Roberta Metsola) 유럽의회 의장 연임(몰타, EPP), 카야 칼라스(Kaja Kallas) 외교안보고위대표(에스토니아 총리, Renew Europe) 방안이 논의되었다.

예상과 달리 2024년 6월 17일 EU 정상 만찬회의 시 확정되지 않고 6월 27일–28일 정상회의로 미루어졌다. 유럽국민당 그룹이 의석 차를 고려해 정상회의 상임의장도 2년 반씩 분할을 요구한 것이 원인이었다. 극우그룹에 속한다는 이유로 고위직 배분 논의에 참여하지 못한 조르자 멜로니(Giorgia Meloni) 이탈리아 총리는 불만을 표명하였다.[7]

2024년 6월 27일 브뤼셀에서 개최된 EU 정상회의에서 안토니오 코스타 정상회의 상임의장을 선출하며(2024년 12월 1일–2027년 5월 31일 임기), 폰데어라이엔을 집행위원장으로 제의하고 카야 칼라스를 집행위원장 선출인

---

7) Barbara Moens, et al., "EU leaders fail to agree on von der Leyen's second term," *Politico Europe*, 2024.6.17.

의 동의를 전제로 외교안보고위대표 후보로 승인하였다. 당초 논의된 구상이 확정되었다. 멜로니 총리는 불만이었지만, 다른 수가 없어 기권하였다.

정상회의 상임의장 선출만 최종적인 결정이었다. 유럽의회 의장 선출은 유럽의회의 몫이었다. 집행위원장도 유럽의회에서 선출되어야 했다. 외교안보고위대표도 집행위원장이 선출된 후 부집행위원장 자격으로 집행위원단에 포함될 것이었다. 유럽의회가 집행위원장을 선출하는 데에는 유럽의회 720명 의원 중 361명 이상의 지지가 필요하였다.

지도부 구성에 합의한 EPP, S&D, Renew Europe은 의석을 합쳐도 400석에 미치지 못하는 데다 이탈표가 10%에 이를 것으로 예상되고 있었다. 좌파 녹색당 정치그룹과 협력한다면 EPP내의 독일 기민당이 반발할 가능성이 있었다. 그렇다고 멜로니 총리 등 극우 정치그룹과 협력하는 것은 S&D와 Renew Europe이 용인하지 않았다.[8]

폰데어라이엔 집행위원장은 2024년 7월 18일 유럽의회에서 401표를 받아 5년 재임에 성공하였다. 전체 의원 719명(투표 당시 선출된 의원 1명 미취임) 중 360표를 확보해야 했는데, 이를 상당히 상회한 것이다. 반대 284표, 기권 15표, 무효 7표로, 녹색당 정치그룹이 협력한 결과였다. 우크라이나 전쟁이 계속되고 트럼프의 대통령 복귀 가능성이 높아지는 상황에서 유럽의회 의원들은 안정성을 선택하였다. 폰데어라이엔의 다음 과제는 집행위원단을 구성하는 것인데, 각국에 집행위원 후보로 남성과 여성 각 1명을 추천해 줄 것을 요청하였다.[9]

2024년 11월 27일 폰데어라이엔의 집행위원단이 유럽의회에서 승인되었다. 어느 후보도 거부되지 않은 것은 1999년 이래 처음이었다. 다만 유럽의회의 찬성율은 54%에 불과해 유럽의회가 1993년 승인권을 부여받은

---

8) Barbara Moens, et al., "Von der Leyen, Costa and Kallas bag EU top jobs," *Politico Europe*, 2024.6.27.

9) Barbara Moens, et al., "Ursula von der Leyen wins second term as European Commission president," *Politico Europe*, 2024.7.18.

이래 가장 낮았다. 집행위원단 27명 중 11명이 여성으로 40%에 달하였다. 이전에 비해 오히려 여성이 1명 줄어들었다. EPP 출신 인사가 14명으로 압도적이었다.

폰데어라이엔 집행위원장은 프랑스, 독일, 폴란드 등 주요 회원국의 국내정치가 복잡한 상황이 됨으로써 발생한 공백을 메워 나갔다. 자신을 비판해 왔던 프랑스 집행위원을 교체하도록 하고 새로이 추천받은 집행위원들의 역할을 축소하여 집행위원장의 권한을 더욱 강화하였다. 자신이 생각한 대로 방위담당 집행위원을 신설하였다.

5년 전 고위직 배분은 보다 복잡하였으며 유럽연합 내부의 역학 관계를 보여주는 만큼 다음 절에서 상세히 설명한다. 5년 전 중심적 역할을 하였던 에마뉘엘 마크롱(Emmanuel Macron) 프랑스 대통령은 자유당 그룹이 많은 의석을 잃은 데다 자유당 그룹에 속하는 프랑스 여당 앙 마르세(en Marche)가 의석을 많이 상실한 후 국내 국회를 해산한 상황이어서 영향력이 축소되었다.

## 2.3 직전 유럽연합 지도부 출범(2019.12.1.)[10]

### 유럽의회 선거 및 EU 고위직 배분

2019년 5월 실시된 유럽의회 선거는 과거와는 달랐다. 유럽의회 선거에 대한 관심이 저하되어 오던 추세가 역전되었다. 50%가 넘는 투표율로 25년 만에 최고 투표율을 기록하였다. 영국의 EU 탈퇴, 예측 불가능한 트럼프(Trump) 대통령이 이끄는 미국과의 협력, 공세적인 중국과의 관계, 기후변화, 난민 문제는 한 나라가 다루기는 힘들며 EU 차원의 노력이 필요하였다.

40년간 과반수를 구성하여 유럽의회를 이끌어 온 2대 정치그룹인 유럽국민당 그룹과 사회당 그룹은 의석을 상실하여 연대해도 과반 의석이 되

10) 김형진, "새로운 EU 지도부의 도전과 과제: NATO와의 관계, Brexit 등", *외교* 제131호 2019.10, 한국외교협회, pp.37-40

지 않았다. 다만 이들 입장에서 다행이었던 것은 유럽통합에 전향적인 자유당 그룹과 협조하면 유럽의회 내 의석 수는 58%에 달하여 과반수를 확보할 수 있다는 점이었다.[11]

유럽의회 선거가 끝나자 유럽연합 내의 고위직 배분이 논의되기 시작하였다. ① 집행위원장, ② 정상회의 상임의장, ③ 유럽의회 의장, ④ 외교안보고위대표, ⑤ 유럽중앙은행 총재였다. 이를 위해서는 또한 ① 정치그룹 간 안배, ② 남녀 간 안배, ③ 동서(신구 회원국)와 남북(빈부 회원국) 간 안배, ④ 큰 회원국과 작은 회원국 간 안배가 고려되었다.

통상적으로 유럽중앙은행 총재는 안배 대상 고위직에 포함되지 않는다. 유럽중앙은행은 유로지역 19개국(2025년 현재 20개국)에만 직접 영향을 미치며 총재는 전문성이 있어야 하고 임기가 7년으로 5년 임기의 여타 고위직과 다르기 때문이다. 단 마리오 드라기(Mario Draghi) 총재 임기 종료 시기가 여타 고위직과 일치되면서 유럽중앙은행 총재도 함께 검토되었다.

우선 집행위원장이 합의되어야 하였다. 집행위원장은 EU 정상회의(제의)와 유럽의회(선출), 두 기관 간 협조가 필요한 데다 유럽의회 인준을 받는 집행위원단도 집행위원장이 우선 집행위원을 지명해야 하기 때문이었다. 정상회의 상임의장, 외교안보고위대표, 유럽중앙은행 총재는 EU 정상회의가, 유럽의회 의장은 유럽의회가 단독으로 결정하면 되었다.[12]

유럽의회의 영향력 확장 추세에 제동이 걸렸다. 유럽의회는 의원내각제국가와 같이 각 정치그룹이 집행위원장 후보를 사전에 선출하여 가장 많은 의석을 확보한 정치그룹의 후보가 집행위원장이 되기를 희망하였지만 가능하지 않았다. EU 정상회의가 반대하였다. EU 정상회의는 EU 조약에

---

11) 유럽의회 내 가능한 정치그룹 협력조합: EPP＋S&D＋Greens/EFA(52%)/EPP＋S&D＋Renew(58%)/EPP＋S&D＋Renew＋Greens/EFA(67%)
   ＊전통적 협력구도 EPP＋S&D(43%)로는 부족
12) 외교안보고위대표는 EU 정상회의가 가중다수결 투표를 통하여 임명하지만 집행위원장이 동의하여야 하고 부집행위원장으로서 집행위원단의 일원으로 유럽의회의 승인을 받는다.

규정된 집행위원장 후보 제의 권한을 행사하였다.13)

　각 정치그룹이 선출한 집행위원장 후보를 선도후보라는 독일어 '슈피첸칸디닷'(Spitzenkandidat: lead candidate)으로 불렀다. 5년 전에 처음으로 선도후보가 집행위원장으로 선출되었다. 당시 최다 의석을 확보한 유럽국민당 그룹의 선도후보는 장 클로드 융커(Jean Claude Juncker) 전 룩셈부르크 총리로서 EU 정상회의는 선도후보라서가 아니라 과거 정상회의에 함께 참석하던 동료이어서 거부할 수 없었다. 유럽의회가 기민하게 움직여 EU 정상회의가 유럽의회와의 관계를 어색하게 하지 않고는 반대하기가 어려웠던 측면도 있었다.

　2019년 유럽국민당 그룹의 선도후보는 만프레드 베버(Manfred Weber) 독일 출신 유럽의회 의원으로서 총리는 물론, 행정부 고위직을 역임한 경험이 없었다. EU 정상회의가 받아들이지 못한 이유였다. EU 정상회의는 농담처럼 세계에서 가장 강력한 노조라고 하는데, 그 힘을 증명하였다. 유럽국민당 그룹과 사회당 그룹이 40년간 유지해 오던 과반 의석을 잃어 영향력이 감소된 것도 EU 정상회의에 밀리게 되는 배경이 되었다.

　새로 제안된 EU 집행위원장 후보는 우르줄라 폰데어라이엔 독일 국방장관이었다. 당초 선도후보와 같이 유럽국민당 그룹 출신이며 유럽국민당 그룹에서 최대 의석을 차지한 독일 출신인 만큼 유럽의회도 반대하기 어려웠다. 실제로 2019년 7월 16일 실시된 유럽의회의 비밀 인준투표에서 폰데어라이엔은 가까스로 선출되었다.

　그는 여러 면에서 최초였다. 최초 여성 집행위원장, 최초로 10표가 안 되는 과반으로 유럽의회에서 선출된 집행위원장이며 50여 년 만에 나온 첫 독일인이었다. 1위, 3위 정치그룹의 지지를 확보한 폰데어라이엔이 추

---

13) EU 조약 17조 7항: the European Council, acting by a qualified majority, shall propose to the European Parliament a candidate for President of the Commission. This candidate shall be elected by the European Parliament by a majority of its component members.

가 지지를 얻기 위해 동분서주하였지만 과반을 겨우 9표 넘긴 지지를 받
은 것은 전임 융커만큼 강력한 리더십을 발휘하기는 어렵다는 의미였다.
단 유럽연합의 가장 중요한 결정기구인 EU 정상회의의 구성에는 변화가
없어 연속성을 기대할 수 있었다.

**EU 정상회의 참석자 구성(2019년)**

| 정치그룹 | 해당국가 |
| --- | --- |
| 유럽국민당 그룹(EPP) | 독일, 오스트리아, 불가리아, 사이프러스, 아일랜드, 크로아티아, 라트비아, 루마니아, 헝가리 (9명) |
| 자유당 그룹(Renew) | 프랑스, 벨기에, 네덜란드, 룩셈부르크, 덴마크, 핀란드, 체코, 슬로베니아, 에스토니아 (9명) |
| 사회당 그룹(S&D) | 몰타, 스웨덴, 포르투갈, 슬로바키아, 스페인 (5명) |
| 보수개혁연합(ECR) | 폴란드, 영국(*영국은 2020년 탈퇴) (2명) |
| 좌파연합(GUE/NGL) | 그리스 (1명) |
| 무소속 | 리투아니아, 이탈리아 (2명) |

　마크롱 프랑스 대통령이 최대 승자였다. 그가 추천한 인사가 집행위원
장으로 선출되었다. 정상회의 상임의장은 같은 자유당 그룹 샤를 미셸
(Charles Michel) 벨기에 총리가 선출되었다. 사회당 그룹 몫인 외교안보고
위대표에 프랑스와 가까운 스페인의 조셉 보렐(Josep Borrell) 외교장관이
선임되었다. 또 유럽중앙은행 ECB의 총재로는 프랑스 출신 크리스틴 라갸
르드(Christine Lagarde) 전 세계은행 총재가 선출되었다.
　EU 지도부에 동구권 인사는 없었다. EU 정상들은 유럽의회 의장으로
사회당 그룹 내 동구권 인사인 세르게이 스타니셰브(Sergei Stanishev) 의원

(전 불가리아 총리)을 추천했으나 사회당 그룹 내에서 반대가 제기되어 격렬한 논의 끝에 데이비드-마리아 사솔리(David-Maria Sassoli) 이탈리아 의원으로 후보가 교체되었기 때문이었다.

## 2.4 유럽연합의 7개 공식기관: ① EU 정상회의

### ▌EU 정상회의의 위상

유럽연합의 최고 권력자는 누구인가? 유럽연합을 50년 넘게 연구해 온 인사가 2019년 어느 날 필자에게 던진 질문이다. 그는 곧바로 말을 이어 갔다. 최고 권력자는 브뤼셀에 있지 않다. EU 정상회의를 좌우할 수 있는 인사로서 조직상 EU 정상회의 상임의장일 수 있지만 반롬푸이, 투스크 전 의장은 정상 간 가교 역할에 중점을 두었다. 따라서 프랑스 대통령, 독일 총리가 가장 강력한 인사이다.[14) 이후의 미셸 전 정상회의 상임의장은 의욕적이었지만 효율적이지 않았다.

유럽연합은 두 가지 궤도를 통하여 움직인다. 초국가적인 기관이 한 축이라면 회원국 간 협의체가 다른 한 축이다. 회원국 간 협의체의 정점이 정상회의이다. EU 정상회의(European Council)는 유럽이사회로 번역되기도 한다. 각료이사회(Council of the European Union)가 보좌한다. EU 정상회의를 각료이사회에서 분리한 것은 리스본 조약(2009.12.1. 발효)이었다.

EU 정상회의 상임의장은 2년 반 임기로 선출되며 1회 연임 가능하다. 상임의장은 제3대 미셸 전 벨기에 총리까지 모두 연임에 성공하였다. 제2대 상임의장 투스크 연임에는 곡절도 있었다. 폴란드 정부가 투스크 연임을 막고자 하였지만 실패하였다. 2017년 3월 9일 EU 정상회의 표결 결과 27대 1로 투스크의 연임이 결정되었다. 투스크의 출신국인 폴란드만 반대한

---

14) Peter Ludlow 전 유럽정책연구센터(Centre for European Policy Studies: CEPS) 소장의 언급

결과였다.

폴란드 정부는 투스크 의장이 직무를 넘어 부당하게 폴란드 국내정치에 관여하였다는 이유를 내세웠다. 투스크는 자유보수 성향 '시민 플랫폼'(Civic Platform)을 이끌며 2007-14년 폴란드 총리를 맡았다. 이어 정권을 장악한 극우의 '법과 정의당' 대표 야로슬라브 카진스키(Jaroslaw Kaczynski)는 적대적이었다. 2010년 쌍둥이 동생 레흐(Lech) 카진스키 대통령이 러시아에서 비행기 추락사고로 동승한 95명과 사망했을 때 투스크 총리가 사고원인을 충분히 밝히지 않았다는 것이다.

폴란드 정부는 2017년 투스크 의장의 연임을 막기 위해 폴란드 출신 야섹 사류즈-볼스키(Jacek Saryusz-Wolski) 유럽의회 의원을 후보로 내세웠다. 그러나 EU 정상들은 투스크 의장이 상임의장을 수행해 왔다고 해서 상임의장직이 폴란드에 할애된 것이 아님을 분명히 하였다. 폴란드 정부의 시도는 실패하였다. EU 회원국 정상이 가중과반수 투표로 결정하기 때문이다. 투스크 의장의 임기는 2년 반(2017.6.1.-.2019.11.30.) 동안 갱신되었다.

## ▌ EU 정상회의 운영

EU 정상회의는 대체로 브뤼셀의 유로파 빌딩(Europa Building)에서 개최된다. 타원형 건물을 유리 육면체가 감싸는 형태의 독특한 건물로서 '스페이스 에그'(space egg)로 불린다. EU 정상회의는 연간 4회 정기적으로 개최되는데, 임시 회의도 있어 연간 6회 정도 개최된다. 결정은 보통 만장일치 방식으로서 합의하기 쉽지 않지만 번복하는 것도 쉽지 않아 안정성이 유지된다.

EU 정상회의는 입법기능을 가지고 있지 않지만(각료이사회, 유럽의회가 입법기능 보유) 의장 결론 등을 발표해 각료이사회, 집행위원회에 방향을 제시한다. 정상 간 합의인 만큼 EU 차원의 입법을 제약한다. 정상회의는 최고정책결정권자가 모이는 정부 간 기구인 만큼 회원국 간 국익을 조정

제2장 유럽연합의 주요기관 **49**

하는 것이 비교적 쉽다.

발레리 지스카르 데스탱(Valery Giscard d'Estaing) 프랑스 대통령이 1974
년에 제의할 때만 해도 EU 정상회의는 정상 간 비공식 대화를 위한 다이
닝 클럽 정도로 생각되었다.[15] 루크 반 미들라르(Luuk van Middelaar) 교
수는 EU 정상회의가 아직도 △고급 다이닝 클럽으로서 정상이 서로 걱정
을 털어놓을 수 있는 장소이자 △서로 맹렬하게 다투는 투우장 간의 교차
점과 같다고 말한다.[16]

EU 회원국 정상은 격식 없이 모이기도 한다. 2018년 10월 17일 저녁
브뤼셀 중앙광장에 유럽 정상들이 나타났다. 메르켈(Merkel) 독일 총리, 마
크롱 프랑스 대통령 등이 길거리 식당 탁자에서 맥주와 감자 칩을 함께 먹
고 있었다. 베텔(Bettel) 룩셈부르크 총리가 EU 정상들에게 맥주나 한잔하
자며 문자를 보낸 것이 발단이었다. 자신의 총리 재선을 축하하는 의미도
겸하자는 것이었다. 마크롱 대통령, 메르켈 총리, 미셸 벨기에 총리 등이
호응하였다.[17]

EU 정상회의는 솔직한 의견교환을 위해 정상만 참석하기도 한다. 배석
자 없이 정상 간 의견을 교환해 보는 것이다. 협의는 새벽까지도 계속되어
지쳐서라도 합의를 찾고자 한다. 각 정상이 본국으로 가지고 갈 성과를 나
누는 방법을 협의한다. EU 정상회의는 1974년 출범해 7개의 EU 공식기구
중 가장 늦었지만 가장 영향력이 있다. EU 정점에 위치한 정치적 의결기
구이다.

---

15) "Charlemagne: A court of kings," *The Economist,* 2021.10.23.
16) "Charlemagne: Zoom diplomacy," *The Economist,* 2020.4.11.에서 재인용
17) Alastair Macdonald and Michel Rose, "Please, not Brexit talk: Merkel,
    Macron hit the bar for beer and fries," *Reuters,* 2018.10.18.

## 2.5 유럽연합의 7개 공식기관: ② EU 각료이사회

### ∥EU 각료이사회의 역할

EU 각료이사회(Council of the EU)는 흔히 이사회(the Council)라고 부르는데, 회원국 장관이 참석하며 입법, 공동외교안보정책 개발, 협정 체결, 예산채택, 회원국 간 정책조정 기능을 수행한다. 10개의 각료이사회의 형태로 만나지만 법적으로는 하나의 각료이사회만 존재한다. 연간 평균 70－80회 회의가 개최된다. 외교이사회와 일반이사회가 가장 빈번하게 회의를 갖는다. 일 년 중 세 달, 4월과 6월, 10월에는 룩셈부르크에서 회의를 개최한다.

입법기관으로서 유럽의회가 양원제 국가의 하원이라면 각료이사회는 상원이다. 각료이사회는 리스본 조약 체결 이전까지 유일한 입법기관이었다. 단 집행위원회 제의에 기초해서만 입법을 할 수 있다는 제약이 있다. 각료이사회는 정상회의 지침에 따라 공동외교안보정책을 개발하며 집행위원회에 협상을 위임해 그 결과로 체결되는 협정을 승인한다. 각료이사회는 집행위원회가 편성해 제안하는 예산안을 유럽의회와 함께 심의해 확정한다.

각료이사회는 회원국 간의 이해를 조정하는 정부 간 협의체 축의 중요한 부분이다. 특히 EU 기관에 권한이 이관되지 않은 공동외교안보정책 및 일부 내무·사법 분야에서는 각료이사회가 의사결정 기관의 역할을 한다. 각료이사회는 10개 분야나 되어 가장 빈번한 회의가 개최되는 유럽연합의 공식기관 중 하나이다.

10개 각료이사회는 ① 일반, ② 외교, ③ 경제·재무, ④ 내무·사법, ⑤ 고용·사회정책·보건·소비, ⑥ 경쟁, ⑦ 교통·통신·에너지, ⑧ 농업·수산, ⑨ 환경, ⑩ 교육·청소년·문화 이사회이다. 외교, 경제·재무와 농업·수산 이사회가 더 중요하며 통상 월 1회 회의를 가지다. 여타 이사회는 통상 연 2－4회 회의를 개최한다. 의장국은 사전에 정해둔 순서에 따라 6개월 주기로 회원국 간 순환된다. 다만 외교장관이 참석하는 외교이사회는 외교안보고위대표가 고정적으로 의장을 맡는다.

일반이사회는 EU 정상회의 준비와 후속조치를 맡는다. 정상회의 의제를 최종 조율한다. 하위 장관(State Secretary)이 참석하나 장관이 참석하는 각료이사회보다 영향력을 가지는 이유이다. 리스본 조약으로 외교이사회가 독립되기 전에는 외교 사안도 일반이사회가 다루었고, 브렉시트 사안도 일반이사회가 다루었다. EU 탈퇴 전까지 영국은 회원국이었던 만큼 외교사안이 아니었다.

각료이사회는 6개월 단위로 의장국이 순환되므로(외교이사회 제외) 일관성과 연속성을 유지하는 것이 중요하다. 연이어 의장국을 맡게 되는 3개 국가가 트리오를 구성해 운영을 협의한다. 트리오 방식은 리스본 조약(2009년 12월 1일 발효) 이후 도입되었다. 세 나라를 묶어 1년 반 단위로 순환한다. 2022년 상반기부터 프랑스, 체코, 스웨덴이었으며 2023년 하반기부터 스페인, 벨기에, 헝가리이다. 2025년 상반기부터 폴란드, 덴마크, 사이프러스이다. 의장국 수행이 쉽지 않은 만큼 2004년 이후 가입국이 이전 가입국의 경험을 전수받을 수 있게 배열하였다.[18]

## 각료이사회 지원조직

사무국이 EU 정상회의와 각료이사회를 함께 지원한다. 사무국의 수장인 사무총장은 임기가 5년이며 8개 총국의 지원을 받는다. 6개월마다 순환되는 의장국을 보좌한다. 구체적으로는 ① 각료이사회와 정상회의 업무지원, 자문, 조정지원, ② 의장국의 협상지원, ③ 회의개최 실무지원, ④ 의제초

---

18) 각료이사회 의장국: 2017년 전·후반(말타, 에스토니아), 2018년(불가리아, 오스트리아), 2019년(루마니아, 핀란드), 2020년(크로아티아, 독일), 2021년(포르투갈, 슬로베니아), 2022년(프랑스, 체코), 2023년(스웨덴, 스페인), 2024년(벨기에, 헝가리), 2025년(폴란드, 덴마크), 2026년(사이프러스, 아일랜드), 2027년(리투아니아, 그리스), 2028년(이탈리아, 라트비아), 2029년(룩셈부르크, 네덜란드), 2030년(슬로바키아, 말타)

안, 보고서 작성 등을 주된 업무로 한다.

각료이사회 개최 전 EU 주재 회원국 대사 간 협의를 갖는다. 관련 사안이 많은 만큼 회원국의 주EU 대표부에 대사 3명이 근무한다. 코레퍼 I (Coreper I), 코레퍼 II (Coreper II), 평화안보위원회(Peace and Security Committee: PSC) 대사이다. 수석 대사는 코레퍼 II 대사이며, 차석 코레퍼 I 대사, PSC 대사 순이다. 사안을 기준으로 업무를 나눈다.

코레퍼(Coreper)는 상임대표위원회를 뜻하는 프랑스어(Comite des rep‐resentants permanents)의 약칭이다. 유럽통합의 초기인 1958년 창설되었다.[19] EU 업무언어는 영어, 프랑스어, 독일어이지만 영어와 프랑스어가 흔히 사용된다. 프랑스어 코레퍼가 사용되는 배경이다. 코레퍼 회의는 코레퍼 I 과 코레퍼 II로 일을 나누어 각료이사회와 정상회의를 준비한다. 코레퍼 II 회의는 목요일, 코레퍼 I 회의는 수요일 및 필요시 금요일 개최된다.

코레퍼 I 대사는 기술적, 법률적 사안인 ⑤ 고용·사회정책·보건·소비, ⑥ 경쟁, ⑦ 교통·통신·에너지, ⑧ 농업·수산, ⑨ 환경, ⑩ 교육·청소년·문화 이사회를 준비하며 코레퍼 II 대사는 정치·재정, 외교 사안인 ① 일반, ② 외교, ③ 경제·재무, ④ 내무·사법이사회를 준비한다. 평화안보위원회 대사는 외교·안보이슈를 담당하는 대사로서 외교안보고위대표 사무실과 긴밀히 협력한다.

코레퍼 II 대사의 하루는 고달프다. 다루어야 하는 사안이 너무나 많기 때문이다. 각료이사회, 정상회의에 올라가기 전에 정리해 두어야 할 사안이 많다. 코레퍼 II 회의에서 합의된 사안은 일반적으로 각료이사회에서 자동적으로 추인되며 각료이사회에서 합의된 사안은 정상회의에서 추인된다. 코레퍼 II 대사의 어깨가 무거울 수밖에 없다.

코레퍼 회의에서 합의되어 각료이사회 승인만 필요한 사안은 'A 점수'(A point)가 주어져 각료이사회에서 토론 없이 승인된다. 이를 'A 아이템'(A

---

19) Jacopo Barigazzi, "How ambassadors took over the EU," *Politico Europe,* 2021.06.24.

item)이라고 한다. 'B 점수'가 주어진 'B 아이템'은 각료이사회 논의가 필요한 사안이다. 이는 △이전 회의에서 이월된 사안 △코레퍼 회의가 해결하지 못한 사안 △정치적으로 민감해 정치적 결정이 필요한 사안 등이다.[20]

코레퍼Ⅰ과 코레퍼Ⅱ 회의는 각각 1주일에 1회 정기적으로 개최되지만 실제로는 더 빈번하게 개최된다. 코레퍼Ⅰ 회의나 평화안보위원회 회의가 합의한 사안도 형식적으로 코레퍼Ⅱ 회의에 상정되어 승인되는 경우가 있다. 코레퍼Ⅱ 대사의 부담을 덜어 주기 위하여 코레퍼Ⅱ 회의 직전 실무그룹 회의를 개최한다. 앤티시 그룹(Antici Group) 회의이다. 초대 의장이었던 이탈리아 인사의 이름이 남아 있다. 코레퍼Ⅰ 회의를 지원하는 메르텐스 그룹(Mertens Group)에는 초대 의장을 역임한 벨기에 인사 이름이 들어 있다. 앤티시 그룹은 1975년, 메르텐스 그룹은 1993년 창설되었다.

한 회원국이 의장국을 수행하는 6개월 동안 평균 35－40회의 각료이사회, 2,500회의 코레퍼 및 실무그룹 회의가 개최된다. 회의가 빈번히 개최되지만 소규모 회의는 아니다. 실무그룹 회의에 100여 명, 코레퍼 및 각료회의에 150여 명이 참석한다. 많은 회의가 개최되며 문서 작업이 많은 만큼 의장국을 맡는 작은 나라의 대표부는 일시적으로 직원을 두 배 정도로 보강한다.

## ▍정상회의와 각료이사회 의사결정 방식[21]

정상회의와 각료이사회 의사결정 방식은 ① 만장일치, ② 가중 과반수, ③ 단순 과반수의 세 가지가 있다. ① 만장일치는 외교, 국방, 회원국 확대, 조세부과 등 회원국이 주권을 놓지 않고자 하는 사안에 적용한다. ③ 단순 과반수는 비교적 덜 중요한 절차적인 사안에 국한된다. 따라서 실제로 논

20) "Coreper", EUR－Lex; "The decision－making process in the Council", The Council of the EU 홈페이지(2023.1.24. 열람)
21) Neill Nugent, *The Government and Politics of the European Union*, p.177

란이 되며 중요한 것은 ② 가중 과반수(qualified majority)의 경우이다.

2014년 11월 1일 리스본 조약의 가중 과반수 관련 규정이 발효되기 전에는 삼중 과반수(triple majority)가 적용되었다. ① 가중투표(회원국에 인구 규모에 상응하는 표결권 부여)의 74%, ② 회원국의 과반, ③ EU 주민의 62%를 대표한다는 세 가지 조건이었다. 리스본 조약 규정으로 삼중 과반수가 이중 과반수(double majority)로 대체되었다. ① 회원국의 55%(집행위원회의 제안사항이 아닌 경우에는 72%), ② EU 주민의 65%를 대표하면 충족된다.

가중 과반수는 ① EU 집행위원회/외교안보고위대표가 제안한 사안과 ② 여타 사안에 상이한 방식으로 적용된다. ① EU 집행위원회 또는 외교안보고위대표의 제안 사안에 대해서는 회원국 55%(27개국 중 15개국)과 EU 주민 65%의 찬성이 필요하다. ② 여타 사안에는 강화된 가중 과반수가 필요하다. 회원국 72%(27개국 중 20개국)와 EU 주민 65%의 찬성이 필요하다. 가중 과반수 결정을 저지하려면 회원국 8개국 또는 EU 주민 35% 이상이 반대하면 된다. 그런데 유럽연합은 별도로 '저지 소수그룹'(blocking minority) 규정을 두어 최소 4개 회원국과 EU 주민 35%가 포함되도록 하였다. 인구가 큰 3개 국가가 협력하여 EU의 결정을 저지하지는 못하게 한 것이다. '저지 소수그룹'이 충족되지 못하면 가중과반수가 충족된 것으로 본다.

1980년대 중반까지 각료이사회는 과반수 표결이 가능해도 표결을 회피하였다. 1966년 도출된 룩셈부르크 타협(회원국이 핵심국익 사안으로 판단 시 거부권 행사 가능)이 거의 효력을 잃었는데도 만장일치 방식을 선호하였다. 회원국이 동의하지 않으면 EU 지침(directive)을 국내법으로 치환(transpose)하는 경우 등에 미온적인 태도를 취할 것임을 고려한 것이었다.

## 2.6 유럽연합의 7개 공식기관: ③ EU 집행위원회

### EU 집행위원회의 기능

EU 집행위원회는 한 나라의 행정부에 해당한다. 대통령이나 총리의 재임기간을 정부의 한 단위기간으로 구분하듯이 EU 집행위원장의 재임기간에 따라 시기를 구분한다. 그만큼 EU 집행위원회는 EU 시스템에서 중심적이며 핵심적인 역할을 수행한다. EU 집행위원회는 정치적 기능과 행정적 기능을 함께 수행하며 가장 독특한 EU 기관으로 평가된다.[22]

EU 집행위원회는 '조약의 수호자'(guardian of the treaties)로 불린다. EU 조약을 이행하며 회원국 중 EU 조약을 이행하지 않는 사례가 발생할 경우 이를 지적하고 벌금부과 등을 통해 이행을 강제한다. 정책실행기관이지만 법안 제안권을 가지고 있어 입법기관이기도 하다. 독립된 관료조직을 갖추고 있어 중립적인 입장에서 EU 전체의 이익을 추구할 수 있다.

EU 집행위원회는 EU 정책결정기관 중 유일하게 회원국의 여론과 압력에서 절연된 초국가기관이다. EU 정책결정기관은 정상회의, 각료이사회, 집행위원회, 유럽의회를 말한다. 정상회의가 전반적인 방향을 제시하면 집행위원회가 입법초안을 만들며 각료이사회와 유럽의회가 결정과 법을 만든다. EU 사법재판소는 분쟁을 해결한다. EU 법은 회원국의 국내법보다 우선한다.

EU 집행위원회는 유럽연합의 △총체적 전략수립 지원 △새로운 법과 정책 제의 △법과 정책 이행 및 감독 △예산 관리 △국제개발원조 등의 업무를 수행한다. EU 집행위원회는 유럽연합에서 새로운 입법초안을 작성하여 제안하는 유일한 기관이다. 입법 제안권을 독점한다. 입법기관인 유럽의회나 각료이사회는 입법초안 작성 기능을 가지고 있지 않다.

EU 집행위원회는 입법과 관련 △유럽의회와 각료이사회에 입법제안

---

22) ibid., p.161

△회원국의 EU법 이행 지원 △EU예산 관리 및 자금배분 △EU 사법재판소와 함께 EU 법 준수 보장 등 업무를 수행한다. 전 세계 EU 대표부에 인력을 파견해 EU 대외관계청과 함께 대외적으로 EU를 대표한다. 특히 개발정책에서 중심적 역할을 수행하며 이를 위해 UN, OECD, G7, G20 등과 협력한다.

EU 집행위원회는 EU 법안을 제안할 때 EU와 EU 시민의 이익을 보호해야 한다. 유럽의회와 각료이사회가 EU 집행위원회의 법안 초안을 수정할 수 있지만 표결 절차를 통해야 하는 만큼 집행위원회의 입법발의 권한이 중요한 의미를 갖는다. 각료이사회의 입법은 많은 경우 가중과반수를 통하기 때문에 어느 한 회원국의 권한은 제한된다.

## ▮ EU 집행위원단 구성

EU 집행위원회는 정치적 수준과 행정적 수준에서 구성된다. 정치적 수준에서는 집행위원장을 포함하여 27명으로 구성되는 집행위원단(College of Commissioners)이 최고 지도부이다. 집행위원단 27명은 각 회원국에서 1명씩 파견한다. 행정적 수준에서는 총국장들과 총국을 구성하는 정책담당인사, 전문가 및 지원인력으로 구성된다.

EU 집행위원단은 집행위원장을 수장으로 업무를 이끌어 간다. 집행위원은 위원장이 제시하는 우선순위의 정책을 집행한다. 모든 회원국에 집행위원을 한 명씩 할당하여 회원국 간 평등을 맞추는 한편 집행위원의 담당업무에서는 회원국의 국력을 고려한다. 큰 나라 출신 집행위원이 중요한 업무를 담당하는 경향이 있다. 단 오래된 회원국은 작은 나라라도 상당한 역할을 확보한다. 3명의 집행위원장을 배출한 룩셈부르크가 좋은 예이다.

집행위원장 선출 방식은 계속 진화한다. 2014년 최초로 선도후보 방식에 따라 융커 전 룩셈부르크 총리를 집행위원장으로 선출하였다. 유럽의회에서 가장 많은 의석을 확보한 유럽국민당 그룹은 융커 전 총리를 집행위

원장 후보로 사전에 선출하여 두었는데, 유럽의회 의원 선거 이후 유럽의
회가 기민하게 움직여 EU 정상회의가 이를 수용하도록 하였다.

영국과 헝가리는 유럽의회가 선도후보 근거로 내세운 리스본 조약 해석
방식에 반대하였지만 EU 정상회의는 유럽의회와 충돌을 피하기 위해 융
커 전 총리를 집행위원장 후보로 결정하였다. 집행위원장 후보 결정 시 만
장일치가 아니라 가중 과반수를 적용한 첫 사례였다. EU 정상회의 표결
결과는 26 대 2로 영국과 헝가리를 제외한 모든 회원국이 융커 후보를 지
지하였다.

2019년에는 달랐다. EU 정상회의가 유럽의회 선거결과를 고려하지만
재량 범위를 가지는 만큼 유럽의회에서 최다 의석을 차지한 정치그룹이
선정한 후보를 수용해야 하는 것은 아니다. 유럽의회가 권한을 확대해 온
추세에 제동이 걸렸다. 단 리스본 조약은 유럽의회가 EU 집행위원장을 선
출(elect)한다고 규정해 EU 정상회의가 제의한 후보를 승인하는(approve)
것은 아니므로 자신의 목소리를 낼 근거는 있다.[23]

집행위원단은 EU 집행위원회의 최고 정치부이다. 유럽의회에서 선출된
집행위원장 당선인은 취임하기 전 집행위원단을 구성한다. 각 회원국에서
후보를 추천받아 각료이사회와 함께 집행위원을 지명한다. 집행위원단은
유럽의회의 인준을 받아야 한다. 유럽의회는 집행위원단 전체에 대해 동의
(consent)를 부여할 권한을 갖는다. 유럽의회는 개별 집행위원을 인준할
권한은 없지만 집행위원단 전체에 대한 동의 권한을 활용해 각 집행위원
후보에 대해 청문회를 갖는다. 집행위원 후보자는 3시간 동안 유럽의회의
청문회에 참석해 평가를 받는다. 청문회는 유럽의회의 소관 위원회가 담당
하는데 소관 위원회는 청문회 개최 이후 24시간 이내에 유럽의회의 위원
장 회의 및 의장 회의에 평가결과를 제출한다.

유럽의회는 2014년 슬로베니아 후보가 청문회에서 미흡한 모습을 보였

---

23) ibid., p.131

다고 반대하였고 2019년에는 프랑스, 루마니아, 헝가리 후보를 반대하였다. 2024년에는 모두 승인하였다. 집행위원장 당선인이 유럽의회 소관 위원회의 부정적인 평가를 받은 집행위원 후보를 포함시키기 어렵다. 유럽의회가 집행위원단 전체에 대해 동의 투표를 할 때 부결하는 상황을 원치 않기 때문이다.

집행위원은 출신국 대표라기보다 EU 전체의 이익을 증진해야 하는 의무를 가지고 있다. 실제로 집행위원은 취임 시 룩셈부르크에 소재한 유럽사법재판소에서 EU 전체의 이익을 증진하겠다고 선서한다. 다만 집행위원 활동에 관한 조약은 탄력적으로 해석되어 왔다. 회원국의 추천으로 임명된 집행위원이 완전하게 중립을 유지하는 것은 가능하지도, 바람직하지도 않기 때문이다.

융커 집행위원단은 집행위원장, 6명의 부집행위원장 및 21명의 집행위원으로 구성되어 있었는데 폰데어라이엔 집행위원장은 1기에 3명의 수석 부집행위원장, 5명의 부집행위원장, 18명의 집행위원을 두었다. 그러나 2기에서 6명의 부집행위원장을 두는 방식으로 회귀하였다. 폰데어라이엔 집행위원장은 또한 처음으로 국방담당 집행위원직을 신설하였다. 유럽차원의 국방 업무 및 회원국간 방위산업 조율이 필요하기 때문이다.

EU 집행위원의 보좌진은 상당한 규모이다. 집행위원장은 고위보좌진 12명, 외교안보고위대표 및 수석부집행위원장은 고위보좌진 9명, 집행위원은 고위보좌진 6명을 제공받는다. 지원인력은 별도로서 숫자는 더 많다. 집행위원장, 외교안보고위대표 및 수석부집행위원장 보좌진은 적어도 5개국 인사, 집행위원의 보좌진은 적어도 3개국 인사로 구성한다. 집행위원과 같은 국적인사는 최대 2명이다.[24] 유럽연합의 통합성을 이루어나가기 위한 고려이다. 유럽연합에서 중추역할을 하는 집행위원 사무실에서부터 여러 회원국 인사가 함께 근무하는 것이다.

---

24) Eddy Wax and Barbara Moens, "Von der Leyen sets new rules for Commission cabinet hires," *Politico Europe*, 2024.10.15.

EU 집행위원회는 행정적 수준에서는 39개 총국(Directorate General)과 11개 지원부서(Service Department) 및 6개 이행기관(Executive Agency)으로 구성된다.[25] 총국은 총국장이 인솔하는 6－10개의 국으로 구성되며 각 국은 수 개 팀으로 구성된다. 2024년 1월 1일 현재 인원은 최대 국제파트너십총국(Directorate－General International Partnerships: DG INTPA) 2,953명부터 최소 아이디어·토론총국(Inspire, Debate, Engage and Accelerate Action: Service IDEA) 27명까지 다양하다. 일반적으로 100－1,000명으로 구성된다. 번역총국(Directorate－General Translation: DGT)과 통역총국(Directorate－General for Interpretation: SCIS)(Service Commun Interpretation Conferences: 불어) 인원도 각각 1,982명과 740명에 이른다.[26] 공식언어가 24개로 양자 언어조합이 552개나 되는 만큼 통역이 중요하기 때문이다.

2024년 1월 1일 기준 EU 집행위원회 직원은 32,484명이다.[27] 2024년 유럽연합 27개국 인구가 약 4억 5,182만 명으로 추산되므로 EU 집행위원회의 직원은 유럽연합 인구 1만 명당 0.7명에 미달하는데, 유럽연합 회원국 공무원이 1만 명당 300명인 것에 비하면 많은 숫자는 아니다.

EU 집행위원회의 대부분 직위는 내부승진을 통해 충원한다. 예외적 경우가 아니라면 회원국 인사를 충원한다. 일반적 원칙으로서 국적에 따른 차별은 금지되며 가급적 여러 회원국 출신인사를 채용한다. 차별금지와 지리적 다양성이라는 두 가지 원칙을 고려하는 것이다. 이중 국적 인사가 적지 않은 만큼 채용 시점에 일차 국적, 이차 국적을 신고토록 한다.

EU 집행위원회 직위 충원 시 회원국의 인구를 반영하되 인구가 적은 회원국도 최소한의 대표성은 가질 수 있도록 하는 지침이 있다. 독일 13.8%, 프랑스 11.6%, 이탈리아 11.2%, 스페인 8.9%, 폴란드 8.2%, 루마

---

25) "Departments and executive agencies," European Commission(2024.10.24. 열람)
26) "Key Figures on European Commission Staff on 1st January 2024," European Commission
27) ibid.

니아 4.5%, 네덜란드 3.9% 순으로 배정된다. 독일 13.8%부터 몰타 0.6%까지 지침이 있다.[28] 2024년 독일 인구는 84백만 명으로서 몰타 인구 47만 명의 180배 정도이나 직위 충원 지침에서 독일은 몰타의 23배에 불과하다.[29] 인구 규모를 고려하지만 인구가 작은 나라에 대해 배려한다. 다만 중요 보직은 인구가 많은 나라 출신인사들이 차지하는 경향이 있다.

2024년 1월 1일 현재 직원 규모로 이탈리아 4,504명, 벨기에 4,356명, 프랑스 3,318명, 스페인 2,672명, 독일 2,042명 순이다. 가장 소수의 직원을 배출한 국가는 룩셈부르크 89명, 사이프러스 158명, 몰타 189명 순이다. 남성 13,929명, 여성 18,555명으로 여성이 더 많다.[30]

행정업무(Administrator) 담당 직급은 AD5부터 AD16까지에 이른다. AD5는 대학 졸업생이 처음 받는 직급이다. AD9 – AD12는 중간 간부(Middle Management)이다. 모두 다 할 수 있는 것은 아니지만 AD5부터 AD12까지 승진하는 데 통상 40년 넘게 소요된다. AD13 – AD16가 고위 간부(Senior Management)이며 총국장은 AD15 또는 AD16이다. 간부는 중간 간부와 고위 간부로 구성된다.[31]

집행위원과 산하 총국장은 같은 국적의 인사가 맡지 않는다는 불문율이 있다. 신임 집행위원으로 총국장과 같은 국적의 인사로 임명되면 총국장은 짐을 싼다. 이를 제외하면 신규 집행위원회가 출범해도 총국장은 기존 업무를 계속하며 임기만료에 따라 교체된다. 국장(Director) 이상 보직을 충원하려면 적절한 인사를 물색한 이후 소관 집행위원의 동의를 얻고 인사·예산 담당 집행위원의 조정을 통과해 집행위원단이 결정한다.

---

28) ibid.
29) "The World Factbook," Central Intelligence Agency(2024.10.24. 열람)
30) "Key figures on European Commission Staff on 1st January 2024," European Commission
31) "EU Staff Categories," European Personnel Selection Office(2024.10.21. 열람)

## ▌집행위원단 운영

EU 집행위원은 의원내각제 국가 사무차관보다 높고 장관보다 낮다. 자신이 관할하는 총국을 정치적으로 대표하나 이와 관련한 주요결정을 내리는 각료이사회에는 참석하지 못한다. 예외적으로 외교안보고위대표는 외교이사회 회의에 참석하며 주재한다. 그러나 외교안보고위대표도 외교이사회에서 표결권은 없다. 회원국 정부가 정책결정권한을 가지고 EU 기관을 통제한다.

EU 집행위원회 중요사안은 매주 열리는 집행위원단(College of Com-missioners) 회의에서 결정된다. 결정은 대개 만장일치에 의한다. 모두 한 건물[십자가 형태의 벨레이몽(Berlaymont) 빌딩]에 근무하여 만나기 쉽다. 집행위원장 사무실이 13층에 있어 집행위원장을 말할 때 '벨레이몽 13층'이라고 한다. 집행위원단 회의 이전 집행위원 몇 명이 사전 협의를 가지고 부집행위원장의 승인을 받는 경우도 있다. 여러 총국 간 조율이 필요한 경우이다. 집행위원단 회의 의제는 매주 비서실장단 회의에서 사전 협의한다. 비서실장단 회의는 '엡도'(Hebdo) 회의라고 부르며 대체로 집행위원단 회의 이틀 전 개최된다.[32] '엡도'는 프랑스어로 주간지를 의미한다.

총국 직원은 다른 건물에서 근무하여 집행위원을 만나는 것 자체가 쉽지 않다. 상당 규모의 비서실이 집행위원을 보좌하며 총국장이 실질 업무를 수행하는 것은 프랑스 정부와 비슷하다. 집행위원회는 프랑스의 정부 모델에 따라 총국 산하에 담당국 등으로 구성하였다.[33] 과거 유럽연합 내 공식문서는 프랑스어로 초안을 마련하고 이후 여타 공식언어로 번역하기도 하였다.

집행위원의 담당업무는 신임 집행위원장과 회원국 정부 간 협상을 통해

---

32) 브뤼셀 회의 기간: 엡도 회의는 월요일 오후, 집행위원단 회의는 수요일 오전 개최; 스트라스부르 회의 기간: 엡도 회의는 월요일 오전, 집행위원단 회의는 화요일 오후 개최

33) Anthony Pagden, *The Idea of Europe: From Antiquity to European Union*, p.231

결정되는데, 집행위원으로 추천된 인사의 경력 등에도 영향을 받는다. 조지 오웰(George Orwell)의 동물농장(Animal Farm)에서 모든 동물은 평등하지만 일부 동물은 더 평등한 것(All animals are equal, but some animals are more equal than others)처럼, 모든 집행위원은 평등하지만[34] 일부 집행위원은 더 영향력이 있다.

## 2.7 유럽연합의 7개 공식기관: ④ 유럽의회

### ▍유럽의회의 기원 및 연혁

유럽의회는 7개 EU 공식기관 중 EU 주민이 직접 선출하는 유일한 기관이다. EU 집행위원장과 집행위원, 정상회의 상임의장, EU사법재판소 재판관 등은 주민 생활에 많은 영향을 미치지만 주민이 직접 선출하지는 않는다. 유럽의회는 주민의 직접 투표로 선출된다는 정당성을 근거로 영향력을 확대해오면서 '유럽 민주주의의 심장'(heart of European democracy)임을 표방한다.

유럽의회는 △입법권 △EU기관 자문 및 감독·통제권 △예산 심의권의 3가지 권한을 가지고 있다. 그러나 법률발의권은 없다. 유럽의회는 EU 집행위원회가 제안한 법안을 심의하고 의결할 권한만을 보유한다. 물론 EU 집행위원회가 제안한 법안을 거부하거나 수정할 수는 있다. 한편 외교·국방정책에 관해서는 유럽의회의 역할은 정보를 접수하고 협의하는 역할에 국한된다.

유럽의회가 하원, 각료이사회가 상원 역할을 하는데, 법률발의권은 집행위원회가 가지고 있어 입법에서 유럽의회, 각료이사회, 집행위원회 간 삼

---

34) "Communication for the President to the Commission: The Working Methods of the European Commission" European Commission, 2019.12.1. Brussels: All Members of the Commission are equal when making decisions and equally accountable for these decisions.

자대화(trilogue)가 중요하다. 집행위원회가 중재 역할을 한다. 미국 상하원 간 조정을 위한 양원 협의위원회와 유사한데, 거기에 집행위원회가 추가된다. EU 집행위원회는 법률을 제안할 수 있는 EU의 유일한 기관이자 법률을 이행하는 기관이다.

1980년대 중반까지 유럽공동체는 단원제로서 각료이사회가 유일한 입법기관이었다. 유럽의회 역할은 구속력 없는 협의(consultation)로 국한되었다. 단일유럽의정서로 협력절차가 도입되고 마스트리히트 조약으로 공동결정 방식이 도입되어 유럽의회의 권한이 확대되었다. 리스본 조약이 발효되어 유럽의회가 온전한 입법기관이 되었으며 진정한 의미의 양원제 제도가 출범되었다.

유럽의회 시초는 ECSC의 공동의회(Common Assembly)이다. 1952년 9월 10일 프랑스의 스트라스부르(Strasbourg)에서 첫 회의가 개최되었다. 회원국 의회가 파견한 의원으로 구성되어 자문기관 역할을 하였다. 1958년 EEC, EURATOM이 출범된 후 첫 유럽의회회의(European Parlia－mentary Assembly)가 1958년 3월 19일 개최되었다. 1962년 3월 30일 유럽의회(European Parliament)로 이름을 바꾸었다.[35]

1979년부터 5년마다 직접선거가 실시되어 민주성과 대표성을 높였다. 1979년 선거 시 410명의 의원을 선출하였으며 EU 회원국 확대에 따라 의원수도 증가되었다. 의원 중에는 유럽통합에 회의적인 인사와 극단 인사도 포함되어 있었다. 다만 이들 인사는 유럽의회에 들어왔다 나갔을 뿐 유럽연합의 통합과정에 혼란을 일으키지는 못하였다.

유럽의회 선거는 전체 의원수가 바뀌는 등 한번도 똑같은 선거가 실시되지 않았다. 2019년에는 5년 전과 같이 751명의 의원을 선출되었지만 2020년 1월 영국이 EU에서 공식 탈퇴하자 사전에 합의한 대로 영국출신 의원 73명이 전원 사퇴하였다. 영국 의석 73석 중 46석은 미래의 EU 회

---

35) European Parliament Fact Sheets on the European Union, "The European Parliament: Historical background" 05－2022

원국 확대를 위해 남겨두고 27석은 여타 회원국에게 배분하여 의석은 총 705석으로 감소되었다. 2023년 9월 EU 정상회의는 유럽의회 의원 수를 705명에서 720명으로 증원하였다. 회원국별 의석수는 인구 규모를 고려하지만 최소 6명의 의원을 배정한다.

유럽의회의 의원 총수

| 선거년도 | 1979 | 1984 | 1989 | 1994 | 1999 | 2004 | 2009 | 2014 | 2019 | 2024 |
|---|---|---|---|---|---|---|---|---|---|---|
| 의원 총수 | 410 | 434 | 518 | 567 | 626 | 732 | 736 | 751 | 751/705 | 720 |

유럽의회 선거 투표율은 2014년까지 하락 추세였다. △유럽의회의 낮은 인지도 △부정적 보도(브뤼셀과 스트라스부르에 의사당 중복유지 등) △의원의 빈번한 교체 등이 배경이었다. 투표율이 낮으면 유럽의회의 정당성이 약화되며 시민들의 관심을 받지 못하는 악순환이 반복된다. 유럽의회는 민주주의의 결핍보다 유권자의 관심 결핍으로 어려움을 겪는다.36)

## ▮선거 방식

회원국은 △선거일자 △선출방식 △의무투표제 여부 △후보자 및 유권자 최소연령 등 각자의 규정을 적용한다. 각국의 선거일이 같지 않다. 2024년에는 6월 6일-9일간 유럽의회 선거가 실시되었다. 6월 6일 네덜란드부터 투표를 시작해 대다수 회원국은 6월 9일 투표를 실시하였다.37) 일반적으로 목요일에 투표를 시작하여 일요일에 종료된다. 늦게 투표하는 국가의 선거에 영향을 주지 않도록 먼저 투표하는 국가는 여타국 선거가 끝날 때까지 결과를 발표할 수 없다.

---

36) "Charlemagne: A powerful yet puny parliament," *The Economist,* 2020. 10.24.
37) 2024년 유럽의회 선거일: [6.6.] 네덜란드/[6.7.] 아일랜드, 체코(체코는 6.7.-8. 이틀)/[6.8.] 라트비아, 몰타, 슬로바키아, 이탈리아(이탈리아는 6.8.-9. 이틀)/[6.9.] 여타 20개국

유럽의회 의원은 비례대표 의원 선출과 같은 방식으로 선출된다. 정당에서 우선순위를 정해 둔 후보나 무소속 후보가 출마하면 유권자들이 정당과 후보의 정견을 고려하여 투표하며 득표율에 따라 정당별로 의석이 배분된다. 단 선호하는 정당에만 투표하는 폐쇄형(구속 명부식)과 선호하는 정당과 후보에게 모두 투표하는 개방형(비구속 명부식)이 있다. 독일, 프랑스, 스페인, 헝가리, 포르투갈, 루마니아는 폐쇄형을, 이탈리아, 폴란드, 그리스, 덴마크, 핀란드, 리투아니아, 라트비아, 사이프러스는 개방형을 가지고 있다.

투표율은 회원국별로 큰 차이가 있었다. 2024년에도 의무투표제를 실시한 벨기에의 투표율이 가장 높아 89.01%, 의무투표제를 실시하지 않은 크로아티아 투표율이 가장 낮아 21.35%에 불과하였다. 2024년 의무투표제를 실시한 EU 회원국은 벨기에, 그리스, 불가리아, 사이프러스, 룩셈부르크 등 5개국이었다.

의원 후보자 최소연령도 회원국에 따라 18세에서 25세에 이르기까지 다르다. 벨기에 등 15개국은 18세, 불가리아 등 9개국은 21세, 루마니아는 23세, 이탈리아 등 2개국은 25세이다. 초선의원이 업무에 익숙해지는데 2년 정도 소요되는 것을 감안하면 재선의원 비율이 높은 국가가 더 큰 영향력을 갖게 된다. 유럽의회의 업무가 복잡해 익숙해지는 데 시간이 걸리기 때문이다.

### ▎유럽의회 내 정치그룹[38]

유럽의회 의원은 의사당에서 출신 국가가 아니라 소속 정치그룹별로 앉는다. 2024－29년간 유럽의회에는 8개 정치그룹이 있다. 직전에는 7개, 그전에는 8개의 정치그룹이 있었다. 정치그룹은 의회 내 교섭단체와 같다. 정치그룹을 구성하기 위해서는 의원 25명, 회원국의 1/4(27개국 중 7개국) 이상을 대표해야 한다. 의원은 2개 이상의 정치그룹에 속할 수 없다. 단

---

38) "About Parliament," European Parliament 홈페이지 자료(2024.12.27. 열람)

어느 정치그룹에도 속하지 않을 수 있으며 이들을 무당파 의원(non-attached Member)이라고 한다.

정치그룹은 의장 1명(또는 공동의장 2명), 집행부(Bureau), 사무국으로 조직된다. 본회의 표결 전 정치그룹은 위원회 보고서를 검토하며 수정안을 제기한다. 정치그룹이 택하는 입장은 정치그룹 내의 토의를 통해 결정된다. 다만 개별 의원에 대해 어떠한 표결을 강요할 수는 없다.

의사당 좌석은 정치그룹 성향에 따라 단상에서 보아 왼쪽의 좌파성향 그룹부터 오른쪽의 우파성향그룹까지 정치그룹 의장 간 합의로 배정된다. 유럽의회 좌석은 왼쪽부터 좌파 그룹(The Left), 사회당 그룹(Progressive Alliance of Socialists and Democrats: S&D), 녹색당/유럽자유동맹 그룹(Greens/European Free Alliance: EFA), 자유당 그룹(Renew Europe), 유럽국민당 그룹(European People's Party: EPP), 보수개혁연합그룹(European Conservatives and Reformists: ECR), 유럽애국자 그룹(Patriots for Europe: PfE), 주권국가유럽 그룹(Europe of Sovereign Nations: ESN) 순이다. 무당파 의원들은 맨 뒤쪽에 자리한다.[39]

정치그룹 대표는 가장 앞 열에 착석한다. 3열까지는 부대표 등 집행부 의원이 착석하며 여타 좌석은 일반적으로 의원 성명의 알파벳순으로 지정된다. 한편 유럽의회의 의사당에서 단상에서 보아 좌파 그룹 좌측으로는 EU 각료이사회 인사들이, 주권국가유럽 그룹 우측으로는 EU 집행위원회 인사들이 착석한다.

유럽의회에서 일반적인 표결 패턴은 좌파와 우파가 아니라 중도와 기타, 또는 유럽통합 지지그룹과 유럽통합 반대그룹으로 나뉜다. 유럽의회 좌석 중 중앙에 앉는 유럽국민당 그룹, 자유당 그룹, 녹색당 그룹과 사회당 그룹이 일반적으로 유럽통합 쪽으로 투표한다. 2024년 선거에서는 반이민 정서, 우크라이나 전쟁 장기화, 고물가 및 고금리 등에 영향을 받아 우파

---

39) Interactive seating plan of the hemicycle of the European Parliament, Strasbourg/Brussels(2024.10.12. 열람)

세력이 확대되었다. 2014-19년(제8대) 20%, 2019-24년(제9대) 18%, 2024-29년(제10대) 26%에 달하였다.

유럽의회 정치그룹 내 의석수 변화[40]

| 회기 | 좌파연합 GUE/ NGL | 사회당 S&D | 녹색당 Greens | 자유당 ALDE | 유럽 국민당 EPP | 보수개혁 연합 ECR | 자유민주 EFDD | 유럽민족 자유 ENF* | 기타 |
|---|---|---|---|---|---|---|---|---|---|
| 제8대 751석 | 51 (7%) | 189 (25%) | 52 (7%) | 68 (9%) | 219 (29%) | 71 (9%) | 45 (6%) | 35 (5%) | 21 (3%) |

\* 유럽민족자유(ENF)는 2014년 선거 직후에는 존재하지 않았으나, 2015.6.15. 37석(5%)으로 새로이 출범

| 회기 | 좌파연합 GUE/ NGL | 사회당 S&D | 녹색당 Greens | 자유당 Renew E | 유럽 국민당 EPP | 보수개혁 연합 ECR | 정체성· 민주주의 ID | 무당파 NI |
|---|---|---|---|---|---|---|---|---|
| 제9대 705석 | 39 (6%) | 145 (21%) | 73 (10%) | 101 (14%) | 177 (25%) | 64 (9%) | 65 (9%) | 41 (6%) |

| 회기 | 좌파연합 The Left | 사회당 S&D | 녹색당 Greens | 자유당 Renew E | 유럽 국민당 EPP | 보수개혁 연합 ECR | 유럽 애국자 PfE | 유럽주권 국가 ESN | 무당파 NI |
|---|---|---|---|---|---|---|---|---|---|
| 제10대 720석 | 46 (6%) | 136 (19%) | 53 (7%) | 77 (11%) | 188 (26%) | 78 (11%) | 84 (12%) | 25 (3%) | 32 (5%) |

## ▐ 유럽의회 운영

의원이 720명이나 되는 유럽의회를 운영하는 것은 간단한 일이 아니다. 표결 시 각 정치그룹이 소속 의원들에게 어떠한 입장을 취해야 할지 알리는 것도 큰일이다. 유럽의회 의원이 반드시 따라야 할 의무가 있는 것은 아니지만 본회의장에서 가장 앞에 앉은 대표급 의원이 수신호를 보내 표결 시 각 정치그룹이 어떠한 입장을 취할지 알린다. 유럽의회 의원들은 통상적으로 출신국보다 정치그룹의 입장에 따라 투표한다.[41]

---

40) "Political groups in the European Parliament" 유럽의회 홈페이지(2018.6.28.); "European Parliament: Facts and Figures" (Briefing, March 2022); "The Political groups of the European Parliament," About Parliament, as of 16 July 2024

41) Simon Usherwood & John Pinder, *The European Union: A Very Short Introduction,* p.40

유럽의회 운영조직에 우선 집행부(The Bureau)가 있다. 유럽의회 의장, 부의장 14명 전원, 6명의 재무관으로 구성되며 재정·행정 관련 사안을 결정하여 운영한다. 의장회의(Conference of Presidents)는 유럽의회 의장과 각 정치그룹 대표로 구성된다. 무당파 의원들을 대표하는 의원도 한 명 참석하지만 표결권은 없다. 의장회의는 △의회 업무 및 입법계획 조직 △위원회, 대표단의 직무와 구성위원 결정 △여타 EU 기관, 각 회원국 의회 및 비회원국과의 관계 등을 담당한다.

2024–2029년 회기에는 직전 회기와 같이 20개 상임위원회가 구성되었다. 상임위원회는 25–90명의 위원으로 구성되며 위원장, 집행부(Bureau), 사무국(Secretariat) 조직이 있다. 위원장은 2년 반 임기로 정위원 가운데서 선출되며 최대 4명의 부위원장도 선출되는데, 이들이 집행부를 구성한다. 필요시 특별위원회도 설치할 수 있다.

상임위원회 회의는 매월 1–2회 브뤼셀에서 개최되며 공개된다. 상임위원회는 EU 집행위원회와 각료이사회가 제안한 사항을 검토하며 필요시 본회의에 보고한다. 시민권, 환경, 예산을 다루는 3개의 상임위원회가 가장 중요한 위원회이다. 대외관계를 담당하는 위원회는 외교위원회, 국제통상위원회, 교통·관광위원회, 산업·연구·에너지위원회 및 안보·국방 소위원회이다.

2024–2029년 회기에는 48개 대외관계대표단이 구성되어 지난 회기 대비 4개의 대표단이 증가되었다. 대외관계대표단은 비회원국 의회와의 관계를 유지하고 정보를 교환하는 것이 임무이다. 대외적으로 유럽연합을 대표하고 제3국에서 유럽연합의 창설가치인 자유, 민주주의, 인권, 법의 지배 등 가치를 신장한다. 대외관계대표단의 규모는 유럽의회의 관심 등에 따라 다르다.

미국관계대표단은 의원 64명으로서 국가별 대표단으로는 최대 인원이다. 중국관계대표단은 38명, 일본관계대표단은 24명, 러시아관계대표단은

31명, 우크라이나관계대표단은 16명, 이스라엘관계대표단은 18명, 팔레스타인관계대표단도 18명의 의원으로 구성된다. 최초로 구성된 대표단은 미국관계대표단으로서 유럽의회는 워싱턴에 사무소를 운영하고 있다. 두 번째로 구성된 대표단은 일본관계대표단이다. 남북한을 담당하는 한반도관계대표단은 의원 13명으로 구성되어 있으며 의장은 사회당 그룹의 스페인 출신 세사르 루에나(Cesar Luena) 의원이 맡고 있다.

유럽의회는 '돈트 방식'(d'Hondt method)에 따라서 의석수가 많은 정치그룹부터 상임위원장직을 배정하는데, 두 번째 위원장직을 배정할 때 이미 상임위원장을 배정받은 정치그룹에는 의석수 계산 시 분모에 1을 더해 여타 정치그룹과 의석을 비교하여 의석이 많은 정치그룹에 배분한다. '돈트 방식'은 다수 의원을 보유한 정치그룹에 유리하다는 평가를 받는다.[42]

상임위원회 위원 배정도 같다. '돈트 방식'에 따라 의원수가 많은 정치그룹부터 상임위원회 위원 자리를 배분한다. 일단 어느 정치그룹이 위원회의 위원 자리를 확보하고 나면 정치그룹 내에서도 '돈트 방식'에 따라 각국에 자리를 배분한다. 대부분의 의원은 1개의 상임위원회에서 위원으로, 여타 1개의 상임위원회에서 교체위원으로 활동한다.

제8대(2014-19년) 유럽의회 의장은 최대의석을 가진 유럽국민당 그룹과 사회당 그룹 대표가 2년 반씩 나누어 수행하였다. 전반기는 마틴 슐츠(Martin Schulz)(독일 S&D), 후반기는 안토니오 타야니(Antonio Tajani)(이탈리아 EPP) 의원이 맡았다. 제9대(2019-24년)에서는 데이비드-마리아 사솔리(David-Maria Sassoli)(이탈리아 S&D) 의원에 이어 로베르타 메촐라(Roberta Metsola)(몰타 EPP) 의원이 2년 반 의장을 맡았다. 메촐라 의장은 세 번째 여성 의장이자 최연소 의장이었다. 제10대(2024-29년) 전반기에는 메촐라 의장이 재선되었다.

---

42) European Parliament Research Service, "Understanding the d'Hondt method: Allocation of parliamentary seats and leadership positions," European Union 2019

유럽의회에서 발언을 24개 공식언어로 통역·번역하는 것도 쉬운 일이
아니다. 수많은 통역사가 동원된다. 24개국 언어가 사용되는 유럽의회의
슬로건은 '하나의 목소리를 찾는 많은 언어'(Many Tongues in Search of
One Voice)이다. 로마의 원형극장을 모티브로 하였다는 스트라스부르 유
럽의회 건물은 피터 브뤼겔(Pieter Bruegel)의 바벨탑(서로 통하지 않는 언어
상징) 그림을 연상시킨다.[43]

유럽의회는 평소 브뤼셀에서 회의를 갖지만 회기 기간 중 매달 1주간
본회의를 프랑스 스트라스부르에서 갖는다. 이는 EU 조약에도 명문화되어
있다. 유럽의회 본회의가 스트라스부르에서 개최되면 많은 사람이 이동한
다. 유럽의회 의원과 전문위원, 보좌관은 물론 집행위원을 비롯한 집행위
원회 인사, 로비스트 등이 대거 이동한다.

모든 의원이 참석하는 본회의는 1년에 12회 개최된다. 8월을 제외하고
는 매월 1회 개최되며 가을에는 추가로 1회 더 개최된다. 스트라스부르에
서 월요일부터 목요일까지 개최된다. 금요일에는 의원의 참석율이 낮아
2001년 이래 회의가 개최되지 않고 있다. 목요일의 회의가 끝나면 의원들
은 대개 지역구로 돌아가며 월요일 아침에 복귀한다.

브뤼셀—스트라스부르 거리는 430km로 의원들은 이동에 부담을 느낀
다. 스트라스부르에 동반하는 보좌관도 보통 한 명으로 제한된다. 본회의
기간 중에는 스트라스부르 호텔의 숙박비도 두 배 정도로 높아지는데 스
트라스부르 의회 운영 비용이 연간 2억 불로 추산된다.[44] 초선의원들은
스트라스부르 회의는 낭비이며 브뤼셀에서 모든 회의를 갖자고 제의도 하
지만 실패한다.

프랑스는 스트라스부르가 알사스 로렌 지역에 위치해 땅의 주인이 독일
과 프랑스 사이에서 번갈아 바뀌기도 하였고 독일—프랑스 간 국경에서
가까워 유럽통합의 필요성을 상징적으로 보여 준다고 하면서 반대한다. 프

43) William Drozdiak, *Fractured Continent*, p.73
44) ibid., p.74

랑스가 강한 입장을 제기하면 유럽연합 내의 많은 협의가 그러하듯이 독일은 프랑스가 저토록 원하니 들어주자는 입장을 표시하여 여타국은 마지못해 따라간다.

프로이센(Preussen)의 군사사상가 칼 폰 클라우제비츠(Carl von Clausewitz)가 '전쟁론'(Vom Kriege)에서 '전쟁은 다른 수단에 의한 정책의 연장'(War is the continuation of policy by other means)이라고 한 것에 빗대면, 유럽의회는 다른 수단에 의한 국내정치의 연장이다. 유럽의회 의원은 자국 국내정치에 연계되어 있다. 국내정치에 복귀하려는 의원은 국내 선거구 관리에 신경을 쓰지 않을 수 없다.

유럽의회는 권한을 확대해 왔지만 아직 여타국의 의회에 비해 영향력이 크지 않다. 그럼에도 불구하고 EU 집행위원회나 각료이사회에 근무하는 인사는 유럽의회가 부담을 준다고 생각한다. 민주주의 국가의 의회가 행정부를 감시하는 것과 같다. EU 대표부 등에서 근무하는 인사들은 유럽의회가 권한이 적어 더 시끄럽게 소리를 내는 것이라고 불평한다.

## 2.8 유럽연합의 7개 공식기관: ⑤ 유럽중앙은행

유럽중앙은행(European Central Bank: ECB)은 암스테르담 조약(Amsterdam Treaty)(1997년 10월 2일 서명, 1999년 5월 1일 발효)으로 1998년 6월 1일 창설된 유로화 중앙은행으로서 유로화가 사용되는 EU의 20개 회원국인 유로지역(Eurozone)의 금융정책을 시행한다. EU조약과 EU기능조약에 규정된 유럽연합의 7개 기관 중 하나이다. 독일 프랑크푸르트 암마인(Frankfurt am Main)에 소재하며 직원은 3,500명을 넘는다.

가장 최근 유로존에 포함된 국가는 크로아티아로, 2023년 1월 1일부터 참여하고 있다. 유럽중앙은행이 금융정책을 관할하는 20번째 EU 회원국이다. EU 각료이사회는 2022년 7월 12일 크로아티아의 유로지역 참여 결정을 발표하면서 유로와 크로아티아 화폐인 쿠나(kuna) 간 교환에 사용될 환율도 발표하였다. 환율은 당시 적용되던 환율로 고정한 것이었다.

EU기능조약 127(1)항에 규정된 유럽중앙은행의 일차적 목적은 유로존 내 물가안정이다. 또한 물가안정 유지 한도 내에서 유럽연합의 전반적 경제정책을 지원한다. 유럽중앙은행 운영위원회(Governing Council)는 물가안정을 연간 2% 미만의 인플레이션으로 정의한다. 유럽중앙은행은 ① 유로지역 물가안정 유지, ② 유럽 은행제도의 안전과 건전성을 위해 일한다고 스스로를 소개한다.[45]

유럽중앙은행은 EU 법이 적용되는 EU 기관이나 운영방식은 기업과 비슷하다. 유럽중앙은행 자본금은 2024년 기준 약 110억 유로이다. 이를 EU 회원국 중앙은행이 기업의 주주처럼 지주(shareholder)로서 보유한다. 각국의 자본 보유비율은 유럽연합 내 인구와 GDP 비율을 반영해 할당하며 5년을 주기로, 또 신규 회원국이 가입하는 때에 조정한다.

유럽중앙은행 자본금 10,825,007,069.61유로를 EU 27개 전 회원국 중앙은행이 분담한다. 유로지역 국가들이 81.98%를, 여타 국가들이 18.02%를 부담한다. 유로지역 내 국가의 분담 비율은 독일 21.4%, 프랑스 16.6% 등으로 총계 81.98%가 된다. 2023년 가입한 크로아티아는 0.66%를 부담한다. 유로지역 외의 국가는 폴란드 6.0%, 스웨덴 3.0% 등으로 총계 18.01%가 된다.

## 2.9 유럽연합의 7개 공식기관: ⑥ EU 사법재판소

EU 사법재판소(Court of Justice of the European Union: CJEU)는 유럽연합의 사법부로서 2개의 법원으로 구성된다. ① 상급심을 담당하는 유럽사법재판소(European Court of Justice: ECJ), ② 하급심을 담당하는 일반법원

45) "European Central Bank − Eurosystem" 홈페이지(2023.1.28. 열람)

(General Court)이다. EU 사법재판소는 유럽연합 내의 최고 사법기관으로서 유럽연합만의 독자적 성격을 가지는 초국가 기관이다.

EU 사법재판소는 유럽통합을 위한 조용하지만 강력한 동력으로 활동해 왔다. EU 조약 중의 모호한 부분에 명료성을 주는 것이 주요 임무이다. EU 정치인은 "아무 문서도 없는 것보다는 모호한 문서라도 있는 것이 낫다"(Better to have a blurred text than no text at all)라는 생각을 가지고 일한다. 그러다 보니 EU 사법재판소가 빈틈을 메우기 위해 할 일이 생긴다.[46]

EU 사법재판소는 1964년 전기요금 1,925리라(2020년 가치 22유로) 관련 사건에서 EU 법이 회원국 법에 우선한다고 판결하였다. "EU 사법재판소의 판결을 회원국 정부가 용인, 묵인, 성원한다"(tolerate, acquiesce or encourage). 런던 킹스 칼리지(King's College London) 타키스 트리미다스(Takis Trimidas) 교수의 말이다. EU 사법재판소는 EU 기관이 흔히 그렇듯이 △최고의 일류 또는 △회원국이 보상차원으로 또는 치워버리려고 보낸 허접한 인사로 충원된다.[47]

EU 사법재판소는 세 가지의 법적 기능을 수행한다. ① 헌법재판소, ② 대법원, ③ 행정법원 기능이다. ① 헌법재판소로서 EU 기관 간 분쟁과 권한분할에 관해 판단한다. ② 대법원으로서 EU 법 해석과 적용 업무를 담당한다. ③ 행정법원으로서 EU 기관의 불법적이며 의심스러운 조치로부터 개인을 보호한다.

EU 사법재판소는 △EU 법이 모든 회원국에서 균일하게 적용되는 것을 보장하며 △EU 회원국과 EU 기관이 EU 법을 준수하도록 보장한다. EU 사법재판소가 실행하는 가장 흔한 사례는 △법의 해석 △법의 집행(벌금부과 가능) △EU 기관의 조치 무효화(EU 조약, 기본권 위반 경우) △EU 기관의 조치 보장 △EU 기관에 대한 제재 등이다.

유럽사법재판소는 회원국에서 1명씩 파견받아 충원하는 재판관 27명에

---

46) "Charlemagne: The wizards of Luxembourg," *The Economist*, 2020.5.22.
47) ibid.

더해 11명의 법무감(advocate general)으로 구성된다. 회원국 법원이 회부하는 사안을 심리한다. 일반법원은 회원국에서 2명씩 파견받아 재판관 54명으로 구성되며 개인, 기업, 그리고 빈도는 덜하지만 회원국 정부가 제기하는 소송을 심리하는데, 대체로 경쟁법, 국가보조금, 무역, 농업, 상표권 사안이다.

EU 사법재판소는 1952년 ECSC 사법재판소로서 일심제 법원으로 처음 설립되었다. 1958년 EC 사법재판소로 개편되었으며 1988년에는 일반법원도 설립되었다. EU 사법재판소는 룩셈부르크에 소재하며 EU 기관 중 유일하게 업무언어가 프랑스어뿐이다. EU 사법재판소 자체가 프랑스의 모델을 따랐다. 소수의견을 기록하지 않고 익명의 판단을 도출하는 점 등이다.[48]

각 사안에 재판관 1명, 법무감 1명이 배정되며 문서심리에 이어 공개 구두심리의 2단계 절차로 진행된다. 문서심리는 재판소에 문서성명을 제출하는 방식으로, 공개 구두심리는 양측 변호사들이 입장을 개진하는 방식으로 진행한다. 사안에 따라 3명, 5명, 또는 15명의 재판관이 심리를 진행하는데 일반법원에서는 대체로 3명의 재판관이 심리를 진행한다.

EU 사법재판소는 가장 강력하며 영향력 있는 국제재판소로 평가된다. 또한 유럽사법재판소는 EU 법에 근거한 EU의 최고재판소이지만 회원국 법원의 결정을 유럽사법재판소에 항소할 수는 없으며 회원국 법원이 EU 법에 관한 문제에 관해 유럽사법재판소에 회부한다. 유럽사법재판소의 법 해석을 적용하는 것은 또 다시 회원국 법원의 몫이다.

## 2.10 유럽연합의 7개 공식기관: ⑦ 유럽회계감사원

유럽회계감사원(European Court of Auditors)은 EU 자금관리 개선을 목적으로 1977년 10월 18일 룩셈부르크에 설립되었다. 'EU 재정의 수호

---

48) Anthony Pagden, *The Idea of Europe: From Antiquity to European Union*, p.231

자'(Guardians of the EU finances)임을 표방한다. 영문 명칭에 '법원'(Court)이 들어 있지만 사법 기능은 없다. 외부 회계조사기관의 성격을 가지고 있다. 유럽회계감사원은 EU 집행위원회가 결정을 내릴 수 있는 기초를 제공한다. 유럽회계감사원이 자금운용 문제를 적발하는 경우 EU 집행위원회는 자금지원 중단, 벌금부과 등 조치를 취할 수 있다.

유럽회계감사원은 당초 EU 공식기관도 아니고 법적 지위도 없었다. 마스트리히트 조약(1992.2.7. 서명, 1993.11.1. 발효)을 통해 EU 사법재판소에 회부할 권한 등을 가지게 되면서 법적 지위를 가지게 되고 EU 공식기관 중 하나로 지정되었다. 당초에는 EU 기관 중 유럽공동체(EC) 기둥의 기관만을 감사할 수 있었으나 암스테르담 조약(1997년 10월 2일 서명, 1999년 5월 1일 발효)을 통해 EU 자금을 수령하거나 관리하는 모든 조직과 개인을 감사할 수 있게 되었다.

유럽회계감사원은 각 회원국에서 위원 1명을 파견받아 구성된다. EU 각료이사회는 만장일치 결정을 통해 6년의 임기로 유럽회계감사원 감사위원을 임명하며 감사위원은 연임할 수 있다. 감사위원의 임기종료 시한이 모두 같지는 않다. 유럽회계감사원 창설 당시 4명의 감사위원은 임기를 4년으로 제한하여 감사위원들의 임기가 서로 어긋나도록 하였다.

유럽회계감사원의 감사위원은 EU 사법재판소의 재판관과 동일한 특권과 면제를 부여받는다. 또 감사위원은 회계사, 번역사, 행정직원 등 800여 명 스탭의 지원을 받는다. 원장은 감사위원들이 비밀투표를 통해 자신들 가운데 한 명을 선출하며 임기는 3년으로, 연임할 수 있다. 유럽회계감사원 지원 스탭 중 최고위 인사는 사무총장이다.

## 2.11 유럽연합의 여타 기관

▍유럽경제사회위원회(European Economic and Social Committee: EESC)

유럽경제사회위원회는 ① 고용주 단체(Group Ⅰ), ② 노동자 단체(Group Ⅱ), ③ 여타 이익단체(Group Ⅲ)를 대변하는 자문기구로 1957년 설립되었다. 회원국에서 파견되는 임기 5년의 329명의 위원으로 구성되며 위원들은 연임이 가능하다. 유럽경제사회위원회 최고위 인사는 위원장(President) 1명과 부위원장(Vice President) 2명이며 임기는 2년 6개월이다.

유럽경제사회위원회는 EU의 정책결정 과정에서 각료이사회와 집행위원회를 보조하는 자문기구이다. 위원은 회원국이 명단을 제출하며 각료이사회가 임명한다. 조약에 규정된 몇몇 경우에 한해서 각료이사회와 집행위원회는 의무적으로 유럽경제사회위원회의 자문을 요청해야 한다. 유럽경제사회위원회는 집행위원회, 각료이사회, 유럽의회에 의견을 제출함으로써 EU 정책결정기구와 EU 시민을 연결하는 다리 역할을 한다.

한·EU FTA는 첫 신세대 FTA로서 노동과 환경에 관한 지속가능한 개발 챕터를 포함하였다. 지속가능한 개발 검토를 위하여 국내자문그룹(Domestic Advisors Group: DAG) 설치를 규정하였는데, 유럽연합은 유럽경제사회위원회 산하에 설치하였다. 한·EU FTA에 규정된 한국의 국제노동기구(International Labor Organization: ILO) 핵심협약 비준에 관심을 가지고 한국 정부의 조치를 파악하였다.

EU 국내자문그룹은 노동 분야 전문인력으로 구성되어 한국 정부 입장을 청취하여 자신들의 건의에 포함하고자 하였다. 필자는 이 그룹의 초청으로 두 차례 회의에 참석하였다.[49] 한국의 ILO 핵심협약 비준 상황을 설

---

49) Programme, Agenda 4: Exchanges of views with H.E. Mr Hyoung-zhin, Kim, Ambassador Extraordinary and Plenipotentiary, Korean Mission to the EU, 18th meeting of the EU DAG under the EU-Korea FTA,

명하고 의견을 교환하였다. 브뤼셀 시내 유럽경제사회위원회 건물에서 만났다. 전문가들은 서로를 잘 아는 가운데 익숙한 회의를 가지는 모습이었다.

ILO 핵심협약은 노동자의 최소한의 기본권리를 보장하기 위한 국제적인 노동기준으로서 4개 분야에 걸친 8개 협약이다. 한국은 1997년－2001년에 걸쳐 아동노동금지, 고용차별 금지에 관한 2개 분야 4개 협약을 비준한 상황이었다. 유럽연합의 국내자문그룹은 나머지 4개 협약이 언제 비준될지 관심이 많았다.

이들이 보기에는 한국의 조치가 더디게 생각되었고 이는 EU 집행위원회의 한국 정부에 대한 요청으로 나타나곤 하였다. 필자는 한국 정부가 취하는 조치를 상세히 설명하고 솔직한 대화를 나누었다. 전략적 동반자 국가 간에도 상대가 하는 일을 알지 못해 답답하게 생각하며 서로의 처지를 알게 됨에 따라 더 이해할 수 있는 경우가 많다.

2021년 2월 26일 국회 본회의는 결사의 자유 분야 2개 협약, 강제노동금지 분야 1개 협약 비준 동의안을 의결해 같은 해 4월 20일 정부는 ILO 사무국에 협약 비준서를 기탁하였다. 강제노동 금지 협약 1개만 비준되지 않았다. ILO 핵심협약 105호는 정치적인 견해 표명 등에 관한 처벌로서 강제노동을 부과하는 것을 금지하는데, 국가보안법 등 국내법과 상충할 소지가 있어 비준되지 않았다. 2021년 4월 현재 ILO 핵심협약 8개를 모두 비준한 나라는 ILO의 187개 회원국 중 146개국이었다. 경제협력개발기구 OECD 36개 회원국 가운데에는 32개국이었다.

## 지역위원회(Committee of the Regions: COR)

지역위원회는 지방대표들이 EU의 정책결정, 입법 등에 의견을 제시하는

European Economic and Social Committee, 2019.6.3.
* 이전 회의는 17th meeting of the EU DAG under the EU－Korea FTA, 2018.11.30.

기구로서 마스트리히트 조약(1992.2.7. 서명, 1993.11.1. 발효)에 따라 1994년 설립되었다. 유럽연합이 시민을 더 가까이 하기 위한 목적이다. 지역위원회는 ① EU 입법의 3/4 정도가 지역 차원에서 이행되는 만큼 지역대표가 입법과정에서 목소리를 내며, ② 유럽통합과정에서 EU 회원국 시민이 소외된다는 우려를 보완한다.

위원 329명으로 구성되며 임기 5년이다. 시장, 지역당국 지도자를 포함한 EU 27개 회원국의 연방, 지역, 시 대표로 구성된다. 지역위원회 최고위 인사는 위원장(President)과 제1부위원장(First Vice – President)이며 임기는 2년 6개월이다. 이들은 총회에서 선출되는데, 2년 반의 임기를 수행한 이후 서로 자리를 맞바꾼다.

지역위원회의 EU 각료이사회와 집행위원회에 대한 자문기능이 강화되어 왔다. 2009년 리스본 조약이 발효됨에 따라 지역위원회의 기능이 더욱 강화되어 유럽연합이 입법을 하는 경우 자문기능이 의무화되었으며 자문분야에 시민보호, 환경 등이 추가되었다.

브뤼셀에 소재하는 대사관, 대표부는 280개가 넘어 전 세계의 도시 중 가장 많다. 브뤼셀에는 함부르크(Hamburg), 헤센(Hessen), 드브로브니크(Dubrovnik), 바스크(Basque) 등 유럽 도시·지역 대표부도 있다. 1980년대부터 설치되기 시작해 250개가 넘는다. 제3의 계층 주체(Third Level Actors)인 지방을 대변한다. 제1 계층 주체인 유럽연합, 제2 계층 주체인 회원국과 함께 지방기관이 관여한다.

EU 집행위원회는 도시·지역 대표부들과 정기 회의를 갖는다. 담당 집행위원이 연례 대화(Annual Meeting of EU Regional Offices with the Commissioner)를 가지는 것을 비롯해 EU 집행위원회 담당 사무실이 분기별 대화(Dialogues with EU Regional Offices)를 갖는다. EU 통합정책(cohesion policy)을 입안하고 이행하는 데 협력하기 위한 것이다.

## 2.12 유럽연합 내 각 회원국 간 역학관계

EU 회원국 간에는 수 개의 지역그룹을 통해 협력이 이루어진다. 첫째는 프랑스-독일 간 협력이다. 둘째로 4대국(Big Four) 간 협력이다. 영국이 EU에서 탈퇴하기 전까지는 독일, 프랑스, 영국, 이탈리아 간 협력이었다. 영국의 EU 탈퇴 이후에는 스페인이 포함된다. 셋째 상기 4개 국가에 스페인과 폴란드가 더해지는 G6 협력(영국의 EU 탈퇴 후 G5)이 있었다.

지중해 그룹(Med Group) 협력도 있다. 스페인, 포르투갈, 이탈리아, 프랑스, 그리스, 사이프러스, 몰타가 포함된다. 비세그라드 4개국으로 불리며 폴란드, 헝가리, 체코, 슬로바키아가 협력한다. 한자동맹 2.0에는 노르딕국가(스웨덴, 덴마크, 핀란드), 베네룩스(벨기에, 네덜란드, 룩셈부르크), 발트국가(에스토니아, 라트비아, 리투아니아), 아일랜드, 오스트리아가 포함된다.

또 신규회원국 확대과정에서 루마니아는 스페인의 지원을 받았다. 사이프러스와 불가리아는 그리스, 폴란드는 독일의 지원을 받았다. 리투아니아, 라트비아, 에스토니아의 발트 3국은 스칸디나비아 국가(스웨덴, 덴마크, 핀란드)의 지원을 받았으며 이들 국가들은 가입 후에도 특별한 유대관계를 유지한다.[50]

유럽연합에서 프랑스, 독일의 영향력이 가장 크다. 특히 프랑스는 무슨 사안이든 EU 회원국 중 다수 입장에 서지만 독일은 그런 정도는 아니라는 평가를 받는다. 유럽연합에는 프랑스와 독일이 합의하지 못하면 아무 일도 할 수 없으며 프랑스와 독일 간에만 합의가 이루어지면 무슨 일이든 할 수 있다는 인식이 있을 정도로 프랑스와 독일의 영향력은 절대적이다.

회원국은 주EU 대표부에 최고의 인력을 배치한다. 주EU 대사는 주미국 대사와 더불어 가장 유능한 외교관이 담당한다. 다만 주EU 대표부가 최대 재외공관인 경우가 많아서 EU 회원국은 물론이며 노르웨이와 같이 EU 회

50) 송병준, *유럽연합 정책결정 시스템*, pp.62-65

원국은 아니나 EU와 각별한 관계를 가지는 국가도 주EU 대표부를 최대의 재외공관으로 유지한다.

삐에르 셀랄(Pierre Sellal) 전 주EU 프랑스 대사는 2002년 – 2009년 7년간 주EU 대사를 역임한 후 귀국해 5년간 외교차관으로 근무하다가 다시 주EU 대사로 3년을 근무하였다. 필자는 2017년 1월 브뤼셀에 부임하여 곧 셀랄 대사와 만났다. 그는 주EU 대표부에 다섯 번째 근무하고 있어 업무에 정통하였다. 언론은 그가 실무협의 단계부터 프랑스의 국익에 유리하게 협상을 이끄는 '프랑스 외교의 태양왕'이라고 평가하였다.[51]

프랑스는 유럽연합 구상을 제기하였을 뿐 아니라 과거사의 짐이 없어 큰 영향력을 행사한다. 유럽연합 초기에는 프랑스어가 흔히 사용되었다. 융커 EU 집행위원장은 프랑스가 재정적자 관련 EU 규정을 위반해도 처벌받지 않을 것이라면서 "왜냐하면 프랑스이니까"(because it is France)라고 말했을 정도이다.[52] 독일은 여타국이 만류할 정도로 과거사를 사죄하며 자신을 낮춘다.

메르켈 총리는 2013년 9월 22일 세 번째 총선승리 축하 모임에서도 신중하였다. 지난 두 차례 총선에서 박빙의 승리를 거둔 것과 달리 압도적으로 승리한 날이었다. 헤르만 그뢰에(Herman Groehe) 기민당 사무총장이 누군가가 전달해 준 자그마한 독일기를 흔들려고 할 때 메르켈 총리는 동의하지 않는 듯 머리를 가로저으며 국기를 받아서 무대에서 치워버렸다. 민족주의로 보이는 것을 경계한 것이다.[53] EU 통합에는 독일의 진지한 과거사 반성이 큰 기여를 하였다.

유럽통합을 쉽게 이야기하지만, 회원국 간 수많은 타협을 이루어 내야했다. 유럽 프로젝트 출범 초 벨기에가 본부를 유치하는 것도 쉽지 않았

---

51) Maia de la Baume and Nicholas Vinocur, "The last Sun King of French diplomacy", *Politico Europe*, 2016.11.25.
52) "Charlemagne: A Dutch dilemma," *The Economist*, 2020.7.11.
53) George Soros with Gregor Peter Schmitz, *The Tragedy of the European Union*, p.xv

다. 같은 요구를 하는 룩셈부르크에 EU 사법재판소, 유럽회계감사원을 내
어주어야 했으며 각료이사회를 매년 4월, 6월, 10월 룩셈부르크에서 개최
하는 데 합의하였다. 각료이사회가 연간 3회 룩셈부르크에서 개최되는 이
유이다.

프랑스 스트라스부르에서 유럽의회 본회의를 개최하는 것도 같은 맥락
이다. 유럽의회 회의를 브뤼셀에서 계속 개최한다면 효율은 증진될 것이
다. 그런데 매월 1주간 스트라스부르에서 본회의가 개최된다. EU 조약에
성문화되어 있다. 초선의원들은 비효율이라며 변화를 모색해 보지만 프랑
스가 고집하며 독일은 프랑스가 원하는 대로 두자고 하는 만큼 변화의 가
능성은 작다.

독일로 대표되는 북부 유럽과 프랑스로 대표되는 남부 유럽은 정책 접
근방식에 차이가 있다. 북부 유럽은 규칙, 엄격성, 일관성을 강조하는 반면
남부 유럽은 탄력성, 적응, 혁신을 강조한다. 남쪽으로 갈수록 온화한 기후
의 차이에서도 비롯된다. 칸트(Kant)와 마키아벨리(Machiavelli)의 차이이
다. 경제학자들은 이를 '규칙 대 재량'의 문제라고 부른다.[54]

---

54) Markus K. Brunnermeier, et al., *The Euro and the Battle of Ideas*, p.4

# 유럽연합의 **주요정책 결정과정**

길을 아는 것과 길을 걷는 것은 다르다.

There is difference between knowing the path and walking

the path.

영화 '매트릭스' Matrix 대사

# 제3장

# 유럽연합의 주요정책 결정과정

## 3.1 유럽연합의 정책 결정

### 유럽연합과 회원국 간 권한 배분

EU 인사들은 흔히 '권한'을 말한다. 자신이 할 수 있는 일과 없는 일에 대한 인식이 분명하다. 유럽연합은 '부여의 원칙'(principle of conferral)에 따라 조약에서 부여된 권한만 보유한다. '종속성의 원칙'(principle of subsidiarity)에 따라 회원국이 할 수 없는 경우에만 조치를 취한다. '비례의 원칙'(principle of proportionality)에 따라 조약 목적을 넘는 조치를 취해서는 안 된다.[1] 이 핵심원칙은 2개의 설립조약인 EU조약과 EU기능조약에 명기되어 있다.

EU의 권한은 배타적 권한(exclusive competences), 공유된 권한(shared competences), 보조적 권한(supporting competences)으로 구분된다. 배타적 권한 분야에서는 유럽연합만이 입법 및 구속력 있는 조치를 취할 수 있으며 회원국은 이에 구속된다. △관세연합 △공동통상정책 △EU 단일시장에 필요한 경쟁규칙 △유로권 통화정책 △공동어업정책에 따른 해양생물자원 보호 △일정조건하의 국제협정 체결 등이다.

---

1) EU조약(TEU) 5조; EU기능조약(TFEU) 2조

공유된 권한 분야에서는 유럽연합과 회원국이 모두 입법 및 구속력 있는 조치를 취할 수 있다. 회원국은 유럽연합이 권한을 행사하지 않는 부분에서 권한을 행사한다. △EU 단일시장 △일정한 사회정책 △경제·사회·영토적 통합 △농어업 △환경 △소비자 보호 △운송 △환유럽 네트워크 △에너지 △자유·치안·사법 분야 △공유되는 보건안전 우려 △연구·기술개발·우주 △개발협력·인도적 지원 등이다.

보조적 권한 분야에서는 유럽연합이 회원국 활동을 지원하기 위한 목적으로만 개입할 수 있다. △건강보호·증진 △산업 △문화 △관광 △교육·직업훈련·청년·체육 △시민보호 △행정협력 등이다. 회원국 권한이 유지되는 분야는 △방송 △시민권 △범죄사법조치·경찰 △국방 △교육 △선거 △의료 △지방도로·토지이용·우편 △조세정책 등이다. 유럽연합은 정보수집 조직도 없다. EU 정보부서는 회원국이 제공하는 정보를 기초로 분석 작업만 한다.

유럽연합은 공동외교안보정책(Common Foreign and Security Policy: CFSP)을 정의하고 시행할 권한도 가지고 있다.[2] 다만 집행위원회와 유럽의회의 참여가 제한되고 어떠한 입법활동도 배제된다. EU 정상회의와 각료이사회가 결정을 내리는 만큼 정부 간 협의가 중요하다. 정부 간 협의를 기초로 EU 정상회의 상임의장과 외교안보정책 고위대표가 유럽연합을 대표한다.

## 유럽연합의 입법 및 정책결정

유럽연합의 입법방식은 ① 일반입법절차(Ordinary Legislative Procedure), ② 특별입법절차(Special Legislative Procedure)로 대별되며 특별입법절차에는 △협의(Consultation) △동의(Consent) 두 가지 방식이 있다.[3] ① 일반입법절차는 가장 흔히 사용되는 방식으로 상하원에 해당하는 각료이사회

---

2) EU기능조약 제2조 4항은 유럽연합이 EU조약의 규정에 따라 공동외교안보정책을 정의하고 시행할 권한을 갖는다고 규정한다.
3) Neill Nugent, *The Government and Politics of the European Union*, pp.329-344

와 유럽의회가 공동으로 결정하는 방식이다. 유럽의회, 각료이사회, 집행위원회 삼자 간 집중 타협이 권장된다.

특별입법절차에서는 각료이사회가 유일한 입법기관이다. △협의는 각료이사회가 유럽의회의 의견을 고려할 법적인 의무는 없으나 최종결정 전 유럽의회와 토의를 가지는 방식이다. △동의는 각료이사회의 입법에 유럽의회의 동의가 필요한 방식으로서 유럽의회는 승인하거나 거부할 수 있으나 개정할 수는 없다.

유럽연합 내의 입법은 '1차 입법'(primary legislation)과 '2차 입법'(secondary legislation)으로 나누어지는데, '1차 입법'은 조약으로서 모든 EU 조치의 기본규정이 된다. '2차 입법'은 조약에서 파생되는 것으로서 회원국 내의 적용방식에 따라 ① 규정, ② 지침, ③ 결정, ④ 권고·견해의 4가지 유형으로 구분된다.[4]

① 규정(regulation)은 회원국에 구속력을 가지고 직접 적용된다. 회원국의 국내입법 없이도 회원국에서 이행된다. ② 지침(directive)은 일반적인 정책목적만 결정하며 구체 실행방법은 회원국에 위임한다. 달성할 결과에 구속력을 가지지만 입법효과가 없어서 회원국의 국내법으로 치환(transposition) 조치가 필요하다. 이행주체는 회원국 정부이다. 지침 불이행시 제재는 EU사법재판소 권한이다. ③ 결정(decision)은 규정과 같이 구속력을 갖는데, 특정 회원국, 법인과 개인 등 대상을 명시한다. 대개의 결정은 회원국의 추가 조치가 필요하지 않다. 규정은 보편적으로 직접 적용되는 데 비해 결정은 특정한 적용대상에 행정적인 차원의 시정 및 의무를 부과하는 차이가 있다. ④ 권고(recommendation)와 견해(opinion)는 법적 구속력을 갖지 않는 일종의 연성법(soft law)이다.

EU 정책결정 과정에 4가지 방식이 있다. ① 공동체 방식, ② 집중적 초정부주의, ③ 개방적 조정, ④ 중앙집권화된 결정이다.[5] ① 공동체 방식

---

4) ibid., pp.342-344
5) European Commission, "Explanatory note on the "Community method""

(community method)은 EU 입법 과정의 90% 이상을 차지한다. 집행위원회의 제안에 따라 각료이사회와 유럽의회가 함께 결정한다. ② 집중적 초정부주의(intensive transgovernmentalism)는 회원국 정부 간 협의 방식이다. 정상회의나 각료이사회가 만장일치로 결정한다. 외교안보 부문에서 일반화된 방식이다. 집행위원회와 유럽의회의 참여는 제한된다. ③ 개방적 조정(open coordination)은 각료이사회가 만장일치로 정한 정책목표 및 가이드라인에 따라 회원국이 이행계획을 작성하는 방식으로 회원국이 상당한 재량을 갖는다. ④ 중앙집권화된 결정(centralised decision-making)은 초국가적 EU 기관이 독자적 결정권한을 갖고 결정하는 방식이다. 유럽연합이 결정권한을 가지는 △경쟁 분야 △유로존 금융정책 등에 적용된다.

## 3.2 유럽연합의 공동통상정책

### ▌공동통상정책에 관한 유럽연합의 권한

공동통상정책(Common Commercial Policy)에서는 유럽연합이 배타적 권한을 갖는다. EU 집행위원회가 공동통상정책 관련 이니셔티브와 제안을 만들며 제3국과 무역합의를 협상한다는 의미이다.[6] 공동통상정책의 방향은 EU 집행위원회, 각료이사회, 유럽의회가 협력하여 결정하지만 협상의 전면에 나서는 집행위원회의 역할이 부각된다. 회원국은 각료이사회를 통해 집행위원회에 협상 지침을 주고 협상 경과를 감독하지만 대부분의 결정이 가중다수결로 이루어지므로 각 회원국의 권한은 제약된다. 유럽의회는 2009년 리스본 조약이 발효됨에 따라 공동통상정책에 더욱 밀접하게 관여할 수 있게 되었다.

공동통상정책은 유럽연합을 특징짓는 가장 대표적인 정책이다. EU 통합을 이끌어 온 핵심정책이며 EU 대외정책에서 가장 특징적인 부분이다. 유

---

Memo, 22 May 2022; 송병준, *유럽연합 정책결정 시스템*, pp.35-49

6) "EU Trade Policy," Ministry of Foreign Affairs of Finland(2025.2.13. 열람)

럽연합은 대외정책의 많은 부분을 공동통상정책을 통하여 시행한다.7) 유럽연합은 무역정책을 통해 여타국의 개발 장려, 안정 증진, 인도적 지원 부여, 인권 및 지속가능개발을 추진하며 이행한다. 유럽연합의 여타 대외정책과 달리 공동통상정책은 유럽연합이 독점적 권한을 가지므로 개별 회원국의 제한을 덜 받는다.

공동통상정책은 회원국 간 관세연합과 단일시장을 기초로 수행된다. 유럽연합을 발전시켜 온 동력은 평화와 번영이다. 유럽연합의 공동통상정책은 실질적 혜택을 만든 분야이다. 시장확대, 분업, 가치사슬의 안정성을 보장하여 경제적인 효율성을 높인다. 유럽연합은 4억 5천만 명으로 구성된 단일시장에 기초한 영향력을 가지고 미국, 중국과 대등한 입장에서 다자주의와 규칙에 입각한 협력을 추구해 왔다.

EU 통상정책의 목표는 회원국 기업의 교역기회 확대이다. 관세 쿼터 등 무역장벽을 제거하고 공정한 경쟁을 보장한다. 2021년 3천 40만 개 일자리가 EU 외부로의 수출에 의존하였다.8) 유럽연합은 또한 통상정책을 통해 인권을 증진하며 안전기준을 높이고 환경과 지속가능개발을 추구하며 수입품이 소비자 보호규정을 준수하도록 하여 주민을 보호한다.

공동통상정책은 가장 오래된 유럽공동체 정책 중의 하나로 매우 높은 수준의 통합도를 갖고 있다.9) 공동통상정책은 유럽공동체를 구성할 당시 관세연합을 설립하기로 함에 따른 불가피한 결과였다. 또한 리스본 조약에서 해외직접투자가 공동통상정책의 일부가 됨으로써 개별 회원국이 아니라 유럽연합이 제3국과 국제투자협정을 직접 체결할 수 있게 되었다.

EU 각료이사회 중에 통상 문제를 다루는 곳은 회원국 외교장관들로 구

---

7) Johan Adriaensen, "The Common Commercial Policy," Oxford University Press

8) "Over 30 million jobs in 2021 thanks to extra－EU exports," eurostat. 2023.12.4.

9) Christopher Hill, et al., *International Relations and the European Union*, pp.101－104

성된 외교이사회이다. 유럽의회와 유럽의회 내 국제통상위원회(Committee on International Trade: INTA)는 오랜 기간 단순하게 자문역할을 맡았으나 리스본 조약을 통해 공동결정, 즉 일반입법절차가 일반적 규칙이 되었다. 유럽의회가 통상 관련 입법에서 각료이사회와 동일한 권한을 갖게 되었다.

유럽연합의 주요한 목표는 항상 평화였지만 1950년대 후반부터 대규모 공동시장이 활동의 초점이 되었다. 독일과 네덜란드는 자유무역을 희망하였으며 프랑스는 농업 공동시장을 전제로 공산품 공동시장을 수용하였다. EEC는 △관세철폐에 이어 △1980년대 단일시장 △1990년대 단일통화 출범을 이루어 나갔다.

유럽연합의 통상정책은 ① 여타국과 무역협정, ② 무역 규정 제정, ③ WTO 활동 등 3가지 주요 임무를 수행한다. ① 무역협정은 EU 기업에 새로운 시장을 열고 교역기회를 확대하기 위해 체결된다. ② 무역 규정 제정은 EU 생산업체를 덤핑 등 부당한 경쟁으로부터 보호한다. EU에 유입되는 외국인 투자도 규율한다. ③ 유럽연합은 WTO에 밀접하게 관여한다. EU 회원국들도 WTO 회원이지만 EU 집행위원회가 EU 회원국을 대표해 협상한다.

## 단일시장과 공동시장[10]

통합된 EU 시장을 단일시장(single market), 역내시장(internal market)이라고 한다. 공동시장(common market)이라고도 하지만 드물다. 시장이 통합되어 온 경과를 반영한다. 1958년 설립된 유럽경제공동체 EEC의 목표는 공동시장(자본·서비스 이동이 비교적 자유로운 자유무역지대)과 관세연합이었다. 1993년 상품, 서비스, 인원, 자본의 자유이동이 확보되며 단일시장/역내시장이 이루어졌다.

유럽경제공동체는 공동 대외관세를 부과하였다. 프랑스가 공동관세를 고집하였다. 프랑스는 ① 관세가 낮은 국가를 통해 수입품이 유입될 것을

10) ibid., pp.209-234

우려하였으며 ② 유럽공동체가 세계 무대에서 역할을 하는 데 필요한 수단을 갖기를 원하였다.[11] 공동관세는 케네디 라운드(Kennedy Round)에서 관세 인하의 방아쇠가 됨으로써 유럽공동체가 세계무역 자유화의 최선봉으로 나아가게 되었다.

EU 각료이사회는 가중다수결 방식을 통해 EU의 통상 정책을 결정하고 무역협정을 승인하며 실제 협상은 집행위원회가 담당한다. 유럽의회는 협상결과를 공식 승인하는 것 외에 큰 역할을 못하였지만 점차 역할을 확대하고 있다. 회원국이 외교정책 관련 거부권을 유지하는 반면 통상정책 관련 가중다수결 방식을 수용한 것은 단일시장으로 활동하는 것이 유리하기 때문이다.

유럽연합은 세계 통상질서 유지에 큰 관심을 갖는다. 유럽연합은 규칙과 다자주의를 중시하는데, 이는 EU 시민의 DNA에 있다고까지 말한다.[12] 통상은 유럽연합의 존재이유(the EU's raison d'être)로 일컬어진다. 유럽연합은 통상에 내재하는 힘을 끌어내며 통상을 국제사회 규범을 만들어 나가는 힘으로 활용하였다.

## 3.3 유럽연합의 외교정책

### ▎유럽연합의 외교장관

마크 에이스켄스(Mark Eyskens) 전 벨기에 외교장관은 "유럽연합이 경제 거인이지만 정치 소인이며 군사 지렁이"(an economic giant, a political dwarf and a military earthworm)라고 말하였다. 유럽연합이 자유무역지대 대신 관세연합을 선택함에 따라 공동대외관세 등 공동통상정책을 택하게 되었으며 이는 EU 대외정책의 핵심이 되었다. 반면 외교정책과 안보정책

---

11) Simon Usherwood & John Pinder, *The European Union: A Very Short Introduction*, p.98
12) "European Union trade: Hulk Hogan," *The Economist*, 2020.2.29.

의 통합은 더디게 진행되었다.

EU조약(TEU)은 공동외교안보정책(Common Foreign and Security Policy: CFSP)을 정의하고 시행하는 EU 권한을 규정하고 있지만 그 권한은 제한적이다. 유럽연합은 제3국/국제기구와 협정을 체결할 수 있으며 협정은 회원국에 구속력이 있다. 다만 협정 체결을 위해서 회원국 동의를 받아야 한다. 리스본 조약에 따라 EU 정상회의 상임의장과 외교안보고위대표가 EU 정상과 외교장관 역할을 수행하지만 이들이 EU를 대표해 외교정책을 말하기 위해서는 회원국의 동의가 필요하다.

공동외교안보정책은 EU 정상회의와 각료이사회가 대개 만장일치로 규정한다.13) 외교정책은 회원국이 권한을 놓지 않으려는 분야이다. 유럽연합은 성명을 발표하는 경우에도 △유럽연합 전체를 대표하는지 △상임의장 또는 외교안보고위대표 자격으로 발표하는지를 구분한다. 유럽연합을 대표하는 성명은 모든 회원국의 동의를 받아야 하는 만큼 모순되는 문안이 포함되기도 한다. 자국의 입장이 포함되는 대가로 여타국 입장이 포함되는 것을 용인한다. 회원국 간 입장 통일이 어려운 중국 관련 입장을 표명하는 경우에는 '중국'이라는 단어를 빼버리기도 한다.

'유럽에 전화하려면 누구에게 전화해야 하는가'(Who do I call if I want to call Europe?)라는 키신저(Kissinger) 전 미국 국무장관의 질문은 아직 유효하다. 외교안보고위대표가 상대해야 하지만 그의 권한은 제약되어 있다. 외교안보고위대표는 EU 외교정책을 결정하기 위해 회원국 외교장관이 참석하는 외교이사회 회의를 주재하지만 표결권이 없다. EU의 외교정책은 회원국의 만장일치 동의를 받아야 하는 만큼 겉만 그럴듯한 포템킨 외교 (Potemkin diplomacy)라고도 한다.14) 다만 회원국의 만장일치 동의를 받는

---

13) EU조약 제24조 1항
14) "Charlemagne: Euro crisis(with guns)," *The Economist*, 2020.8.1.; 1787년 러시아의 예카테리나 2세가 크리미아 시찰을 나오자 그레고리 포템킨 총독이 황제의 환심을 사기 위해 황제 동선에 따라 조립식 가짜 마을을 조성하였다.

만큼 번거롭기는 해도 일단 합의되면 모든 회원국이 일치된 입장을 취한
다. 또 만장일치 동의를 필요로 하는 만큼 극단적인 입장을 취하기 어렵고
일관성과 연속성이 유지된다.

  사실 외교정책 등 국가주권의 핵심에 관한 고위정치보다 기술, 전문 사안
에 관한 하위정치에 초점을 맞추는 것이 '모네 방식'(Monnet method)의 핵심
이었다. 누가 권한을 가지고 게임의 규칙을 통제하는가에 대한 문제를 피하
고자 하였다. 유럽공동체의 권한은 시장통합, 기술적 사안 등 하위정치 영역
에 있었으며 고위정치 사안, 특히 안보·국방 권한은 회원국이 유지하였다.15)

  그럼에도 불구하고 한 나라의 정책처럼 유럽연합의 외교정책을 거론한
다. 미국의 외교정책을 말할 때 워싱턴을 주어로 하듯 EU 외교정책을 말
할 때 브뤼셀을 주어로 한다. 사실 유럽연합을 국제기구로 부르기에는 회
원국간 통합이 많이 진척되었다. EU 정상회의 상임의장은 'President'라고
불리며 유럽연합을 대표한다.

  외교장관은 없다. 2004년 10월 합의된 EU 헌법초안은 외교장관직 신설
을 규정하였지만 헌법초안이 프랑스와 네덜란드 국민투표에서 부결되어
실현되지 않았다. 2007년 10월 대신 체결된 리스본 조약은 외교장관 대신
외교안보정책 고위대표(High Representative for Foreign Affairs and Security
Policy)를 신설하였다. EU 집행위원회 부위원장(Vice President)도 겸하여
약자로 'HR/VP'로 불린다.

  당시 외교부에 해당하는 EU 대외관계청(European External Action
Service: EEAS)도 합의되었다. 집행위원회, 각료이사회의 대외관계 업무 부
서를 모으고 회원국 인사를 파견받아 2011년 1월 1일 출범하였다. EU 대
외관계청은 △EU의 공동안보방위정책을 포함한 공동외교안보정책 △외교
이사회 의장 △EU 집행위원회 부위원장 업무에서 외교안보고위대표를 보
좌한다.

---

15) Christopher Hill, et al., op.cit., p.249

2024년 기준 재외대표부는 145개이다. 2020년 영국의 EU 탈퇴에 따라 영국에 대표부가 설치되면서 1개 재외대표부가 추가되었다. 2022년 말 EU 대외관계청 직원은 5,188명으로, 본부 2,419명, 재외대표부 2,769명이다. 재외대표부에는 EU 집행위원회가 별도로 파견하는 직원도 3,316명에 달하여 전세계 재외대표부에 근무하는 EU 직원은 6,100명에 가까운 인원이다.[16]

EU 대외관계청은 출범 당시 각료이사회 결정에 따라 행정업무(AD-Category) 간부급 직원의 최소 1/3은 회원국에서 파견받았다.[17] 2022년 말에도 관리자(management position) 직원 286명 중 32.9%가 회원국에서 파견되어 온 인사였다.[18] EU 집행위원회는 재외대표부를 자신들의 산하에 두고자 하였으나 EU 대외관계청이 관할하는 것으로 정리되었다.

EU 대외관계청의 국 단위 조직을 이끄는 인사는 실장(Managing Director)이다. 대체로 부실장 겸 국장(Director) 1명, 4-6개 과의 과장(Head of Division)들과 함께 일한다. 10개 실 중 6개 실이 지역업무를 다루며 한반도는 아태실장(Managing Director for Asia and the Pacific)이 담당한다. 비슷하게 보이는 직함이지만 EU 집행위원회의 총국장(Director General)은 차관에 해당하며 산하에 국장(Director)들이 있다.

EU 집행위원장과 외교안보정책 고위대표를 포함한 모든 집행위원은 벨레이몽(Berlaymont)으로 불리는 한 건물에서 일하며 이들이 관장하는 부서의 직원은 별도의 건물에서 일한다. 이 별도 건물의 가장 고위직 인사가 총국장이다. EU 대외관계청 건물에서 가장 고위직 인사는 여타국 수석 외교차관에 해당하는 사무총장(Secretary General)이며 실장은 여타국 외교부

---

16) "2022 Human Resources Report - European External Action Service" EEAS, p.33
17) 행정 직급은 AD5-16에 이른다. AD5는 대학 졸업생이 처음 받는 직급이다. AD9-12는 중간 간부(Middle Management)이다. AD5부터 AD12까지 승진하는 데 통상 40년 넘게 소요된다. AD13-16은 고위 간부(Senior Management)이며 총국장은 AD15 또는 AD16이다.
18) "2022 Human Resources Report - European External Action Service" EEAS, p.46

의 국장과 같은 역할을 수행한다.

EU에 주재할 비회원국 대사는 부임 전 유럽연합의 동의(아그레망)를 받는다. 부임 통보로만 충분한 국제기구와 다르다. 아그레망은 유럽연합뿐만 아니라 회원국의 검토를 거친다. EU 전체 의견을 작성해 회원국에 회람하고 일정한 시간을 주어 반대가 없으면 동의한 것으로 간주한다. 유럽연합이 국제기구를 넘어 유럽합중국(United States of Europe)을 지향한다는 인식이 배경에 있다.

## 공동외교안보정책(Common Foreign and Security Policy: CFSP) 경과

유럽연합은 1957년 유럽경제공동체(EEC) 창설 당시부터 공동의 통상정책을 취해 왔다. 외교안보정책은 각 회원국의 주권과 연계된 만큼 통상정책만큼 긴밀하게 조율되지는 못하였다. 주권의 핵심인 외교·국방 통합은 더뎠다. 공동의 외교안보정책은 1970년-1993년간 시행된 유럽정치협력(European Political Cooperation: EPC)(정치: 경제와 다른 차원의 고위정치를 의미함)으로 거슬러 올라간다.

1970년에야 EPC의 틀 내에서 정보교환과 입장조율을 시작하였다. EPC는 공동 외교정책을 만들기 위한 회원국 간 비공식 협의체였다. 유럽안보협력회의(Conference on Security and Cooperation in Europe: CSCE) 의제에 인권을 포함시킨 것이 초기 성과였다.[19] EPC 정책결정기구는 외교장관 회의였다. EPC는 이후 정치안보위원회(Political and Security Committee: PSC)로 개편되었다.

1989년 베를린 장벽 붕괴로 나토의 장래가 불확실해지고 발칸의 불안정이 높아지면서 공동 외교정책 논의가 힘을 얻었다. 마스트리히트 조약(1992년 체결)은 ① 초국가적인 유럽공동체, ② 정부 간 협의에 기초한 공동외교안

---

19) Simon Usherwood & John Pinder, op. cit., pp.101-102

보정책, ③ 사법·내무 협력의 3개 지주를 규정하였다. 공동외교안보정책은 공동체 방식과 다른 제2의 지주로 하여 정부 간 협력성격을 부각하였다.[20]

암스테르담 조약(1997년 체결)은 공동외교안보정책 고위대표(High Repre-sentative for the Common Foreign and Security Policy)직을 신설하였다. 각료이사회 사무총장이 겸직하였다. 하비에르 솔라나(Javier Solana) 전 나토 사무총장이 1999년-2009년 초대 대표를 맡았다. 암스테르담 조약은 건설적기권과 가중과반수를 도입하였지만 외교정책은 만장일치를 일반적 규칙으로 유지하였다.

리스본 조약(2007년 체결)은 3개 지주 구조를 폐지하고 공동외교안보정책 별도 규정을 마련하였다. 공동외교안보정책 고위대표와 대외관계 집행위원(Commissioner for External Relations)을 통합해 외교안보정책 고위대표(High Representative of the Union for Foreign Affairs and Security Policy)로 정하면서 정상회의 상임의장과 함께 EU를 대표하며 집행위원회 부위원장 겸 외교이사회 의장을 맡게 하였다.

리스본 조약 이전 외교 문제는 일반이사회 소관이었으나 리스본 조약 체결 이후 외교이사회의 소관이 되었다. 외교안보정책 고위대표는 △집행위원회 부위원장 △외교이사회 의장 △대외관계청 대표의 역할을 수행한다. 외교안보정책 고위대표는 EU 외교안보정책의 △계속성 △일관성 △대외관계 리더십이라는 세 가지 목표를 위해 창설되었다.

외교안보정책 고위대표는 외교장관과 같이 활동하지만 표명할 입장은 회원국 정부 간 조율되어야 한다. 공동외교안보정책의 최상위 원칙과 가이드라인은 EU 정상회의가 결정한다. 외교이사회는 정상회의에서 채택된 가이드라인에 따라 연합행동(joint action), 공동입장(common position)을 결정한다. 공동외교안보정책 결정을 위해서는 대개 회원국의 만장일치가 필요하다.

---

20) Christopher Hill, et al., op. cit., p.110

EU조약(TEU) 24－26조의 공동외교안보정책 규정은 다음과 같다. EU 정상회의는 기본 지침을 결정하며 외교이사회는 이를 이행하기 위한 결정을 내린다. 정상회의와 외교이사회는 대체로 만장일치로 결정한다. 건설적 기권도 사용된다. 기권한 국가는 결정 이행 의무가 없다. 가중과반수로 결정할 분야는 EU 정상회의가 만장일치로 결정한다. 각 회원국이 주권을 유지한다.

공동외교안보정책 결정을 위해 실무회의부터 정상회의에 이르기까지 협의를 갖는다. 회원국 간 실무회의 후 각 EU 회원국 대표부의 3석 대사가 참석하는 정치안보위원회(Political and Security Committee: PSC) 회의가 개최된다. PSC 회의는 대개 매주 2회 개최되며 외교이사회 개최 직전에는 주 4회도 개최된다. 외교이사회에서 도출되는 결론 문안도 PSC 회의에서 준비한다.

EU 절차상 PSC 회의 결과를 EU 회원국 수석대표회의(Committee of Permanent Representatives Ⅱ: Coreper Ⅱ)를 거쳐 외교이사회에 상정한다. 단 EU 회원국 수석대표들은 PSC 회의결과에 신경 쓸 여유가 없으며 거의 자동적으로 승인한다. 따라서 PSC 회의는 시간이 걸려도 만장일치로 결정하는데, PSC 대사는 회원국 입장을 대변하는 동시에 본국 정부에 PSC를 대변하는 역할도 한다.

아시아 정책은 우선 회원국 실무자(서기관·참사관) 간 아시아·오세아니아 실무그룹(Asia－Oceania Working Group: COASI) 회의에서 거의 매주 협의를 가지고 조율한다. 이후에 PSC 회의와 수석대표 회의(CoreperⅡ)를 거쳐 외교이사회에서 결정된다. 이러한 조율을 토대로 외교안보정책 고위대표와 EU 정상회의 상임의장이 유럽연합을 대표해 한 나라의 외교장관과 대통령처럼 활동한다.

EU 공동외교안보정책으로서 본격 가동된 분야는 위기관리(crisis man－agement)이다. 영토방위는 나토가, 위기관리는 유럽연합이 맡는다는 생각이다. PSC와 나토이사회(North Atlantic Council: NAC)는 주기적으로 합동회의를 갖는다. NAC는 군사, PSC는 정무 문제에 집중하는 만큼 난민, 튀르키예-사이프러스 문제는 PSC가 다룬다. 자주 합동회의를 가져야 하는데 튀르키예(나토 회원국이나 EU 미가입)와 사이프러스(EU 회원국이나 나토 미가입)가 반대한다.

현실주의자들은 개별 유럽국가가 강대국 지위를 갖지 못했기 때문에 유럽연합과 같은 통합이 가능하였다고 평가한다. 유럽국가가 개별적으로는 감당할 수 없는 도전에 대응하기 위해 유럽연합의 필요성에 공감하였다는 것이다. 이러한 도전으로는 △냉전기간 중 소련의 위협 △단극주의 미국에 대한 균형 △독일을 봉쇄하려는 일부 유럽국가의 희망 등이 거론된다.[21]

## 공동안보방위정책(Common Security and Defence Policy: CSDP)

공동안보방위정책은 공동외교안보정책의 안보 측면이다. 외교안보고위대표가 이끌며 유럽방위연합(European Defence Union: EDU)으로도 불린다. ① 집행위원회 방위산업 및 우주총국, ② 대외관계청 위기관리 및 기획국, ③ 군사위원회, ④ 유럽방위청(European Defence Agency)의 4개 기관을 통해 수행된다. 외교안보고위대표가 회원국의 방위능력 개선을 지원하는 유럽방위청도 이끈다.

공동안보방위정책은 회원국 국방총장으로 구성된 군사위원회(Military Committee)와 회원국의 3석 대사가 참석하는 정치안보위원회(PSC)의 지원을 받는다. 유럽연합은 공동안보방위정책을 통하여 유엔헌장 원칙에 따른 평화유지, 분쟁방지, 국제안보 강화를 위한 군사·비군사 임무를 수행한다. 평화유지활동과 위기관리를 수행할 수 있도록 신속대응군(Rapid Reaction Force) 설립도 추진한다.

유럽연합은 2003년 처음으로 공동안보방위정책 관련 공동위협 및 목적

---

21) ibid., pp.76-80

을 밝힌 '유럽안보전략'(European Security Strategy)을 채택하였다. 공동안
보방위정책에 따라 2003년 3월 구유고 마케도니아(FYROM Macedonia)에
처음으로 EU 깃발 아래 병력을 파견하였다. 콘코디아 작전(Operation
Concordia)으로, 약 300명의 군인이 평화유지 작전을 위해 나토의 군장비
를 활용하였는데 성공적이었다.

유럽연합이 2008년 12월 12일 첫 해군작전으로서 아탈란타 작전(Operation
Atalanta)을 개시한 것을 계기로 EU 해군(European Union Naval Force:
EUNAVFOR) 개념이 만들어졌다. 2015년 시작된 소피아 작전(Operation
Sophia)은 두 번째 해군작전으로서 EU 지중해해군(EUNAVFOR Med)을 활용하
여 난민·이주민 문제를 해결하고자 한 노력의 일환이었다.

2009년에 발효된 리스본 조약은 공동안보방위정책을 수용하고 EU 대외
관계청을 창설하였다. 러시아의 크리미아 병합(2014년), 영국의 EU 탈퇴
국민투표(2016년), 트럼프 대통령 당선(2016년)으로 공동안보방위정책은 새
로운 추동력을 얻었다. 공동안보방위정책은 2017년 회원국 간 안보방위상
설협력체제(Permanent Structured Cooperation on Security and Defence:
PESCO)를 낳았다.

EU 외교·국방장관들은 2017년 11월 13일 페데리카 모게리니(Federica
Mogherini) 외교안보정책 고위대표가 주재한 외교이사회 회의에서 안보방위
상설협력체제(PESCO) 관련 공동통지(Joint Notification)에 서명하였다. 당시
EU 28개 회원국 중 23개국이 참여하였다. 안보방위상설협력체제는 EU 공
동안보방위정책의 일부로서 회원국 군대 간 구조적 통합을 목표로 한다.

안보방위상설협력체제 규정은 EU 헌법조약에 포함된 바 있으나 헌법조
약 비준이 무산되자 리스본 조약에 포함되었다. 안보방위상설협력체제는
유럽연합 내 강화된 협력(enhanced cooperation) 분야와 같이 희망하지 않
는 회원국은 참여를 유보할 수 있다. 2025년 현재 EU의 27개 회원국 중
몰타를 제외한 26개국이 참여하고 있다.

프랑스가 유럽연합의 군사 역할 확대에 가장 적극적인데, 관건은 회원국 간 합의이다. 발트해 국가(리투아니아, 라트비아, 에스토니아)와 폴란드는 러시아의 안보위협을 심각하게 생각하며 미국이 참여하는 나토의 역할이 필수적이라는 입장이다. 이들 국가는 유럽연합이 나토를 대체할 수 없으며 나토는 안보, 유럽연합은 위기관리에 국한되어야 한다는 입장이다.

프랑스의 마크롱 대통령은 EU 안보방위상설협력체제에 대해 매우 적극적이어서 우선 가능한 EU 11개국, 영국, 노르웨이와 함께 유럽개입구상(European Intervention Initiative: EI2)도 추진하고 있다. 이는 나토와 유럽연합의 틀 밖에서 신속하게 군사적 개입을 가능하도록 하고자 한다.

EU 외교이사회는 2022년 3월 21일 '안보·방위에 관한 전략적 나침반'(Strategic Compass for Security and Defence)을 채택하였다. 유럽연합이 안보·방위 분야에서 안보를 제공하는 역할을 할 수 있도록 2년간 준비해 온 결과물이었다. 이는 유럽연합이 안보·방위전략에 있어서 처음으로 공동으로 구체적인 목표와 비전을 설정한 것이기도 하였다. 유럽연합은 자체 방위력을 증강할 필요성을 절감해 왔지만 동시에 나토와 중복투자를 피해야 한다는 인식도 강하다. 전략적 나침반은 이러한 현실을 반영한 결과이었다. 2025년까지 5천 명 병력의 신속전개능력(Rapid Deployment Capacity)을 준비하는 것을 목표로 하면서도 나토와의 보완성 및 유럽연합−나토 간 협력을 반복해 강조하였다.

미국이 2021년 아프가니스탄에서 철군을 결정할 때 유럽과 충분한 협의를 갖지 않은 것이나 호주가 핵추진 잠수함 도입을 위하여 미국, 영국과 오커스(AUKUS)를 결성하고 프랑스와의 디젤 잠수함 계약을 파기한 것은 유럽연합이 안보 문제에서 목소리를 가져야 할 필요성을 상기시켜 주었지만 한편 2022년 2월 러시아의 우크라이나 침공은 나토의 불가결한 역할을 보여 주었다.[22] 다만 2025년 1월 트럼프 미국 대통령의 재취임은 새로운

---

22) Simon Kuper, "Europe won't become a military power. What's more, it shouldn't" *The Financial Times*, 2021.9.30.

과제를 안겨 주고 있다.

폰데어라이엔 집행위원장은 2024년 12월 제2기 집행위원단의 출범에 앞서 방위담당 집행위원 신설을 공약해 안드리우스 쿠빌리우스(Andrius Kubilius) 전 리투아니아 총리를 보임하였다. 각 회원국으로 분리되어 효율성이 떨어지는 방위산업을 통일할 임무를 부여받았다. 방위물품 단일시장, 유럽방위산업프로그램(European Defence Industry Programme)을 관장한다.

## 유럽연합의 개발정책

유럽연합과 회원국은 세계에서 가장 많은 대외원조를 한다. 인도적 지원과 함께 개발협력이다. 인도적 지원이 당면한 어려움을 돕기 위한 것이라면 개발협력은 장기간 체질개선을 위한 것이다. 개발정책 관련 유럽연합은 공유된 권한을 갖는다. 유럽연합은 회원국이 개발정책 관련 권한을 행사하는 것을 막는 것이 아니라면 자체의 개발정책을 수행할 수 있다.

유럽연합과 회원국 간 개발정책 협력은 긴밀하여 회원국이 EU 자금으로 프로그램을 이행하는 경우도 많다. EU 개발정책의 목표는 △빈곤퇴치(최우선 순위) △지속가능한 성장 지원 외에도 △인권 및 민주주의 보호 △양성평등 신장 △환경 및 기후변화 도전 대응 등이다. 유럽연합은 대외정책에서 개발정책이 갖는 유용성을 이해한다. 개발정책이 EU의 대외정책 중 핵심에 있다.

개발원조는 EU 대외정책에서 중요 수단으로 발전하였다. 개발원조는 당초 프랑스의 주장으로 로마 조약에 과거 식민지를 위한 기금을 마련함으로써 시작되었다.[23] 유럽연합의 통상과 원조정책은 신규 회원국의 가입을 이끌며 동·중부 유럽의 새로운 회원국이 성공적으로 변화하도록 중요한 영향을 미쳤다.

로마 조약을 협상할 당시 원회원국 6개국은 사하라 이남 아프리카 구

---

23) Simon Usherwood & John Pinder, op.cit. pp.100−101

식민지에 대한 쌍둥이 패키지에 동의하였다. △자유무역지대와 △유럽개발기금(European Development Fund: EDF)을 활용한 소규모 대외원조 프로그램이다. 아프리카에서 영향력을 유지하려는 프랑스의 최후통첩에 대해 독일과 네덜란드는 유럽아프리카(EurAfrica) 구상에 반대하고 보다 범세계적인 정책을 원하였으나 다른 대안이 없어 결국 프랑스의 최후통첩을 수용하였다.24)

지역주의 국가(프랑스, 벨기에, 이탈리아, 스페인, 포르투갈)는 구식민지 등 개도국에 대한 독점적 특권지위를 유지하고자 하였다. 그러나 글로벌주의 국가(독일, 네덜란드, 영국 및 덴마크, 스웨덴, 핀란드 등 노르딕 국가)는 전반적인 빈곤과 개발수준에 중점을 두었다. 2000년대 초 이후에는 EU 집행위원회가 회원국의 개발정책을 전체 EU 차원에서 다루어 나가고자 노력한다.

냉전 종식과 EU 공동외교안보정책(CFSP) 창설은 개발정책에 중요한 영향을 주었다. △마스트리히트 조약에서 도입된 일관성 원칙(principle of consistency)에 따라 개발정책은 유럽연합이 국제무대에서 추진하는 전반적 목적에 부합해야 한다. △베를린 장벽 붕괴에 따라 중동부 유럽국가에 대한 지원을 확대하고 구소련과 구유고슬라비아 국가에 대한 지원을 확대하였다. 유럽연합의 국제적 역할 증대를 위해 지중해 지역, 중남미, 아시아에 대한 지원도 늘렸다.

## 3.4 유럽연합의 예산 운용

### 유럽연합의 매년 및 다년도 예산

유럽연합은 두 차원의 예산을 집행한다. 매년도 예산과 최소 5년 단위의 '다년도 재정운영계획'(Multiannual Financial Framework: MFF)이다. MFF는 매년도 예산의 지출 상한을 정한다. 폰데어라이엔 집행위원회가 이

---

24) Christopher Hill, et al., op. cit., pp.292-315; "European Development Policy," European Commission (2022.7.22. 열람)

행해오는 MFF는 2014－2020년과 2021－2027년까지 각각 7년 기간을 망라한 것이다. EU 예산은 회원국의 예산을 보완하며 투자 예산이 중심을 이룬다. 모든 회원국이 동의한 우선순위 사업을 이행하기 위해 사용된다.

예산은 EU 집행위원회가 제안한다. 매년도 예산에 관해서는 각료이사회의 승인이 필요하며 유럽의회가 최종결정(final say) 권한을 갖는다. 다년도 재정운영계획에 관해서는 유럽의회가 공동결정 권한을 갖고 있지 않는데, 동의(consent) 여부만 표시할 수 있어 권한이 제한된다. MFF에 관해서는 EU 각료이사회 및 정상회의의 결정이 중요하다.

MFF는 매년 예산 편성의 기본지침이 된다. MFF는 현재의 수요와 장래의 목표 간에 균형을 이루고자 노력한다. 폰데어라이엔 집행위원회의 MFF는 △농업보조금 및 EU 통합을 위한 예산 등 기존 사업 예산과 △디지털 경제 등 미래대비 예산을 적절하게 배분하고자 한다. 코로나19 확산은 3.8절의 EU 보건정책 부분에서 설명하는 바와 같이 EU 예산에도 큰 변화를 가져왔다.

유럽연합은 주민에 대한 과세권한을 가지고 있지는 않다. 다만 회원국의 기부에 의존하는 국제기구와는 달리 유럽연합은 예산수입을 조약상 법적 요건으로 규정하고 있다. 회원국이 기부금 납부를 유예하며 유럽연합을 압박하는 것을 방지하는 조치이다. 유럽연합이 회원국의 납부를 강제할 물리적 집행수단을 가지고 있는 것은 아니지만 회원국은 조약상의 약속인 만큼 이를 이행한다. 예산에 관해서는 EU 기관과 회원국이 서로 긴장된 관계를 유지한다.[25]

예산 수입은 △회원국 관세수입과 설탕부과금의 75%(25%는 행정비용으로 회원국이 사용) △회원국 부가가치세 세수의 0.3%와 △회원국 분담금이다. 모든 회원국의 만장일치를 기초로 한다. 자동적으로 들어오는 관세수입, 설탕부과금, 부가가치세보다 회원국의 분담금이 큰 몫을 차지한다. 유

25) "The History of the EU Budget," Policy Department for Budgetary Affairs, Directorate－General for Internal Policies, PE 636.475 － May 2024, p.5

럽연합의 FTA 체결에 따라 관세수입은 축소되는 추세이다.

EU 예산 수입의 2/3 이상이 회원국 분담금이다. 각국 GNI에 비례하여 분담금을 결정한다. 2019 회계 연도 예산 수입 중 분담금이 74%, 관세수입이 14%, 부가가치세가 12%였다.[26]  △관세수입 △설탕부과금(매우 소액: 2019 회계연도 "0") △부가가치세는 예측과 다르게 징수될 수 있으므로 연간 3회 예산조정을 통해 회원국이 매월 납부하는 분담금 규모를 조정한다.

EU 예산수입은 당초 ① 관세, ② 수입 농산물 과세, ③ 설탕부과금이었으나 공동농업정책 이행에 불충분하여 ④ 1975년부터 회원국 부가가치세 1%를 부과하기로 하였다. 단 부가가치세 역진성에 대한 일부 회원국의 반대로 1988년부터 ⑤ 회원국의 GNP 비례 분담금을 도입하였다. 2021년부터는 ⑥ 회원국 내 재활용되지 않는 플라스틱 포장 폐기물의 양에 기초한 기여금이 추가되었다.

EU 예산은 큰 규모는 아니다. 2021 – 27년 예산은 연간 1,600억 – 1,800억 유로이다. 27개 회원국 4억 5천만 명 인구를 위해 사용되는데 예산은 회원국 전체 예산의 1/50에 불과하다. 회원국은 평균 GNI의 45%를 예산으로 사용한다. EU 예산은 인구 560만 명인 덴마크의 예산규모이다. 인구 3,800만 명인 폴란드 예산보다 30%가 적다.[27]

유럽연합은 모든 회원국의 동의가 없다면 2014 – 22년 EU 예산이 전체 회원국 GNI의 1.23%를 초과할 수 없도록 규정하였다. 2021 – 27년 상한은 GNI의 1.40%로 상향 조정하였다. EU 예산은 각 회원국 예산에 비교하면 소규모이지만 사회보장, 국방, 보건, 교육 및 여타 공공활동 비용을 지출하지 않는 점을 감안할 필요가 있다.

EU 예산 수입은 2020년 영국이 EU를 탈퇴하고 코로나19 대응 예산을

---

26) "Consolidated annual accounts of the European Union and Financial Statement Discussion and Analysis: Financial Year 2019" European Commission, p.16, p.118

27) "Fact Check on the EU Budget," European Commission (2025.1.1. 열람)

편성하면서 달라지게 되었다. 2021년에는 EU 예산 수입 중 회원국의 분담금이 73%, 관세수입이 12%, 부가가치세가 11%, 벌금이 1% 등이었다. 영국의 EU 탈퇴지불금은 2020년 475억 유로에 달하였으나 2021년에는 11억 유로로 감소하였다.[28]

2021년은 여러 가지 면에서 특별하였다. 2021－27년간 다년도 재정운영계획이 시작되는 첫해였으며 코로나19 대응을 위해 8,069억 유로까지 달할 수 있는 '차세대 EU 예산'(NextGenerationEU) 집행이 개시되면서 716억 유로에 달하는 예산이 각 회원국에 지원금의 형태로 지불되었다. 2021년 예산 수입은 2,396억 유로(일반 예산은 1,661억 유로)였다.

영국의 EU 탈퇴로 영국이 부담하던 예산 재원의 약 12%가 없어지게 되어 남은 27개 회원국의 재원부담 증대와 예산지출 축소가 과제였다. 각국의 기여를 늘리더라도 전반적으로 예산축소가 불가피하였다. 영국은 독일에 이어 EU 회원국 중 두 번째 순기여국이었다. 영국은 EU 탈퇴 합의가 진행되는 중에도 매월 기여금을 가장 먼저 납부하는 국가 중 하나였다.

## 유럽연합의 예산 운용

EU 회계연도는 매년 1월 1일부터 12월 31일까지이다. 연간 예산 집행을 위해 집행위원회는 9월 1일까지 예산안을 각료이사회와 유럽의회에 제출하며 각료이사회와 유럽의회는 12월 31일까지 이를 승인해야 한다. 집행위원회가 예산 관리에 최종책임을 진다. 예산집행은 △직접관리(direct management)(집행위원회) △공유관리(shared management)(집행위원회와 회원국) △간접관리(indirect management)(제3국, 국제기구의 파트너 기관 등) 방법을 통한다. 통상 예산지출의 80%까지 공유관리에 따라 사실상 회원국이 관리하는데, 농업, 성장 및 각 지역 고용지원 등 예산이다.

EU 예산지출 중의 최대 항목은 ① 공동농업정책(Common Agricultural

28) "Consolidated annual accounts of the European Union: Financial Year 2021" European Commission, p.106, p.151

Policy)에 따른 농민 지원금, ② 통합(cohesion)정책에 따른 회원국에 대한 지원이다. 1993−99년에 각각 EU 예산지출의 49%와 34%에 이르렀으며 2021−27년에도 각각 31%와 21%를 차지한다.[29] 이는 기본적으로 모든 회원국을 지원하기 위한 예산이다. EU 기관의 행정 예산은 EU 예산의 6% 미만에 불과하다.

독일은 유럽연합이 예산을 나누어주는 분배연합(distribution union)이 되어서는 안 된다고 강조하지만 EU 예산의 약 85%가 통합정책, 농업정책 등 분배정책에 소요된 바 있다. 다만 농업정책 예산은 1985년 70%에 달하였으나 줄어드는 추세이다. 농업정책 예산 비율이 큰 것은 거의 전적으로 공동예산으로 집행하기 때문이다. 지역개발 예산은 일부 회원국에서 공공투자 80%에 해당하였다.[30]

통합정책은 회원국을 지원하기 위한 것이다. 특히 일부 회원국은 EU 내에서 자유경쟁에 따른 패배를 우려한 만큼 통합 증진에 따른 지원이 필요하였다. 이러한 구조적 기금(structural funds)은 ① 사회기금(Social Fund) (과거 이탈리아 노동자 전환지원), ② 유럽지역개발기금(European Regional Development Fund: ERDF), ③ 지역개발을 위한 유럽농업기금(European Agricultural Fund for Rural Development) 등이다.[31]

고용정책 관련 그리스, 이탈리아, 포르투갈, 프랑스 등과 같이 실업률이 높은 국가들은 유럽차원의 대응을 선호하였다. 그러나 영국, 핀란드, 덴마크, 스웨덴, 네덜란드와 같이 고용정책이 국가주권의 영역에 속하는 나라들은 보충성 원칙(principle of subsidiarity)을 들어 EU 차원의 해결에 반대하였다.[32]

---

29) ibid., p.11
30) "% of cohesion policy funding in public investment per Member State" (2015−2017), cohesiondata.ec.europe.eu: 포르투갈에서 80% 상회, 크로아티아에서 80%에 육박하였다.
31) Simon Usherwood & John Pinder, op.cit., pp.73−74; 송병준, op.cit., pp.62−65

공동시장을 산업제품으로 국한했으면 간단했을 것이지만 프랑스는 자신들의 강점인 농업에 대해서도 유럽경제공동체 EEC 시장이 개방되어야 한다는 입장이었다. 공동농업정책이 마련된 배경이다. 각료이사회가 결정하는 수준에서 농산물 가격을 지원하며 잉여농산물을 매입해 보관한다. 농민은 잉여농산물까지 높은 가격에 매각하므로 상당한 지원금을 받는다.[33]

영국은 3가지로 손해를 보게 되었다. ① 식량가격 상승, ② 수입 농산물 과세를 통한 EU 기여금 증대, ③ 영국 농업 분야가 크지 않아 수령지원금은 소액인 점 등이었다. 대처(Thatcher) 총리는 1979년 이래 우리 돈을 되찾아오자는(get our money back) 공세적 협상을 전개하여 순기여액의 2/3 정도를 연간 지원 등으로 돌려받게 되었다. 이전에는 일부 회원국이 더 많은 EU 예산 지원을 받아도 △국제사회 연계 및 안보 △새로운 시장확보 등을 위한 EU 회원 패키지로 인식되었다.

## 3.5 유럽연합의 경쟁정책

### 유럽연합의 경쟁정책의 목적

당연할 것 같은 일이 일어나지 않기도 한다. 필자가 고등학교 정치경제 수업시간에 배운, 한가지 상품에는 하나의 가격만 있다는 '일물일가의 법칙'도 한 예이다. 한가지 상품을 다른 가격에 파는 상점들이 있다면 소비자들은 당연히 가격이 싼 가게로 몰리게 될 것이고 다른 가게도 같은 가격에 팔 수밖에 없어 결국 모든 상점의 가격이 같아진다는 것이다.

단 한가지 상품에도 가격차가 있다. 우선 운송 거리에 따라 가격이 달라지기도 하고 계절적 수요가 달라 가격이 달라지기도 한다. 성수기에 가격이 올라가는 비행기 표와 호텔 숙박료는 당연한 것으로 여겨진다. 기업의 입장에서 같은 상품이라도 소비자의 수요에 따라 시장을 분할시켜 다른

32) Simon Usherwood & John Pinder, op. cit., pp.83－86
33) ibid., pp.69－70

가격을 부과할 수 있다.

유럽연합도 단일시장을 이뤘지만 단일가격은 아니다. 구 동구권 주민은 자신들에게 판매되는 상품의 품질이 덜하다고 불평한다. 아이스크림, 음료수 등과 같이 차이를 내기 어려운 상품도 서구권보다 동구권 상품의 품질이 못하다는 것이다. 구 동구권 국가에서 필자가 아이스크림을 사본 경험으로는 품질은 모르지만 포장이 조금 못하다는 인상을 받았다. 현지의 자재 등 전반적인 여건이 뒤떨어져 있었기 때문인지도 모르겠다.

룩셈부르크는 제주도의 1.4배 정도 되는 면적을 가진 나라이다. 인구는 2024년 기준으로 약 65만 명으로 추산된다. 룩셈부르크의 1인당 GDP는 세계 1, 2위를 다툰다. 1인당 담배와 술 소비도 세계 최고 수준이다. 술고래나 흡연광이 많아서가 아니라 세금이 낮아 주변국에서 룩셈부르크를 방문해 술과 담배를 사재기하기 때문이다.

EU 회원국의 세금 정책은 여타 회원국의 관심사가 된다. 2017년 EU 정상회의 상임의장실의 고위인사는 당시 EU 정상회의 의제를 묻는 필자의 질문에 대해 '3T'라고 답한 바 있다. 트럼프(Trump) 대통령, 터키(Turkey)와 세금(tax)이었다.[34] EU는 대외적으로 트럼프 대통령의 정책, 터키의 동향에 관심을 가지고 있었으며 대내적으로 서로 간의 세금 조율에 관심을 가지고 있었다.

유럽연합은 각 회원국의 세금 문제에 권한을 갖고 있지 않지만 경쟁 사안을 관장하는 만큼 공정한 경쟁 측면에서 회원국의 조세 문제에 관여한다. 글로벌 기업들이 룩셈부르크, 아일랜드 등 세금이 낮은 국가에 유럽본부를 두는데 EU 경쟁당국은 불공정 경쟁을 방지한다는 차원에서 기업이 회피한 세금을 소재지 정부에 지불하도록 명령한다.

리스본 조약은 관세정책, 유로지역 금융정책, 경쟁정책에서 유럽연합이 배타적 권한을 갖는다고 규정한다. EU 기능조약 제3조는 유럽연합이 역내

---

34) 터키는 이후 2021년 12월 국명을 튀르키예(Turkiye)로 바꾸었다.

시장 작동을 위한 경쟁법령의 수립에서 배타적 권한을 갖는다고 한다. 유럽연합이 공동의 경쟁정책을 수립하여 이행하는 것은 EU 체제유지의 근간이 된다.

경쟁정책은 EU 통합에 기여해 왔다. EU 집행위원회는 경제·금융위기 극복과정에서 EU 경쟁법을 토대로 회원국의 무분별한 정부보조금 지급을 막고 정부개입의 원칙과 기준을 제시하여 공정한 단일시장을 지키는 파수꾼 역할을 하였다. 또한 EU 집행위원회는 새로운 회원국과 튀르키예, 우크라이나 등 인접국에 대한 경쟁법 기술지원을 통해 EU 경쟁법 확산에 노력한다.

EU 경쟁정책은 시장의 경쟁을 보호하고 촉진하여 공정한 경쟁의 장(level playing field)을 만들어 소비자의 후생을 보호하는 것을 목적으로 한다. EU 경쟁정책을 수행하는 데 있어서 가장 중요한 수단은 경쟁법이다. 경쟁법은 EU 단일시장을 만드는 데 필수요건이자 핵심정책 수단이며 EU의 통합 심화와 맞물리며 발전되어 왔다.

유럽연합이 경쟁정책을 수행하는 목적은 3개로 대별할 수 있다. ① 단일시장 통합을 유지하며 사업자 간의 가격담합과 시장분할 등 반경쟁적 합의를 금지한다. ② 단일시장에서 시장 지배적 지위를 차지하는 기업에 의한 경쟁왜곡 또는 기업결합 등의 결과로 일어나는 경쟁왜곡을 금지한다. ③ 경쟁왜곡을 유발하는 회원국의 보조금 지급을 금지한다.[35]

## ▌유럽연합의 경쟁정책 운용

유럽에서 반독점 정책 발전은 유럽의 경제 관리체제를 개선하고자 한 미국의 노력에 힘입은 바 컸다. 미국에서는 19세기 말부터 반독점 규정 법제화가 시작되었지만 유럽에서는 경쟁법 발달이 상대적으로 늦었다. 미국은 경제협력개발기구(OECD) 내 정책대화 등을 통해 유럽국가의 경쟁정책

---

35) Neill Nugent, op. cit., p.350

발전을 독려하였다.

미국의 노력에 힘입어 유럽석탄철강공동체(ECSC) 설립 시 반트러스트 (anti-trust) 규정이 포함되었다. EU 경쟁법의 모태로 1957년 로마조약에 포함된 경쟁 규정의 발판이 되었다. 유럽연합은 2000년 이후 반경쟁적 기업 행위에 대해 본격적으로 경쟁법을 시행하였다. 카르텔에 대해 대규모 과징 금을 부과하며 시장독점을 초래하는 기업결합에 과감하게 제동을 걸었다.

경쟁정책 규정과 지침은 리스본 조약에 따라 EU 집행위원회가 제안하 여 유럽의회와 협의를 거친 후 각료이사회에서 회원국 55% 이상 및 EU 전체인구 65% 이상이라는 이중과반수 방식으로 채택한다. 집행위원회는 직권으로 또는 회원국 및 이해관계자의 제소에 따라 경쟁규정의 위반 혐 의에 대한 조사를 개시할 수 있다.

집행위원회 경쟁총국(DG Competition)의 조사결과는 집행위원단 전체회 의 결정을 통해 확정된다. 경쟁규정 위반이 인정되는 경우 집행위원회는 당사자에게 위반행위의 중지를 명령할 수 있다. 또 불법으로 지급된 보조 금 환수 등 원상회복 조치를 회원국 정부에 부과할 수 있으며 경쟁법 위반 기업에 대해 전 세계 매출액의 10%를 한도로 과징금을 부과할 수 있다.

집행위원회 결정은 EU 사법재판소에 제소될 수 있다. EU 사법재판소는 집행위원회의 권한을 견제하며 판례법을 통해 EU 경쟁규범 확립에 기여하 였다. EU 경쟁정책은 ① 회원국의 경쟁정책 당국, ② 회원국의 법원, ③ EU 사법재판소, ④ 집행위원회의 4개 기관에 의해 시행된다. EU의 경쟁정책 은 각 회원국 내에서 적용되는 경쟁법과 공존한다.

EU 경쟁정책은 △트러스트와 카르텔 방지 △기업합병 심사 △정부 지 원 배제 △시장 자유화 △국제경쟁 등을 포괄한다. EU의 트러스트 방지정 책은 경쟁을 제한하는 2개 이상 기업 간 담합 및 한 개 이상의 기업이 압 도적인 시장지위를 남용하는 것을 금지한다. 1990-2019년간 카르텔 참 여 기업에 대한 벌금은 300억 유로에 달하였다.[36]

경쟁을 왜곡하며 회원국 간 교역에 영향을 미치는 모든 합의는 금지되며 자동적으로 무효이다. 효과적인 경쟁을 막는 압도적 시장지위 악용도 금지된다. EU 집행위원회는 계획된 합병을 승인할지 여부도 결정한다. 승인이 없으면 합병이 완료될 수 없다. 국가 지원도 금지된다. △반환하지 않아도 되는 보조금 △유리한 조건의 대부 △세금·관세면제 및 △대출보증 등이다.[37)]

EU 집행위원회는 EU 외부의 기업 합병이라도 사업을 EU 내에서 하면 심사 권한을 갖는다. 2009－2019년간 3,000여 건의 합병을 승인하였으며 9건을 부결하였다.[38)] 또 회원국의 국가보조금 지급 계획을 통보받아 합법적인지 여부를 결정한다. 유럽연합은 세계에서 가장 강력한 수준의 경쟁정책 시스템을 가지고 있다. EU 경쟁정책은 경제성장에 기여하는 것으로 평가된다.

경쟁사안은 EU 사법재판소의 일심판결 법원인 일반법원에 회부할 수 있으며 항소심은 EU 사법재판소의 최고법원인 유럽사법재판소에서 처리된다. 한편 유럽의회는 협의 절차를 통하여 경쟁 문제에 관여한다. △트러스트 방지를 위한 손해배상 지침 △각국의 경쟁당국에 대한 권한부여 등에서는 유럽의회가 각료이사회와 함께 공동 입법주체가 된다.

## ▐ 지멘스와 알스톰 합병 불허

EU 집행위원회는 2019년 2월 독일 지멘스(Siemens)사와 프랑스 알스톰(Alstom)사 간의 합병을 불허하기로 하였다. 마그레테 베스타거(Magrethe Vestager) 경쟁담당 집행위원은 적절한 보완조치가 취해지지 않으면 두 회사의 합병은 △승객의 안전을 지원하는 신호체계와 △차세대 고속열차의

36) Marcin Szczepanski, "EU competition policy: Key to a fair single market," *European Parliamentary Research Service*, October 2019, p.1
37) "Competition Policy, Mergers Overview," European Commission (2025.1.3. 열람)
38) Marcin Szczepanski, "EU competition policy: Key to a fair single market," *European Parliamentary Research Service*, October 2019, p.12

가격을 높이는 결과를 가져올 것이라고 말하였다.

메르켈 총리와 마크롱 대통령은 중국과 경쟁을 염두에 두고 독일의 ICE(InterCity Express), 프랑스의 TGV(Train a Grande Vitesse)를 제작하는 회사를 합병하여 강력한 고속철도 기업을 만들고자 하였지만 무산되었다. EU 집행위원회는 최강 회원국인 독일과 프랑스 정상의 희망을 외면하고 원칙을 지켰다. 경쟁 문제 관할권은 회원국이 아니라 유럽연합에 있다는 것도 확인시켜 주었다.

EU 집행위원회는 세계적 대기업과 대결을 피하지 않고 원칙을 지켰다. 2016년 애플(Apple)사가 아일랜드에 거점을 두며 회피한 조세 14억 유로를 아일랜드 정부에 지불하도록 하였다. 구글(Google)사에 70억 유로 벌금을 부과하였다. 베스타거 경쟁 담당 집행위원은 2019년 집행위원장 후보로 이코노미스트(The Economist)지의 추천을 받았다. 이코노미스트지는 집행위원장 관련 유럽국민당(EPP)과 사회당(S&D) 그룹 간 카르텔을 깨기를 원한다고 설명하였다.[39]

베스타거는 집행위원장이 되지는 못했지만 수석 부집행위원장이 되었다. 폰데어라이엔 집행위원회는 베스타거 수석 부집행위원장을 중화하려는 듯 경쟁담당 총국장에 프랑스 인사를 임명하였다. 올리비어 귀어상(Olivier Guersent) 금융안정 총국장이 경쟁 총국장으로 이동하였다. 유능한 인사였지만 당초 경쟁담당 부총국장이 총국장으로 승진할 것이라는 전망은 빗나갔다.

## 3.6 유럽연합의 환경·에너지정책

### ▌유럽연합의 환경·에너지정책 추진 경과

환경과 에너지정책은 유럽연합과 회원국이 권한을 공유하는 분야이다.

---

39) "Charlemagne: Margrethe Vestager, bane of Alstom and Siemens, could get to EU's top job," *The Economist*, 2019.2.7.

유럽연합과 회원국이 모두 구속력 있는 법안을 채택할 수 있다. 회원국은 유럽연합이 환경과 에너지정책과 전략을 마련하여 이행하지 않는 한 자신의 권한을 행사할 수 있다. 에너지 배분 구성 선택은 계속해서 회원국의 권한으로 남아 있다.

환경과 에너지는 상호 보완적인 사안이다. 유럽연합은 환경과 에너지 관련 국제적인 요건에 따라 정책을 입안해 왔다. 환경 문제는 로마 조약에 언급되지 않았던 반면 에너지 안보는 EU의 조약목표(EU기능조약 194조)가 되어 왔다는 차이는 있다. 다만 유럽연합은 환경 관련 국제적인 합의를 선도하며 회원국에 대해서도 권한을 확보하여 왔다.

유럽연합의 환경정책은 1972년 EEC 정상회의가 성명을 통해 △EEC 차원의 환경정책의 중요성을 강조하고 △EEC 기구에 행동계획을 요청함으로써 시작되었다. 단일유럽의정서(1987년 7월 1일 발효)를 통해 공동환경정책의 첫 법적 기반이 마련되었고 마스트리히트 조약(1993년 11월 1일 발효)을 통해 환경은 공식적인 EU 정책영역이 되었다. 리스본 조약(2009년 12월 1일 발효)으로 환경변화와 지속가능개발이 우선순위가 되었다.[40]

환경정책과 보다 세부적인 기후변화 정책은 유럽연합이 글로벌 거버넌스에 기여해 온 핵심 분야이다. 유럽연합은 외교안보정책과는 달리 기후변화 문제에서는 성공적으로 리더십을 발휘해 기후변화 세력을 구축하였다. 위험폐기물 수출입규제, 교토의정서, 파리협정 등 광범위한 국제협력에 관여해 왔다.[41] 유럽연합은 탄소배출권 거래제 ETS를 2005년 세계에서 처음으로 도입하였다.

EU 환경정책의 목적은 △환경 유지·보호·개선 △주민건강 보호 △현명하며 합리적인 자원의 활용 △환경 관련 범세계적 조치를 포함한다. 유럽연

40) Christian Kurrer, Alyssia Petit, "Environmental Policy: general principles and basci framework, Fact Sheets on the European Union," European Parliament, 04-2024; 이승환, *EU가 그려 나가는 미래 환경*, p.8
41) Christopher Hill, op. cit., p.264

합의 기후변화 권한은 환경정책 권한에서 파생된다. 유럽연합은 기후변화를 범세계적 대응이 필요한 범세계적 문제로 보고 세계가 함께 추구할 목표 단계를 높이며 모범을 보여 왔다. 유럽연합은 파리협약의 서명 당사자로서 파리협약에 맞춰 2050년까지 기후변화에 중립적인 지역이 되고자 한다.[42]

유럽연합은 2016년 4월 22일 파리 기후변화협약에 서명하였다. 유럽연합에서 마로스 세프코비치(Maros Sefcovic) 집행위원회 부위원장(에너지 연합 담당)과 샤론 데익스마(Sharon Dijksma) 네덜란드(의장국) 환경장관이 서명하였다. 유럽의회가 2016년 10월 4일 동의하고 EU 환경이사회가 2016년 10월 5일 비준하였다.

2019년 12월 EU 정상회의는 기후변화 장기전략에 합의하였다. △2050년 기후중립 목표 승인 △각료이사회에 유럽 그린딜 요청 △회원국 간 다른 상황을 감안하며 비용 효과적이며 균형잡힌 공정한 기후중립 전환 필요성 인정 △에너지 안보 및 회원국의 에너지 구성 결정권리 인정 △경쟁력에 유리한 방식으로 추진 등이었다.

녹색당 그룹은 2019년 유럽의회 선거에서는 의석 수를 대폭 확대해 가장 약진한 정치그룹 중 하나였다. 북유럽 젊은 유권자의 지지를 기반으로 의석 수가 거의 40%(52→73) 증가하였다. 다만 EU 주민의 1/4이 거주하는 스페인, 이탈리아, 그리스 3개국에서 선출된 녹색당 의원은 단 7명에 불과하였다. 환경 문제에 대한 각 회원국의 관심 수준이 달랐다. 녹색당이 2024년 선거에서는 의석의 1/4 이상을 잃은 것에서 보듯이 시기에 따라 관심 수준도 변화한다.

유럽연합은 선진국과 개도국, 특히 중국과 협력해 기후변화 목표를 높이고 공동노력을 도출하기 위해 중심적인 역할을 수행하였다. 유럽연합은 파리협약의 공약사항을 구체적인 조치로 전환시키는 데에도 선도적 역할을 수행하였다. 이는 EU 회원국도 유럽연합을 통한 공동노력의 필요성을

---

42) Simon Usherwood & John Pinder, op. cit., pp.86－88

인식하기 때문이다. 2050년까지 기후에 영향을 주지 않는 최초의 대륙이 되고자 한다.

유럽연합은 공동목표를 달성하기 위해 각국에서 배출되는 온실가스를 표시하는 지도(map)를 가질 수 있도록 조치하고 있다. 이러한 수단이 없이는 회원국들의 조치를 파악할 수 없기 때문이다. 또 이러한 자료를 바탕으로 의무를 이행하지 않는 국가나 기업에 대하여 벌금 등 제재 조치를 부과할 수 있도록 한다.

유럽연합은 구속력 있고 실행가능한 온실가스 감축 목표를 세우고 기업이 온실가스 배출권을 서로 거래하여 사용하며 목표를 이행하지 못하는 경우 벌금을 내도록 한다. 기업에 대해 온실가스 배출 비용을 부담하게 함으로써 가격효과가 발생하도록 한다. 각 회원국은 자신들의 온실가스 감축 목표가 있는 만큼 불이행 국내기업에 의미 있는 벌금을 부과한다.[43]

유럽연합은 2030년 기후·에너지 목표와 유럽 그린딜 목표 달성을 위하여 택소노미(taxonomy)를 작성하였다. 택소노미는 환경적으로 지속가능한 경제활동을 열거한 분류 시스템으로서 친환경 기업활동을 구분해 주는 일종의 사전이다. 택소노미에 포함되면 자금확보가 쉽다. 택소노미 규정은 2020년 6월 22일 EU 관보에 등재되었다.[44]

## ▎유럽 그린딜(European Green Deal)과 유럽기후법

2019년 12월 11일 폰데어라이엔 집행위원회가 출범시킨 유럽 그린딜의 핵심은 2050년 온실가스 순배출량 제로라는 기후중립을 달성하는 것이다. 유럽연합은 파리협약을 이행하면서 기후변화 대응을 선도한다. 유럽연합은 1990년 대비 온실가스 배출량을 2020년까지 20% 감축(실제로는 30%

43) Jos Delbeke and Peter Vis, *EU Climate Policy Explained*, pp.29−30, pp.48−51
44) "EU taxonomy for sustainable activities", European Commission (2022. 10.11. 열람)

초과), 2030년까지 55% 감축하여 2050년 온실가스 순배출량 제로를 달성하고자 한다.[45]

EU 집행위원회는 유럽 그린딜이 청정한 순환경제로 이행, 기후변화 중단, 생명 다양성 손실 복구, 공해 축소 등을 통해 자원의 효율적 이용을 증대시킬 수 있는 로드맵을 제공해 준다는 입장이다. 유럽 그린딜은 운송, 에너지, 농업, 건물 외에 철강, 시멘트, ICT, 섬유 및 화학산업 등 경제의 모든 부문을 망라한다.[46]

유럽기후법(European Climate Law)(2021년 6월 제정, 2021년 7월부터 시행)은 유럽 그린딜을 이행하는 주요 입법으로서 2050년까지 기후변화 중립 목표를 모든 회원국에 대해 법적으로 의무화한 것이다. 주요 특징은 다음과 같다. ① 27개 회원국이 각기 다른 속도로 진행한다. 오스트리아, 덴마크, 핀란드, 스웨덴은 탄소중립을 2050년보다 서두르며 폴란드는 동력의 80%를 석탄에서 얻는 만큼 2050년 시한을 수용할 수 없다고 주장한다. ② 2030년 탄소배출 40% 감축 목표를 55% 감축으로 강화하였다. ③ 친환경에너지 전환기금(Just Transition Fund)을 통하여 폴란드, 독일, 루마니아, 체코가 주로 혜택을 받는다. ④ 기후변화 목표를 달성하기 위해 탄소 배출과 흡수의 균형을 취한다. ⑤ 최대 탄소배출국인 중국, 미국도 같은 목표를 추구하도록 한다.[47]

EU 집행위원회는 2021년 7월 14일 탄소감축입법안 'Fit for 55'를 발표하였다. 2030년까지 순온실가스 탄소 배출량을 1990년 수준 대비 최소

---

45) "Climate change: what the EU is doing," European Council, Council of the European Union (2025.2.16. 열람)

46) European Commission Press Release "The European Green Deal sets out how to make Europe the first climate—neutral continent by 2050, boosting the economy, improving people's health and quality of life, caring for nature, and leaving no one behind", 2019.12.11.

47) Kalina Oroschakoff & Aitor Hernandez—Morales, "EU climate law sparks political battles" Politico Europe, 2020.3.3.; "Climate Action: European Climate Law" European Commission (2022.12.30. 열람)

55%를 감축하기 위한 14개 법안 패키지이다. 패키지에 탄소국경조정제도 (Carbon Border Adjustment Mechanism: CBAM)가 포함되어 있다. 탄소배출권 거래제를 수입품에도 확대하며 2023년부터 3년간 전환기간을 거쳐 2026년 1월 1일 시행한다는 것이다.

유럽연합은 탄소국경조정제도의 시행을 위한 탄소국경세(carbon border tax)의 전반적인 윤곽을 2022년 12월 13일 합의하였다. 철강, 시멘트, 비료 등 최대 환경오염 분야에서 환경기준이 엄격하지 않은 국가로부터 오는 수입품에 대해 세금을 부과해 "환경 덤핑"을 막는다는 것이다. EU 기업이 여타국 기업과 같은 조건에서 경쟁할 수 있도록 한다는 것이다. 2026년 시행을 목표로 한 걸음을 내디뎠다.[48] 유럽연합은 기후변화에 대한 대응이 환경 문제뿐 아니라 경쟁력 측면에서도 중요하다고 판단한다. 유럽연합은 모범을 세움으로써 여타국의 유사한 조치를 유도할 수 있다고 생각한다.

## ▌유럽연합의 에너지정책

유럽연합의 기후변화 정책과 에너지 정책은 서로 연결되어 대외정책과 대내정책으로 짝을 이룬다. EU기능조약(TFEU) 194조는 에너지 정책 중 일부를 유럽연합과 회원국 공유권한으로 만들어 공동에너지정책(common energy policy)에 협력하도록 한다. 각 회원국은 △에너지 자원 개발조건 △에너지원 선택 △전반적인 에너지 공급구조를 결정할 권한을 보유한다.

유럽연합은 에너지 분야에서 △수입 의존도는 높아지나 △다변화에 한계가 있으며 △에너지 가격이 변동하며 △에너지 생산국과 운송국에 안보 리스크가 있고 △기후변화에 따른 위협이 증대되는데 △에너지 효율성의 진전은 지체되는 상황에서 △재활용 에너지 사용 증대 △투명성 증대 △에

---

48) Hanna Zlady, "EU agrees to the world's largest carbon border tax," *CNN*, 2022.12.19.; Audrey Garric, "EU adopts carbon border tax to fight polluting imports," *Le Monde*, 2022.12.13.

너지 시장의 통합·연계성 증대 등 과제를 갖고 있다.[49]

유럽연합은 2015년 에너지 연합을 구성하기로 하고 에너지 정책의 5대 목표로서 다음 사항을 결정하였다. ① 에너지원 다변화 및 에너지 안보 확보, ② 온전히 통합된 단일 에너지 시장 확보, ③ 에너지 효율성 개선 및 수입 에너지 의존 축소, ④ 경제의 탈탄소화, ⑤ 저탄소 및 청정 에너지 기술 연구 증진 등이다.[50]

2022년 2월 24일 러시아의 우크라이나 전면 침공에 따라 유럽연합은 저렴한 러시아 에너지에 의존하여 왔던 상황을 지속할 수 없게 되었으며 러시아에 대한 에너지 의존도 감소 및 에너지 공급원 다변화를 이루게 되었다. 특히 러시아와 우크라이나 간 전쟁이 장기화됨에 따라 유럽연합은 단기적인 위기대응이 아니라 장기적인 에너지 안보 관리로 이행하게 되었다.[51]

## 3.7 유럽연합의 법무·내무정책

### ▌유럽연합 내 법무·내무협력

법무·내무이사회(Justice and Home Affairs Council: JHA Council)는 모든 EU 회원국의 법무·내무장관으로 구성된다. 대체로 법무장관들은 민법, 형법 및 기본권 문제를, 내무장관들은 이주민, 국경관리 및 경찰협조 등을 담당한다. 3개월에 한 번 회의를 갖는다. 다만 EU 조약에 따라 덴마크, 아일랜드는 법무·내무 관련 일정한 조치 이행에는 참여하지 않거나 일정한 조건에 따라 참여한다.

---

49) Kalina Oroschakoff & Aitor Hernandez—Morales, "EU climate law sparks political battles" *Politico Europe*, 2020.3.3.; "Climate Action: European Climate Law" European Commission (2022.12.30. 열람)

50) Matteo Ciucci, "Energy policy: general principles" Fact Sheets on the European Union, European Parliament, 2024.3.

51) "EU energy security and the war in Ukraine: From sprint to marathon" Briefing, European Parliament, 2023

셍겐 협정(Schengen acquis)에 관하여 EU 회원국과 협정 참가 4개 비회원국(노르웨이, 스위스, 리히텐슈타인, 아이슬란드)이 협의하며, 입법 필요시에는 법무·내무이사회가 조치를 취한다. EU 비회원국은 입법에 참여할 수 없기 때문이다. 아일랜드는 투표에 참석하지 않는다. 아일랜드는 불참(opt-out) 입장에 따라 독자적 비자정책을 취하기 때문이다.

셍겐 협정에 참가하지 않았던 5개 EU 회원국 중 아일랜드를 제외한 크로아티아, 불가리아, 사이프러스, 루마니아는 단계적으로 참가하여 왔다. 크로아티아는 2023년 1월 1일 참가하였다. EU 법무·내무이사회는 2022년 12월 8일 회의에서 크로아티아의 셍겐 협정 참여를 결정하였다. 집행위원회는 루마니아와 불가리아도 추가할 것을 제의하였지만 오스트리아, 네덜란드 2개국이 반대해 성사되지 않았다. 루마니아와 불가리아가 불법 이민자에 강경하지 못하다는 것이 이유였다. 루마니아와 불가리아는 2025년 1월 1일 정식으로 참가하였다. 사이프러스는 2025년 1월 1일 현재 참가를 위한 절차를 밟아 가고 있다.

법무·내무이사회는 대부분의 경우 유럽의회와 함께 기본권의 보장, 유럽연합 내 주민의 자유로운 이동 보장, 높은 수준의 시민 보호를 목적으로 하는 입법을 채택한다. 난민 및 이민 정책, 민사·형사 문제 관련 사법협력, 시민보호, 중대·조직범죄 및 테러 대책, 유럽 내의 국경 없는 셍겐지역 관리 등을 맡는다.

법무·내무 업무는 회원국의 권한이었다. 각국 주권에 핵심적 사안이라고 생각되었다. 그러나 이에 관해서도 국경을 넘는 협력은 중요해 1973년 브뤼셀 협정(Brussels Convention)과 1985년 셍겐 협정이 합의되었다. 1992년 마스트리트 조약은 법무·내무 업무를 회원국 간 협력사안으로 3번째 지주(pillar)로 포함하였고 1997년 암스테르담 조약은 셍겐 시스템을 EU 법체계로 포함하여 유럽연합이 국경통제, 망명, 이민 등 영역에 관할권을 갖게 되었다. 2007년 리스본 조약은 이를 더 강화해 전체 사법·내무업무 시스템이 EU 법의 중요한 부분이 되었다.

## ▍유럽연합의 원심력: 이민·난민 문제

유럽에서 이민과 난민 문제는 극우 포퓰리즘 정당이 단골로 이용하는 사안이다. 유럽연합에는 구심력과 원심력이 병존해 왔다. 구심력의 원천은 미국, 중국 등 강대국과의 협상을 위한 단합, 회원국 시장 통합에 따른 분업과 규모의 경제이다. 유럽연합은 아담 스미스(Adam Smith)의 국부론의 분업이론이 실행되는 현장이다. 파편화와 블록화가 동시에 진행되는 국제 정세도 EU 회원국 간 서로 단결을 강화하여야 할 필요성을 높인다.

원심력의 원천은 1648년 베스트팔렌 조약(Peace of Westphalia) 이래 국제사회의 중심 주체가 되어 온 주권국가의 약화에 대한 불안감이다. 주권국가는 국민에게 안정감과 보호감을 주어 왔는데, 이제는 주민생활에 직접 영향을 미치는 사안들이 브뤼셀에 근무하는 익명의 EU 관료들에 의해 결정된다고 생각하여 EU 주민들은 불안감을 갖는다.

유럽의 극우 포퓰리즘 정당은 이민과 난민 문제를 이용해 주민의 불안감을 조장하며 지지자를 규합한다. 이들은 유럽에 들어오는 이민과 난민을 보조하기 위해 세금이 낭비되며 유럽의 정체성이 위협받게 된다고 주장한다. 이는 일부 유럽 주민의 인종의식과 결부되어 불안을 자극한다. 유럽의 정체성이 바뀌게 될지 모른다는 우려를 증폭하는 것이다.

유럽연합은 2015년 대규모 난민유입으로 한 차례 홍역을 겪고 난 후 튀르키예가 난민 정류장 역할을 하도록 합의하였다. 유럽연합이 예산 지원을 하는 대신 튀르키예는 난민이 자국에 체류하면서 유럽연합에 질서 있게 입국할 수 있도록 협력한다.[52] 난민이 순서를 어기고 EU 회원국으로 들어오면 튀르키예로 다시 추방하고 대신 같은 숫자의 대기 중인 난민이 들어오도록 한다.

튀르키예가 시리아와 아프가니스탄 난민을 수용하는 대신 유럽연합이

52) "What is the EU－Turkey deal?" International Rescue Committee, 2022.3. 18.; Ignazio Corrao, "EU－Turkey Statement & Action Plan," Legislative Train 2023.1. European Parliament

튀르키예에 연간 60억 유로를 지원하는 협정이 2016년 체결되었다. 이에 따라 난민이 무리하게 진입을 추진할 동기가 약화되어 유럽으로 유입되는 난민의 수는 크게 줄었으나 튀르키예에 체류하는 난민은 약 350만 명으로 늘었다. 2019년 12월부터 시리아 내전이 격화되어 100만여 명의 난민이 추가되었다.

유럽은 아프리카의 인구증가를 우려한다. 유럽 인구는 고령화되고 감소하는 데 비해 아프리카 인구는 젊으며 계속 증가한다. 아프리카의 늘어나는 젊은 인구는 일자리를 찾아 유럽으로 나올 수 있는데, 이는 유럽연합에 어려운 문제를 제기할 수 있다. 2019년 12월 출범한 폰데어라이엔 집행위원회가 아프리카와 중동 지역에 대한 관심을 높여 가자고 한 이유이다.

2015－16년 난민위기 당시 200여만 명에 달하는 난민이 유럽으로 밀려들어오며 유럽의 이주민 '환영문화'(Wilkommenkultur)를 내세우는 인도주의자와 강경론자 간 충돌이 발생하였다. 난민 입국을 억제해야 한다는 현실이 인도적 원칙과 법률보다 중시되게 됨으로써 유럽연합에서도 이주민을 단념시키고자 하는 시도(Pour decourger les autres)로 변화되었다.[53] 극우정당은 이에 편승하였다.

## ▌이주민의 유럽 이동 배경

이주민을 우려하는 사람들은 유럽이 자살을 시도하고 있다고까지 말한다.[54] 이주민이 늘어나면 유럽은 고유한 특징을 잃게 되고 유일한 거주 공간을 내주어야 할 것이라고 우려한다. 제2차 세계대전 이후 일손 부족을 메꾸기 위해 받아들이기 시작한 대규모의 인력 유입이 계속되면서 유럽은 신념과 전통, 정통성을 잃어 간다는 인식이다.

제2차 세계대전 후 유럽은 외국인 노동자를 환영하였다. 독일은 튀르키

---

53) "Charlemagne: Pour decourger les autres," *The Economist*, 2020.3.14.
54) Douglas Murray, *The Strange Death of Europe: Immigration, Identity, Islam*, p.1

예 노동자, 네덜란드와 벨기에는 튀르키예와 북아프리카 노동자를 대거 받아들였다. 영국은 1945년 이래 스포츠 분야와 신설된 '국가의료서비스' 인력부족 해소를 위해 많은 이민을 받아들였다. 인도, 파키스탄, 방글라데시, 서인도제도 출신 사람이 많았다. 잉글랜드(England)와 웨일즈(Wales)의 무슬림 인구는 2001년 160만 명, 2011년 270만 명, 2021년 390만 명으로 가파르게 증가하였다. 잉글랜드와 웨일즈 주민 중 기독교 신자는 2021년 처음으로 절반 이하가 되었다. 2011년 59.3%였으나 2021년 46.2%로 하락한 것이다. 무슬림 인구 비율은 2011년 4.9%에서 2021년 6.5%로 증가하였다.[55]

유럽에서 이주민 문제가 불거진 것은 메르켈 총리의 입장 변화와 연계된다. 메르켈 총리는 2015년 7월 언론회견 때 이주민을 모두 수용할 수는 없고 일부는 돌아가야 한다고 말하였다. 14세의 팔레스타인 소녀가 레바논을 떠난 가족이 추방될 가능성을 우려한 데 대한 답변이었다. 그러나 한 달 후 2015년 8월 외신기자회견 때 메르켈 총리의 입장은 바뀌어 있었다. 난민수용 책임을 분담하여야 한다고 하면서 "우리는 할 수 있다"(Wir schaffen das)라고 말하였다.

유럽 전체가 이주민 문제에 휩쓸려 들어갔다. 2015년 한 해 동안 헝가리를 통과한 이주민만 40만 명에 달하였다. 이주과정에서 3살 난 어린이 [아일란 쿠르디(Aylan Kurdi)]가 익사한 후 메르켈 총리는 무제한으로 이주민을 수용하겠다고 하였다. 일각에서 유럽의 정체성이 위협받고 있다는 주장이 나타났다.

르 피가로(Le Figaro)지는 이미 1985년 "우리가 30년 후에도 계속 프랑스로 남을까"(Serons-nous encore francais dans 30 ans: Will we still be French in

55) "UK sees rapid growth in Muslim population: census," *TRTWORLD*, 2022.11.29.; "Religion in England and Wales 2011," Office for National Statistics (2022.12.31. 열람); Alan Travis, "Officials think UK's Muslim population has risen to 2m," *The Guardian*, 2008.4.8.

30 years?)라고 제기하였다.56) 1984년 자크 시라크(Jacques Chirac) 파리 시장
은 인구 면에서 유럽이 사라지고 있어 20년 정도면 빈집이 될 것(Twenty or
so years from now our countries will be empty)이라고 말하였다.57)

빅토르 오르반(Viktor Orban) 헝가리 총리는 대규모 이주민 이동은 인도
주의를 가장하지만 사실 영토 점령이라고 하면서 기독교, 자유, 독립국가
공동체로서 유럽의 기반이 되는 삶의 원칙이 사활의 위기에 서게 되었다
고 주장하였다.58) 오르반 총리는 유럽이 침략당하고 있다는 주장을 통해
지지자들을 규합하여 국내 선거에서 승리하는 데 도움을 받았다.

이주민에 대한 우려는 포퓰리스트 정당이 지지를 확대하는 배경이 된다.
이주민 관련 부담은 일선국가에 집중된다. 솅겐 협정의 맹점이다. 프랑스,
이탈리아, 그리스, 스페인, 네덜란드, 벨기에와 같이 이주민 유입이 많은 나
라는 유럽차원의 해결을 선호한다. 핀란드, 덴마크, 아일랜드, 스웨덴과 같
이 독자적 이민·망명정책을 유지하는 나라들은 적극 호응하지 않는다.59)

최전선 국가에 부담이 집중되는 더블린(Dublin) 규정(1990년 더블린 I 채
택, 2003년 더블린 II 대체, 2031년 더블린 III 대체: 이주민이 다수 국가에서 신청
을 제출하거나 수 개국을 돌아다니는 것을 막기 위해 심사 책임국을 규정)을 대
체하는 새로운 '망명·이주민 관리 규정'(Asylum and Migration Management
Regulation)이 2024년 5월 14일 채택되었다. 2015년 이래 10년 가까이 표
류되어 온 문제가 합의되었다. 최전선 국가의 부담을 덜기 위해 각 회원국
은 연간 망명자 3만 명을 수용하거나 거부하는 경우 1인당 2만 유로를 EU
기금에 기여하도록 되었다.60)

---

56) Eugenie Bastie, "Quand Le Figaro Magazine se demandait si nous serions
    encore francais en 2015," *Le Figaro*, 2021.12.6.
57) Douglas Murray, op. cit., p.188; Matthew Connelly and Paul Kennedy,
    "Must It Be the Rest Against the West?" *The Atlantic*, 1994.12.
58) Speech by Prime Minister Viktor Orban on 15 March 2016, Budapest on
    the occasion of Hungary's national holiday; 헝가리에서는 성이 이름 앞에 오
    는 만큼 '오르반 빅토르'로 불린다.
59) 송병준, op. cit., pp.62-65

## 3.8 유럽연합의 보건정책

### 보건정책 역할 분담

보건 문제 관련 유럽연합은 보조적 권한을 갖는다. 보건정책은 유럽연합이 아니라 회원국이 관할한다. 회원국이 보건 및 의료 서비스를 제공하는 일차적 책임을 부담하며 유럽연합은 회원국의 정책을 보완하고 여타 EU 차원 정책에서 보건이 보장되도록 한다. 유럽연합의 역할은 △국경을 넘는 보건위협 △환자 이동 △각 회원국의 보건 서비스 간 격차 축소 등이다.

유럽연합의 보건정책은 △주민 건강보호 및 개선 △보건 인프라 현대화 지원 △보건 시스템 효율성 개선 등을 추구한다. 회원국과 EU 집행위원회의 대표로 구성되는 보건 실무그룹(Working Group)에서 전략적 보건문제를 협의한다. 보건 전략의 4개 중점원칙은 ① 가치추구 접근, ② 보건과 경제번영 연계, ③ 제반 정책에 보건 통합, ④ 범세계적 보건 문제 논의 시 EU 목소리 강화 등이다.

유럽연합의 보건 관련 3개의 전략적인 주제는 ① 인구 고령화에 따른 건강 지원, ② 건강위협으로부터 주민 보호, ③ 새로운 기술을 반영하는 동태적 보건 시스템이다. 실제의 업무는 EU 집행위원회의 보건·식품안전총국(Directorate-General for Health and Food Security: DG Sante)이 담당해 △입법 제안 △재정지원 △회원국 간 최선의 경험교환 촉진 △보건증진 등 업무를 수행한다.

보건정책 역할 분담은 2021년 한국과 백신 스왑을 협의할 때도 나타났다. 한국은 초기 백신 공급을 확대하고자 EU 회원국 백신을 공급받아 추후 되돌려주는 방안을 타진하였다. EU 집행위원회는 백신 판매 또는 교환 관련 최종결정은 회원국이 한다고 설명하였다. 백신의 수출은 EU 집행위원회가 아니라 회원국의 소관 사항이라는 명문의 규정이 채택되어 있었다.[61]

---

60) "A new asylum and migration management regulation," European Council, Council of the European Union, (Last review: 10 February 2025)

EU 보건총국은 회원국 간 정보공유 차원에서 한국의 요청사항을 백신구매 운영위원회(steering committee)와 보건안전위원회(health security committee)에 회람할 수 있다고 하였다. 운영위원회는 EU 차원의 백신 선구매, 계약체결 등을 협의하기 위해 회원국 대표로 구성되어 있었다. 보건안전위원회는 보건안전 관련 EU 차원의 협력을 위해 보건총국, 각 회원국 보건부로 구성되어 있었다.

## ▌유럽연합과 회원국 간 권한 조정

유럽연합의 코로나19 초기 대응은 미약하였다. 코로나19에 따른 패배자는 중국경사를 비판받은 WHO와 기능부전을 보인 유럽연합이라는 평가도 나왔다. 보건은 회원국의 관할 사항이지만 2013년 EU 결정에 따라 EU 기관도 상당한 권한을 갖는데, 2020년 3월 6일 EU 보건이사회에서 이탈리아의 마스크 부족과 관련 유럽연합이 일괄 조달하는 방안을 논의할 때 독일과 프랑스가 호응하지 않은 것을 지적한 것이다.

2009년 신형 인플루엔자로 유럽연합에서 약 2천 명의 사망자가 발생한 경험이 교훈이 되어 EU 집행위원회는 초국가적 위기평가와 대응을 할 수 있으며 의약품을 일괄 조달하여 감염이 심각한 국가에 우선 배분할 수도 있었지만 회원국이 호응하지 않았다. 독일은 마스크 수출을 금지하였으며 프랑스 정부는 국내의 마스크 재고를 통제하였다.

세계화가 진전될 때는 유럽연합이 유일한 생존수단으로 인식되고 홉스(Hobbes)의 자연상태를 막는다는 국민국가는 시대에 뒤떨어진 것으로 생각되었지만, 팬데믹은 전근대적인 문제인 만큼 만인의 만인에 대한 투쟁 세계에서 질서를 만든 근대국가가 오히려 효율적이라도 평가되었다. 국민건강을 지키는 것은 국민국가가 최대의 관심을 가지고 관할하는 사항이기

---

61) COMMISSION IMPLEMENTING REGULATION (eu) 2021/442 of 11 March 2021 — introducing the extension to a measure requiring vaccine exports to be subject to an authorisation by Member States

때문이다.[62]

코로나19는 보건위기로 시작하여 마침내 헌법위기도 되었다. 2020년 5월 5일 독일 헌법재판소는 EU사법재판소가 유럽중앙은행의 채권 매입에 관해 판결한 것은 월권이라고 하면서 유럽연합이 연방국가가 아닌 만큼 회원국이 EU사법재판소의 월권 여부를 결정할 수 있다고 주장하였다. 유럽연합의 존재목적에 문제를 제기하는 것이었다.[63]

결국 역사상 처음으로 EU 집행위원회가 금융시장으로부터 차입하는 것을 인정받았다. 독일은 유럽연합이 분배연합이 되는 것에 반대하여 왔는데 메르켈 총리는 위기의 특별한 성격 때문에 특별한 조치를 취한다고 말하였다. 마크롱 대통령은 10년 전 유로 위기 때 그리스가 항구를 중국 국영기업에 매각하는 등 주요 인프라 매각을 방치한 것은 '전략적 실수'였다며 거들었다.[64]

'검소한 4개국'(Frugal Four)(네덜란드, 스웨덴, 덴마크, 오스트리아)은 독일과 프랑스가 제의한 5,000억 유로 규모 유럽회복기금(European Recovery Fund) (일명 코로나 본드)에 반대해 왔었다. 이들 4개국은 코로나 본드는 보조금이 아닌 대출 형식이 되어야 한다고 주장하였다. 회원국 간 이견이 있었지만 유럽연합에서 흔히 그렇듯이 오랜 협의 결과 결국 타협이 도출되었다.

코로나19가 유럽연합의 역할확대를 위한 계기가 되었다. 코로나 채권을 통해 유로존 국가의 보증으로 자금을 빌려 대응할 수 있었다. 유로존 내 문제 해결을 위해 이탈리아 등이 이러한 방안을 선호한 데 대해 당초 채권국인 독일, 네덜란드가 반대하였지만 코로나19가 팬데믹으로 발전함에 따라 인식이 변화되었다.

---

62) "Charlemagne: Europe, more or less?" *The Economist*, 2020.3.21.; 三井美奈, "緯度經度: 擴大阻止EU機能せず," *産業經濟新聞*, 2020.3.10.
63) "Briefing: The covid−19 pandemic puts pressure on the EU," *The Economist*, 2020.5.14.
64) Sylvie Kaufmann, "Will unity prevail in the E.U.?" *The New York Times*, 2020.5.25.

유럽연합은 회원국의 재정적자는 GDP 3% 이내, 국가채무는 60% 이내로 제한하는 재정지침에 융통성을 주었다.[65] 유럽중앙은행은 2020년 3월 18일 7,500억 유로의 자산구입 프로그램을 개시하였다. 유럽연합은 공동 채권 발급 및 피해국 무상지원 합의를 이끌어 냄으로써 통합에 커다란 진전을 이루었다. 최악의 경제침체가 올 수 있다는 절박한 위기가 다가오자 신념의 도약(leap of faith)이 이루어졌고 역사상 처음으로 유럽연합 공동 기채가 이루어졌다.[66]

## 3.9 유럽연합의 문화·교육정책

### ▎유럽연합의 문화정책

문화정책에서는 EU 회원국이 권한(competence)을 갖는다. 이는 문화가 국가 정체성의 기반이 된다는 인식에 따라 회원국이 유럽연합으로 권한을 위임하는 것을 꺼리기 때문이다. EU 집행위원회의 역할은 EU 회원국이 맞이하는 공통의 도전에 대한 대응을 지원하는 것으로서 디지털 기술의 충격 대응, 문화·창조 분야 혁신 잠재력 지원 등이다.

EU 집행위원회는 2007년 채택된 '유럽 문화 어젠다'(European Agenda for Culture)를 기반으로 하여 2018년 '새로운 유럽문화 어젠다'(New European Agenda for Culture)를 채택하였다. 유럽연합 차원의 새로운 협력을 위한 틀로서 다음과 같은 사회·경제·대외 목표를 제시한다. △문화는 언어장벽을 넘는 소통수단으로서 공동체에 활력을 준다. 문화참여는 통합을 이끈다(Cultural participation brings people). △일자리와 성장이라는 경제목표를 위해 문화와 창조는 중요한 자산이다. △국제적 문화관계라는 대외목표를 위해 문화는 평화적인 관계를 증진한다.

'2019−22년 문화업무계획'(2019−22 Work Plan for Culture)(2018.11.27.

---

65) "Charlemagne: Aesop's euro zone," *The Economist*, 2020.3.28.
66) "Charlemagne: Europe's asylum compromise," *The Economist*, 2020.9.19.

채택)은 EU 차원의 문화 협력에서 5개 우선순위를 정하였다. ① 문화적 다양성을 보여 주는 문화유산 보호, ② 교육, 사회복지, 보건, 과학기술, 지역·도시발전 협력, ③ 문화 콘텐츠 지원, ④ 문화적 다양성을 토대로 양성평등 추구, ⑤ 범세계적 문제와 도전에 대응 등이다.

EU 문화정책의 배경에는 문화가 △일자리 창출 △경제성장 △삶의 질 향상 △통합 증진 △문화적 다양성에 중요한 방편이라는 생각이 있다. 문화정책은 △EU 집행위원회의 우선과제와 △EU의 국제협약상 의무이행에도 기여한다. EU 문화·미디어 프로그램이 성공적으로 이행됨에 따라 집행위원회는 2014년 '창조유럽'(Creative Europe) 프로그램을 출범시켰다. 2014-20년간 문화와 언어의 다양성을 증진하고 문화유산을 보호하며 문화와 창조 분야 경쟁력 강화를 추진하였다.

'창조유럽' 프로그램 예산은 7년(2021-2027)간 244억 유로로 △유럽 문화와 언어의 다양성과 전통 보호·발전·촉진 △문화·창조부문, 특히 시청 각부문 경쟁력 및 경제적 잠재력 향상을 주된 목표로 추진한다. '창조유럽' 프로그램은 △문화 부문 △미디어 부문 △교차 부문 등 3개 부문으로 구성된다.

## ▎유럽연합의 교육정책

교육정책은 회원국이 일차적 책임을 지며 EU 기관은 보완적 역할을 한다. 회원국이 입법권을 유지하며 EU 기관은 보조적 권한을 갖는 것이다. EU 교육 정책은 권한이 제한되는 만큼 정체된 듯이 보이기도 한다.[67] 다만 EU 기관의 역할이 증대되는 추세이다. 회원국은 교육이 국민을 사회화하는 수단이며 국민 정체성을 결정하는 만큼 교육에 관한 권한을 포기하려 하지 않지만 유럽연합은 교육이 EU 시민으로서의 정체성을 갖게 하는데 중요한 만큼 회원국 간 교차교육, 복수언어 구사능력 개발 등 교육정책

---

67) Caroline U. Amann, *The EU education policy in the post-Lisbon era: A comprehensive approach*, pp.17-19

을 이끌고자 한다.

2017년 11월 스웨덴의 예테보리(Gothenburg)에서 개최된 사회정상회의를 계기로 EU 집행위원회는 2025년까지 이행할 EU의 교육 분야 비전을 발표해 회원국 어디서든 수학하며 연구할 수 있도록 해 나가겠다고 하였다. 유럽연합의 청소년이 회원국 어디서든 가장 좋은 교육을 받고 연구하며 일자리를 찾도록 하겠다는 것이었다.

EU 집행위원회는 학생들의 이동 및 교환 학습을 증진하기 위하여 △유럽대학 간의 네트워크 △학위 상호인정 △EU 내에서 통용되는 학생증 등에 중점을 둔다. 또한 EU 집행위원회는 에라스무스 플러스(Erasmus+)와 호라이즌 2020(Horizon 2020)을 통하여 학생, 교사 및 연구인력의 교류와 고등교육기관 및 공공기관 간 구조적 협력을 지원한다.

유럽연합의 2020 교육·훈련전략은 △미래의 기술수급 불균형 해결 △포용적이며 연계된 교육시스템 구축 △고등교육기관 혁신 △효과적이고 효율적인 고등교육 시스템을 지원하였다. 2020년까지 EU 청소년의 40%가 고등교육을 받게 한다는 목표였다. 에라스무스 프로그램으로 학생들의 교환교육이 증대하여 학생 간 경쟁, 교수자극 등을 통해 교육수준이 현저히 높아졌다.

유럽연합의 장래를 펼치려면 유럽연합의 공동 정체성에 대해 생각할 필요가 있다. 유럽연합 모토인 '다양성 가운데 통일'(unity in diversity)을 추구한다. '보충성 원칙'(principle of subsidiarity)에 따라 교육·문화에 관한 권한은 일차적으로 회원국이 보유하며 EU 기관은 협력을 증진하며 회원국의 조치를 지원하고 보완한다.

유럽 프로젝트는 항상 국경을 극복하고 자유이동을 허용하는 것에 관한 것이었다. 아직까지 상품에 관한 단일시장은 실현되었지만 교육·문화에 대한 단일시장은 실현되지 않고 있다. 졸업증명서가 회원국 상호 간에 서로 인정되지 않으며 진정하게 통합된 노동시장을 실현하는 데에는 장애가 남아 있다.

'유럽교육지역'(European Education Area) 실현을 위해 △고등교육증명 상호인정 △에라스무스 플러스 프로그램 강화 △EU 학생증 △진정한 유럽대학의 창설을 추진한다. 2025년까지 △교육 이동성 실현 △자격증 상호인정 △언어교육 강화 △세계적 수준의 유럽대학 창설 △디지털 분야 교육 혁신 △교사지원 강화 △문화유산 보호 및 유럽 정체성·문화의식 강화 등을 추진한다.

EU 시민 중 절반 정도가 모국어밖에 구사하지 못하는 실정에서 언어교육을 개선한다. 사회시장경제가 유럽 생활방식의 상징이듯이 유럽연합은 결국 공유된 가치와 성공적인 경제통합, 특히 내부시장에 기초한 문화공동체이다. EU 회원국들은 평균 GNP의 6%를 교육에 투자한다. EU 차원의 교육·훈련 투자는 회원국 수준의 투자를 보완하는 것이다.

# 유럽연합의 **주요 대외관계**

길이란 본래 없었다.

그러나 사람들이 걸어다닐 때 길이 생겨났다.

There was never a road, but when people walk on it,

the road comes into existence.

其实地上本没有路, 走的人多了, 也便成了路.

루쉰(Lu Xun 鲁迅)

# 제4장

## 유럽연합의 주요 대외관계

### 4.1 세계에서의 유럽연합

세계는 파편화되고 새로운 진영화가 진행되고 있다.[1] 탈냉전 시대는 끝이 났다. 미국과 중국 간 첨예화되는 전략적 경쟁이 많은 영향을 미친다. 그러나 미국, 중국과 함께 유럽연합이 세계를 이끄는 부분이 있다. 특히 규범을 만들어 나가는 데서 유럽연합의 영향력이 상당하다. '브뤼셀 효과'(Brussels effect)라고 하는 현상이다.

유럽연합은 27개국 간 단일시장의 경제력을 토대로 통상 문제뿐만 아니라 국제 문제에서 목소리를 낸다. 특히 규범과 가치 문제에 관심이 크다. 인권, 기후변화, 개발협력, 비확산, 탈세방지, 개인정보보호 등에서 규범과 질서를 만드는 데 앞서간다. 회원국 간의 단합된 행동을 위해서도 문서화된 규범과 질서가 필요한데, 유럽연합은 이를 세계적으로 확장하는 힘을 갖고 있다.

폰데어라이엔 집행위원장은 2019년 처음 취임하면서도 자신의 집행위원회는 지정학적 집행위원회가 될 것이라고 말하였다. EU가 대외관계에서

---

1) 이상현, "2024년 국제정세 전망," *정세와 정책*, 2024년 1월호 (통권 370호), 세종연구소, 2024.1.2.

더 적극적 태도를 취할 것임을 시사한 것이었다. 유럽연합은 영향력을 증대하고 있는 중국과의 관계를 다시 설정하며 트럼프 행정부 당시 균열이 깊어졌던 미국과의 관계를 재정립한 후 2025년 트럼프 대통령의 복귀에 대비하여왔다.

유럽연합이 미·중 간의 첨예한 경쟁 가운데 여타국에 또 하나의 선택지를 주는 것은 아니다. 유럽연합은 기본적으로 가치를 함께 하는 미국과 입장을 같이하면서도 중국과의 관계에서 전략적인 공간을 만들고자 노력한다. 미국에 대해 과도한 보호무역주의 정책에 대해서 불만을 제기하는 한편 중국에 대해 회원국 간 통합된 입장을 가지고 대처하고자 노력한다. 트럼프 2.0 행정부의 유럽연합 압박 조치는 유럽연합이 전통적인 입장을 유지하는 것을 어렵게 한다.

유럽연합은 유럽시민이 관심을 갖는 기후변화와 장래성장을 좌우할 디지털 경제 등에 대해서 적극적이다. 특히 디지털 경제와 관련 유럽시민이 깊은 관심을 갖는 개인정보 보호에 만전을 기하며 미국, 중국 등에 뒤쳐지지 않도록 기술개발을 장려한다. 유럽연합의 내부 단결을 강화하면서 한국 등 가치를 공유하는 동반자와의 협력에 적극적일 것임을 시사한다.


## 4.2 유럽연합과 영국

### ▍쉽지 않았던 영국의 가입 과정

영국의 유럽연합에 대한 입장은 항상 양면적이었다. 영국은 유럽연합의 단일시장이 부여하는 번영의 기회를 갖기 원하지만 단계적으로 주권을 양도하는 것은 원치 않았다. 영국은 유럽석탄철강공동체(ECSC) 가입을 원하지 않았다. 영국의 집권 노동당은 어렵사리 철강, 석탄 등 주요산업을 국유화하였는데 이들 산업 관리를 초국가적 기구에 포기하기를 원치 않았다.[2]

---

2) Andreas Staab, *The End of Europe? — The Five Dilemmas of the European Union*, p.87

1960년이 되면서 영국의 입장은 반전되었다. 유럽대륙의 경제성장이 영국을 압도하였기 때문이다. 영국은 '유럽의 병자'(sick man of Europe)였다.[3]

영국이 EEC 가입을 희망하자 샤를 드골(Charles De Gaulle) 대통령의 프랑스가 가로막았다. 드골 대통령은 영국이 가입하면 미국의 트로이 목마가 될 것으로 의심하였다. 프랑스는 1961년과 1967년 영국의 가입을 비토하였다. 드골 대통령(1959.1.－1969.4. 재임)이 퇴임하고 난 뒤에야 프랑스의 입장이 바뀌어 영국은 1973년 EEC에 가입할 수 있었다.

영국의 입장은 흔들렸다. 영국은 EEC에 가입하고 불과 2년 후 국민투표를 통하여 EEC 탈퇴 여부에 대한 의견을 물어 2 대 1 정도의 다수 의견을 확인해 잔류하였다. 영국은 수년 후 마거릿 대처(Margaret Thatcher) 총리가 돈을 낸 만큼 찾아와야 한다고 주장하는 등 어색한 파트너일 때도 있었지만, 단일시장 출범에 기여하고 냉전 이후 EU의 대외정책 수립에도 많은 기여를 하였다.

데이비드 캐머론(David Cameron) 총리는 여당인 보수당 내에서 EU 반대가 계속되자 2013년 1월 EU 탈퇴 여부에 대한 국민투표를 약속하였다. 영국은 EU의 상징적 양보를 확보해 2016년 6월 23일 국민투표에 임하였지만 결과는 51.9% 대 48.1%로 EU 탈퇴가 다수였다. 전체 유권자 4,650만 명 중 72.2%가 투표해 1,740만 명이 EU 탈퇴를, 1,610만 명이 EU 잔류를 지지하였다.

2004년 중동구권 국가가 대거 유럽연합에 가입한 이후 영국으로의 이민이 150만 명에 이르고 영국이 유럽연합에서 소수그룹에 속하여 의견을 관철하지 못하는 경우가 많아졌다. 영국은 EU 회원국 중 EU의 입법과 관련해서 가장 빈번하게 패배하는 쪽에 섰다. 패배한 경우는 2004－09년 2.6%에서 2010－15년에는 12.3%로 증대되었다. 영국 국민이 불만을 갖는 또 하나의 배경이었다.

---

3) 유럽국가들은 19－20세기 경제발전에서 뒤처진 오토만 제국을 '유럽의 병자'로 불렀다.

영국의 기업들은 대부분 EU에 잔류하고자 하는 캐머론 총리의 입장을 지지하였지만 여당인 보수당 내에 반대 입장이 많았다. 야당인 노동당은 EU 잔류를 희망한다는 공식적 입장을 갖고 있었지만 제레미 코빈(Jeremy Corbyn) 당 대표가 EU에 회의적인 생각을 갖고 있어 당 차원에서는 EU 잔류에 미온적인 지지만을 보탰다.

브렉시트 진영의 '주도권을 되찾아오자'(Taking Back Control)는 메시지는 선명하였다. 니겔 파라지(Nigel Farage) 영국독립당(UK Independence Party: UKIP) 대표는 EU가 난민수용을 강제하는 듯이 보이며 외국인 혐오 감정을 자극하였다. 중동난민의 행렬 사진에 "한계점: EU가 우리 모두를 저버렸다"(Breaking Point: The EU has failed us all)라는 표어를 붙여 배포하였다. 2015년 10월 시리아 난민이 슬로베니아 국경을 따라 이동하는 사진으로 영국과 직접 관계는 없었으나 국민 감정을 자극하였다.

영국은 EU 내의 제2위 순기여국(net contributor)으로서 EU 예산의 12%를 부담하였다. 브렉시트 진영은 매주 유럽연합에 송금하는 3억 5천만 파운드를 국민보건에 사용하자고 하였다. 영국이 매년 180억 파운드를 납부하지만 절반은 영국 농민과 낙후지역, 과학·연구 등을 위해 되돌아온다는 사실은 언급되지 않았다.

## ▌브렉시트 협상 경과

영국의 EU 탈퇴 협상은 험난하였다. 캐머론 총리는 투표결과 발표 후 몇 시간 만에 사퇴하였다. 보수당 대표 선거에서 잔류파 메이 총리가 당선되었다. 탈퇴파 의원들 표가 분산된 까닭이었다. 메이 총리는 협상을 서둘렀다. 충분한 준비 없이 2017년 3월 29일 EU에 탈퇴의사를 통보했다. 리스본 조약 50조에 따른 2년의 탈퇴절차가 시작되었다. EU 회원국의 탈퇴 협상은 처음이었다.

EU 잔류를 희망하였지만 EU 탈퇴를 이끌어야 하는 메이 총리의 처지는

어려웠다. 보수당 내 다수인 '브렉시트'파를 이끌며 안정적인 탈퇴를 끌어
내려는 고민이었다. 유럽연합은 노르웨이 모델, 캐나다 모델 등 기존 협력
방식 중 선택하라고 영국을 압박하였다. 영국은 40년 넘게 유럽연합에 참
여해 온 만큼 기존 모델로 국민을 만족시킬 수 없었다.

메이 총리는 여성 총리이며 성직자의 딸이라는 공통점이 있는 메르켈
독일 총리의 지원을 바탕으로 유럽연합과의 협상을 끌어가고자 하였다. 독
일은 유럽연합에서 경제규모와 인구가 가장 큰 국가이다. 그러나 메르켈
총리도 개인적인 동정을 표할 수 있어도 유럽연합이 함께 정하는 입장에
서 이탈할 수는 없었다.

영국에 대하여 EU 안에 있는 것보다 EU 밖에 있는 것이 유리하다는 협
상결과가 나온다면 다른 회원국의 추가 탈퇴로 이어지지 않을 것이라고
장담할 수 없었다. 그리스가 유럽연합을 탈퇴하는 그렉시트(Grexit)가 논의
되던 것이 불과 몇 년 전이었으며 이탈리아가 유럽연합을 탈퇴하리라는
이탈렉시트(Italexit)도 거론되고 있었다.

영국의 단호한 의지표현이던 '브렉시트는 브렉시트를 의미'(Brexit means
Brexit), '탈퇴는 탈퇴를 의미'(Leave means leave)라는 입장은 유럽연합에 동
어반복으로밖에 들리지 않았다. 27개 회원국은 유럽연합에서 회의를 할 때
자주 '조약 50조(리스본 조약 50조에 따른 브렉시트 협상)' 협의라며 영국 대표
를 퇴장시킨 후 협의를 가졌다. 영국을 따돌리는 분위기가 점점 강해졌다.

브렉시트 협상은 영국의 의도대로 진행되지 않았다. 협상은 유럽연합
이 제시한 틀에 따라 전개되었다. 협상을 1단계와 2단계로 나누며 우선
1단계에서 주요 쟁점에 관하여 진전을 이룬 이후에 2단계에서 유럽연합과
영국 간 미래관계를 협상한다는 유럽연합의 입장이 관철되었다. 영국은
27 대 1이라는 협상구조에서 약세를 절감하였다.[4]

양측은 2017년 12월 15일 우선 1단계로 ① 탈퇴 재정정산, ② 양측 시

4) "The ultimate price," *The Economist*, 2019.3.30.

민의 상호 권리, ③ 북아일랜드-아일랜드 국경 문제에 합의를 도출하였다. ① 영국이 약 420억 유로를 지불하기로 하였다. ② 교차 거주 EU 시민 320만 명과 영국인 90만 명에게 서로 거주·취업·취학 권리를 보장하였다. ③ 북아일랜드-아일랜드 간 물리적 국경을 두지 않기로 하고 합의실패 시 안전장치로서 북아일랜드만 EU 관세연합 및 단일시장에 잔류하도록 하였다.

2018년 3월 19일 브렉시트 전환기간을 갖는 데 합의하였다. 영국의 EU 탈퇴 예정일(2019.3.29.) 이후 2020년 12월 31일까지 21개월간 전환기간을 갖기로 하였다. 이 기간 중에는 영국은 △EU 내 의사결정에 참여하지 않지만 EU 법과 조약을 이행하며 △제3국과 무역협정을 체결·비준할 수 있지만 발효는 전환기간 종료 후에 하기로 하였다.

2018년 11월 25일 양측 정상회의 시 △585쪽의 영국의 EU 탈퇴조약(Withdrawal Treaty) △26쪽의 EU-영국 간 미래관계에 관한 정치적 선언에 합의하였다. 커다란 고비를 넘는 것으로 보였다. 그러나 테레사 총리는 영국 의회 승인을 받을 수 없었다. 브렉시트 합의안에 대한 영국 하원의 승인 투표는 번번이 부결되었다.

최대 쟁점은 아일랜드-북아일랜드 간 자유통행 유지 조항이었다. EU-영국 간 미래관계 합의가 도출되지 않으면 자유통행 유지 조항 때문에 영국이 EU와의 관세연합에 남게 되는 것을 브렉시트 지지자들은 반대하였다. 이름뿐인 브렉시트(Brexit in name only: BINO)라는 것이었다. 영국의 EU 탈퇴시한은 두 번 연기되어 2019년 10월 31일이었다. 영국은 2019년 5월 유럽의회 선거에도 참여하였다. EU 회원국인 이상 유럽의회에 대표가 있어야 하기 때문이었다.

2019년 7월 27일 메이 총리는 3년 간 재임 후 사임하였다. 그간 장관은 32명이 사임하였다. 신임 총리로 단기간 내 브렉시트를 끝낼 것을 공약해 온 보리스 존슨(Boris Johnson) 의원이 당선되었다. 영국은 2019년 10월

17일 브렉시트 합의에 서명하였다. 이전의 합의와 큰 차이는 없었다. 차이는 북아일랜드 지방의회가 4년 이후 반대 표결을 하지 않는 한 북아일랜드는 EU의 규칙을 준수하며 EU의 관세연합으로 남을 것이라는 것이었다.

2019년 10월 22일 존슨 총리는 메이 전 총리가 세 번을 시도해도 하지 못한 일을 해내었다. 브렉시트 합의에 의회의 동의를 확보하였다. 보수당에서 출당된 의원 21명 전원과 노동당 의원 19명이 지원해 329 대 299로 승인되었다. 브렉시트 시한을 열흘도 남기지 않은 때였다. 다만 영국 의회는 브렉시트 합의를 승인하였지만 2019년 10월 31일까지 이를 국내 입법화하자는 존슨 총리의 제안은 부결시켰다. 유럽연합은 2020년 1월 31일까지 브렉시트 시한을 연장하여 주었다. 존슨 총리는 총선이라는 승부수를 던졌다. 코빈 대표가 이끄는 노동당은 브렉시트 관련 입장을 정리하지 않고 총선에 동의하였고, 선거 참패로 이어졌다.

보수당은 2019년 12월 12일 총선에서 야당보다 80석 많은 의석을 확보하였다. 소선구 제도로 인해 보수당은 45%를 득표해 56%의 의석을 얻었다. 브렉시트 재협상을 주장한 노동당 득표 32.2%를 포함, 52.6%가 존슨 총리의 브렉시트 합의에 반대한 결과였지만 2019년 12월 20일 영국 의회 내 법안통과가 이루어지고 2020년 1월 29일 유럽의회의 승인도 이루어지면서 영국은 연장된 시한 마감 직전인 2020년 1월 31일 저녁 11시(영국 시간)에 유럽연합을 탈퇴하였다.

## ▌EU-영국 간 미래관계협정

양측 간 미래관계협정이 합의되었다. 전환기간 종료 1주일 전인 2020년 12월 24일이었다. 영국은 주도권을 찾아왔다고 주장할 수 있었고 유럽연합은 아일랜드−북아일랜드 간 국경 배제 등 합의 사항을 지켰다. 브뤼셀 시간 2020년 12월 31일 자정(런던 저녁 11시)에 전환기간이 종료되어 영국은 유럽연합에서 완전히 탈퇴하였다. 런던 시민은 빅벤 주위에 몰려 11시

직전 목소리를 모아 '3, 2, 1'을 외쳤다. 빅벤의 종이 11번 울리는 동안 시민들은 맥주잔을 부딪치고 인증사진도 찍었다.

EU－영국 간 미래관계 협정은 무역협력협정만 1,246쪽으로, 요약문, 부대협정과 정치선언이 포함된 방대한 문서였다. 무역협력협정은 수출 상품에 대한 관세와 쿼터 면제를 규정하였다. 기존 협정과 차원이 달라 EU－캐나다 FTA 등과 비교하는 것은 의미가 없다는 평가가 나왔다. 결국 협정이 이행되면서 오랜 시간에 걸쳐 분명한 평가가 나올 것이었다.[5]

브렉시트로 영국－EU 간 인원의 이동자유는 종료되었다. 영국 내 동구권 출신 저임금 인력이 축소되었다. 저임금 인력에 의존하던 영국 산업은 타격을 받게 되었다. 노동집약산업이 영향을 받을 수밖에 없었다. 많은 영국인이 브렉시트를 결정한 배경이 되었던 동구권 저임금 노동자는 돌아갔다. 영국의 배타적 분위기와 브렉시트에 따른 파운드화의 평가절하 때문이었다.[6]

북아일랜드 의정서(Northern Ireland Protocol)는 문제로 남았다. '성금요일 합의'에 따른 북아일랜드와 아일랜드 간의 자유 통행을 유지하기 위해 영국의 다른 지역과 북아일랜드 간 장벽이 만들어졌기 때문이다. 북아일랜드로 갈 물품에 대해서 유럽연합으로 갈 물품에 준해 통관절차를 밟다 보니 북아일랜드에서만 유통될 물품에 대해서는 영국 내 이동을 제한하는 결과가 되었다.

유럽연합과 영국은 북아일랜드에 도착하는 영국의 물품 중 영국의 영토인 북아일랜드에서만 유통될 것과 아일랜드까지 이동할 물품을 각각 녹색 줄(Green Lane) 물품과 적색 줄(Red Lane) 물품으로 구분하기로 하였다. 그리고 녹색 줄 물품에 대해서는 영국 내 이동이므로 통관과 검역 절차를 최소화하고, 적색 줄 물품에 대해서는 통관과 검역 절차를 취하기로 합의하였다.

---

5) Anna Isaac, "10 key details in the UK－EU trade deal," *Politico Europe*, 2021.1.7.
6) Megan Specia, "After Pandemic and Brexit, U.K. Begins to See Gaps Left by European Workers," *The New York Times*, 2021.6.17.

합의는 폰데어라이엔 EU 집행위원장과 수낵(Rishi Sunak) 영국 총리가 2023년 2월 27일 영국의 윈저 공원(Windsor Great Park)에서 회담을 가진 후 발표되어 윈저 기본합의(Windsor Framework)로 불렸다. 영국 정부는 북아일랜드에 대한 유럽연합의 영향력을 축소한 것이라고 의미를 부여하였다. 1천 7백 쪽에 달하는 EU의 법 규정과 유럽사법재판소 관할권이 배제된다고 하였다.[7]

그러나 윈저 기본합의가 북아일랜드 합의를 개선하였지만 영국이 홍보하는 만큼 많은 사항이 변경된 것은 아니었다. 영국은 상품 이동에 관한 실시간 자료를 제공해야 하였다. EU 법 관련 최종조정자로서 유럽사법재판소의 관할권이 유지되었다. 북아일랜드 법원이 대부분의 분쟁을 관할하지만 EU 법 관련 최종조정자는 유럽사법재판소로 남았다. 영국은 유럽연합을 떠났지만 완전히 떠난 것은 아니었다.

## 4.3 유럽연합과 스위스

### ▌수많은 양자 협정

유럽연합과 스위스는 밀접한 관계를 가지고 있다. 스위스는 미국, 중국, 영국에 이어 유럽연합의 4대 교역상대국이다. 스위스는 셴겐 협정에 참여하여 EU 회원국들과 출입국절차 없이 자유로이 왕래한다.[8] 스위스는 EU 회원국과 거의 차이가 없지만 회원국은 아니다. 스위스 국민이 EU 가입에 반대하기 때문이다. 유럽연합과 스위스는 수많은 양자협정으로 연결되어 있다.

---

7) "The Windsor Framework: a new way forward" Presented to Parliament by the Prime Minister and the Minister for the Union by Command of His Majesty, February 2023
8) 스위스는 5개국과 국경을 접하고 있는 내륙국이다. 서쪽으로 프랑스, 북쪽으로 독일, 동쪽으로 오스트리아와 리히텐슈타인, 남쪽으로 이탈리아와 국경을 접한다. 리히텐슈타인 외에는 모두 EU 회원국이다.

양측 간의 경제관계는 1972년 체결된 FTA가 기반이 되었다. 스위스는 1992년 5월 EC 가입 전 단계라고 할 유럽경제지역(European Economic Area: EEA) 협정에 서명하고 같은 달 EC 가입협상 개시를 요청하였다. 그러나 스위스 국민과 자치권을 가진 지방정부들은 1992년 12월 6일 국민투표에서 EEA 협정 체결을 근소한 차이(찬성 49.7% 대 반대 50.3%)로 승인하지 않았다.

스위스 정부는 1993년 1월 EC 가입협상을 개시하지 않겠다고 발표하고 대신 스위스 기업이 불리하지 않도록 양자협정 체결을 희망하여 왔다. 양측은 1999년 6월 21일 7개 부문 양자협정(스위스는 '양자협정군(群) I '로 지칭)에 서명하였다. 이 협정은 2000년 5월 21일 스위스 국민투표에서 67.2%의 지지를 받았으며 2002년 6월 1일 발효하였다.

협상은 계속되었다. EU 집행위원회는 이런 협상에 회의적이었지만 △예금소득에 대한 초국경 조세 시스템에 스위스를 포함하며 △담배 밀수 관련 간접세 비리 퇴치에 스위스의 협력을 원하여 2단계 협상에 임하였다. 2단계 협상결과로 9개 부문 양자협정(스위스는 '양자협정군(群) II '라고 지칭)이 2004년 10월 26일 서명되어 2004년 12월 17일 스위스 의회에서 비준되었다.

7개 부문 협정이 스위스 국민투표에 회부될 수 있었지만 셍겐/더블린 협정(경찰, 사법, 난민, 이주민 협력) 하나만 국민투표에 붙여져 2005년 6월 5일 54.6%의 지지를 받았다. 2단계 협정은 양측 핵심이익의 균형을 위해 연계하여 협상되었지만 발효는 개별적으로 가능하여 부정방지에 관한 협정(Agreement on Combating Fraud)을 제외하고는 8개 부문 협정이 모두 발효되었다.

1단계 양자협정은 점진적이며 통제된 시장 상호개방을 통하여 1972년 체결된 FTA를 보완하였고 2단계 양자협정은 치안, 난민, 환경, 문화 등으로 협력 범위를 넓혔다. 이들 협정은 스위스를 사실상 EEA 회원국으로 만드는 효과가 있었다. 이에 따라 대부분의 EU 법규가 스위스에서 적용되어 상품·서비스·자본·인원의 4개 이동의 자유를 보장한다.

양측 간 20여 개 주요 양자협정과 100여 개 부속 양자협정이 체결되어있다. 스위스는 양자협정이 적용되는 부문에서는 관련 EU 법을 수용할 의무가 있다. 양측은 20여 개 공동위원회를 통해 협정을 관리한다. 스위스는 EU의 단일시장에 상당 부분 통합되어 있어 신규 EU 회원국을 위한 경제·사회 통합 예산도 납부한다.

스위스는 유럽자유무역연합(European Free Trade Association: EFTA)의 회원국으로서 EEA와 EFTA에 모두 가입한 노르웨이, 아이슬란드, 리히텐슈타인과 공조해 활동한다. EEA는 EU 단일시장을 EFTA 회원국에도 확장하고자 설립(1992년 5월 2일 서명, 1994년 1월 1일 발효)되었다. 현재 EEA 회원국은 EU 회원국 모두와 EFTA 회원국 중 노르웨이, 아이슬란드, 리히텐슈타인이다.

EEA 협상 당시에 EFTA는 7개국이었으나 오스트리아, 핀란드, 스웨덴이 1995년 유럽연합에 가입하여 스위스, 노르웨이, 아이슬란드, 리히텐슈타인 4개국만 남았다. 2004년 5월 1일 EU에 가입한 10개국 등 새로운 EU 회원국은 자동적으로 EEA 회원국이 된다. EFTA 국가들은 EU 가입은 원치 않아 EU 단일시장 참여하면서 EU 단일시장 관련 입법을 국내입법으로 수용한다.

## ▌특수한 관계

스위스는 작지만 강한 국가이다. 면적이 41,285㎢로서 남한의 절반이 되지 않고 2023년 현재의 인구는 890만 명으로 전 세계에서 99번째이다. 소수파의 국가(country of minorities)로서 공용 언어가 독일어, 프랑스어, 이탈리아어, 로망쉬어 등 4개이다. 이탈리아어를 사용하는 국민은 전체의 8.0%, 로망쉬어를 사용하는 국민은 전체의 0.5%에 불과하지만 이들의 언어를 존중한다.

스위스는 EU 회원국은 아니지만 회원국에 매우 가깝다. EU 회원국과 EEA 국가만이 누리는 EU 단일시장에 참여하는 것 외에도 셍겐 협정을 체결하여 EU 회원국과의 출입국이 자유롭다. 주EU 스위스 대사는 셍겐 협정에 관한 EU 회원국 대사 회의에 참석해 많은 사항을 조율한다. 다만 스위스는 EU와 관세연합을 맺고 있지 않아서 여타 국가들과 FTA를 체결할 수 있다.

영국의 EU 탈퇴 협상 과정 중 여러 모델이 제시되었지만 스위스 모델은 제시되지 않았다. 이행하기가 너무 어렵다는 인식 때문이었다. 유럽연합은 스위스와 많은 협정을 통해 EU 회원국과 유사한 협력을 유지하지만 EU 규정과 법이 수정될 때마다 양자 협정의 적용을 변경해야 한다. 정밀함으로 유명한 스위스가 아니고는 합의를 유지하기 어렵다는 평가가 나온다.

스위스는 유럽연합과 부합되는(EU-compatible) 입법을 유지하는 것이 번거롭지만 불가피한 현실로 받아들인다. 스위스와 같이 상대적으로 작은 나라가 계속 번영을 이루기 위해서는 개방된 경제를 갖고 여타 국가와 교역, 경제협력을 갖는 것이 불가피하다. 다만 소수파 국가답게 연방정부가 26개 캔톤 등 지방정부의 권한을 침해하려 하지 않는다.

스위스는 신기술 관련 EU의 호라이즌(Horizon) 프로그램을 통한 협력 확대를 원한다. 한편 EU 통합 진전에 따라 재정정책, 교통, 무역 등에서 EU 규정을 따르도록 압박을 받는다. 스위스는 시계로 유명한 나라답게 탄력성보다 정확성에 만전을 기한다. 스위스인은 스스로 라틴계 국가처럼 일을 여유 있게 받아들이면 좋겠다는 넋두리를 한다.

EU-스위스 간에 추진되어 오던 계속협정(Continuity Agreement)은 2021년 5월 무산되었다. 스위스에서 격론이 벌어졌지만 반대를 넘지 못하였다. 유럽연합은 계속 진화되는 EU 법규에 스위스 법을 일치시키는 것이 너무 번거로워 2018년부터 스위스 정부와 양자협정을 포괄하는 제도조약 체결을 추진해 왔지만 스위스 정부는 2021년 5월 조약 불추진을 선언하였다. 스위스에는 유럽연합이 이민, 노동권, EU 사법재판소 관할권 인정을 요구하는 것은 과도하다는 인식이 많았다.

대신 스위스는 EU 내부시장 접근 확보를 위한 부문별 접근을 추진해 200여 회 회의의 결과 2024년 12월 20일 유럽연합과 광범위한 협정 패키지 협상을 타결하였다. 스위스는 이미 확보한 EU 단일시장 접근을 위한 항공, 육상수송, 인원의 자유이동 등 5개 협정을 갱신하고 '호라이즌 유럽' 등 참여를 위한 신규협정에 합의하였다. 스위스는 대신 2025－2029년 EU 통합기금에 연간 1억 3천만 스위스 프랑(1억 4천 5백만 달러)을, 2030－2036년 연간 3억 5천만 스위스 프랑을 기여하기로 약속하였다. 협정 패키지는 2025년 봄에 서명되어 2026년 의회에서 심의될 예정이다.[9]

## 4.4 유럽연합과 미국

### 유럽연합과 미국 간 관계발전

유럽연합과 미국 간 외교관계는 1953년 미국이 유럽석탄철강공동체(ECSC)에 옵서버를 파견하면서 시작되었다. ECSC를 창설한 파리 조약이 발효(1952.7.23.)한 이듬해였다. 아이젠하워(Eisenhower) 대통령의 특사로 파견된 데이비드 브루스(David K. Bruce) 국무 차관은 1953년 3월 3일 장 모네 집행위원장에게 신임장을 제출하였다.[10] 미국은 1952년 8월 11일 비회원국으로는 처음으로 ECSC를 승인한 바 있었다.

1954년 워싱턴 DC에 ECSC 집행위원회(European Commission) 대표부가 개설되었다. ESCS 재외 대표부는 처음이었다. 공보사무소로서 직원은

---

9) "The Commission and Switzerland complete negotiations to bring the EU－Switzerland bilateral relationship to a new level," Press Release, European Commission, 2024.12.20.; "Switzerland and EU reach deal on future bilateral relations," SWI swissin.ch, 2024.12.20.

10) Parliamentary Assembly, Council of Europe, "Activities of the Community (10th August, 1952 － 12th April, 1953)", Report, Doc. 121, 1953.5.7.

2명이었다. 이어서 1956년 룩셈부르크에 주ECSC 미국 대표부가 개설되었다. 미국은 1961년 브뤼셀에 주EC 대표부를 개설하였다. 양측은 2003년 11월 25일 브뤼셀, 2004년 5월 6일 워싱턴 DC에서 수교 50주년 기념행사를 개최하였다.

EC-미국 관계는 1990년 '대서양 양안 선언'(Transatlantic Declaration)을 채택함으로써 공식화되어 다양한 수준에서 양측 간 정기적인 정치대화가 시작되었다. 양측은 1995년 12월 3일 마드리드 EU-미국 정상회담에서 '대서양 양안 신어젠다'(The New Transatlantic Agenda)를 개시함으로써 서로의 협력을 더욱 진척시켰다.

유럽연합은 군사 면에서 최강인 미국에 비견할 수 없지만 다른 면에서는 미국에 필적한다. 인구, GDP 규모가 유사하며 면적은 미국 면적의 43%에 이른다. 유럽연합과 미국은 전 세계 GDP(2021년 96.1조 달러)의 42%를 차지하며 전세계 상품과 서비스 교역의 40%를 상회한다. 미국에 수출하는 EU 기업은 16만 4천 개가 넘으며 그중 중소기업이 9만 3천 개에 이른다.

유럽연합과 미국 비교[11]

| 구분 | 유럽연합 | 미국 |
|---|---|---|
| 인구 | 4억 5,182만 명 (2024 추정) | 3억 4,196만 명 (2024 추정) |
| GDP | 18.4조 달러 (2023) | 27.3조 달러 (2023) |
| 1인당 GDP | 40,824 달러 (2023) | 81,695 달러 (2023) |
| 면적 | 423만 ㎢ | 983만 ㎢ |

| 항목 | 정부형태 | 구성 | 인구/1인당 GDP | 법적 기초 | 안보·국방 | 통화 | 내부이동 |
|---|---|---|---|---|---|---|---|
| 미국 | 연방정부 | 50개 주(州) | 3억 4천만 명 81,695 달러(2023) | 헌법 | 연방정부 | 단일통화 | 이동자유 |
| 유럽연합 | 정부 간 기구/초국가협력 | 27개국 연합 | 4억 5천만 명 40,824 달러(2023) | 일련의 조약 | 각 회원국 | 단일통화 (20개국) | 솅겐지역 이동자유 |

| 항목 | 행정부 | 입법부 | 사법부 | 중앙은행 | 감사원 |
|------|--------|--------|--------|----------|--------|
| 미국 | 대통령, 15 부 | 상원, 하원 | 대법원-항소법원-지방법원/연방과 주정부 차원 | 연방준비제도이사회 FRB | 회계감사원 GAO |
| 유럽연합 | 정상회의 상임의장 집행위원장, 33총국 | 각료이사회, 유럽의회 | 유럽사법재판소-일심법원/EU외에 회원국 사법부 | 유럽중앙은행 ECB | 유럽회계감사원 ECA |

유럽연합과 미국 간 2021년 상품교역은 6,321억 유로에 달해 미국은 중국(6,960억 유로)에 이어 유럽연합의 두 번째 상대국이었다. 중국은 2020년 미국을 넘어 유럽연합의 최대 교역상대국이 되었다. 미국은 2022년 8,677억 유로, 2023년 8,488억 유로로서 다시 유럽연합의 최대 상품교역 상대국으로 복귀하였다.

상품과 서비스를 종합하면 유럽연합과 미국 간 연간 교역이 1조 5천억 유로(하루 40억 유로 상회)에 달하며 미국은 EU 교역의 불가결한 파트너이다. 유럽연합은 기후변화, 신기술의 발전, 인구변화 등 앞으로 당면하게 될 문제와 관련 지속적으로 다자주의에 입각한 해결책을 추구하면서 미국과 협력하기를 희망한다.

2022-2023년 유럽연합의 미국에 대한 수출입[12]

(단위: 억 유로)

| 항목 | 수출 | | 수입 | | 교역액 | | 수지 | |
|------|------|------|------|------|--------|--------|------|------|
| | 2022 | 2023 | 2022 | 2023 | 2022 | 2023 | 2022 | 2023 |
| 상품 | 5,086 | 5,023 | 3,591 | 3,465 | 8,677 | 8,488 | 1,495 | 1,558 |
| 서비스 | 2,992 | 2,924 | 3,962 | 3,964 | 6,954 | 6,888 | -970 | -1,040 |
| 계 | 8,088 | 7,947 | 7,553 | 7,429 | 15,631 | 15,376 | 525 | 518 |

11) 인구 및 면적: CIA The World Factbook, GDP 및 1인당 GDP: World Bank 통계 (2024.10.12. 열람)
12) "EU trade relations with the United States," European Commission (2024.10.9. 열람)

양측은 미국과 대다수 EU 회원국이 참여하는 나토를 통해서도 협력한 다.[13] EU 27개 회원국 중 23개국이 나토 회원국이다. 오스트리아, 사이프 러스, 아일랜드, 몰타 이외 모든 EU 회원국이다. 2022년 2월 24일 러시아 의 우크라이나 침공을 계기로 가입을 자제해 온 스웨덴과 핀란드도 나토 가입을 희망하여 핀란드에 이어 스웨덴도 나토 회원국이 되었다.[14]

## ▎비슷하지만 다른 입장

유럽연합은 전통적으로 미국과 긴밀하게 협력해 왔다. 제2차 세계대전 후 유럽에 평화를 정착시키며 유럽연합의 발전을 성원한 것도 미국이었다. 미국은 제2차 세계대전 후 제1차 세계대전 때와 달리 유럽에서 철수하지 않기로 결정하였다. 이는 서유럽에 안정을 가져와 유럽이 통합을 추진할 수 있는 기반이 되었다.

유럽연합은 유럽만큼 미국의 소산이다. 20세기 중엽 브뤼셀보다 워싱턴 에 유럽 연방론자가 더 많았다. 미국 상원은 유럽합중국 창출을 지지하는 결의안을 쏟아내었다. 미국의 마샬 플랜(Marshall Plan)도 유럽이 통합된다 는 전제에서 제공되었다. 미국 외교관 조지 케난(George Kennan)이 "미국 은 유럽 사람들이 민족이 아니라 유럽인으로 생각하도록 강요하였다"라고 말한 배경이다.[15]

유럽연합의 창설부터 발전과정에서 미국 역할이 매우 중요하였지만 미 국과 유럽연합은 형제간의 경쟁처럼 선의의 경쟁을 벌이기도 하였다. 미국 이 없이는 유럽연합을 상상할 수 없지만 유럽연합은 미국으로부터 독립된 목소리를 찾기 위해 끊임없이 노력해 왔다. 프랑스가 가장 앞에 섰지만 유 럽연합 내에 줄곧 그러한 목소리가 있었다.

---

13) '북대서양 조약기구'(North Atlantic Treaty Organization: NATO)는 흔히 '나토' 라고 한다.
14) 핀란드는 2023년 4월 4일, 스웨덴은 2024년 3월 7일 나토 회원국이 되었다.
15) "Charlemagne: The EU: Made in America," *The Economist*, 2021.6.19.

미국과 유럽연합은 민주주의, 시장경제, 법의 지배, 인권 등 가치를 함께 추구하는 전략적인 동반자이다. 양측이 추구하는 가치와 국익이 부합되는 만큼 많은 국제 문제에서 같은 입장에 선다. 윈스턴 처칠(Winston Churchill) 영국 총리도 "미국은 언제나 옳은 일을 할 것으로 의지할 수 있다. 다른 가능성을 모두 소진한 다음이기는 하지만."이라며 미국에 대한 신뢰를 보였다.16)

양측의 입장이 항상 같은 것은 아니다. 유럽연합은 트럼프 대통령의 정책에 우려가 많았지만 유럽에서 인기가 높던 오바마 대통령 때도 미국의 아시아 전환(pivot to Asia) 정책에 신경을 썼다. 미국이 관심을 아시아로 옮기면서 유럽의 안보부담 확대를 요구하고 유대를 단절시키려 한다고 우려하였다.17) 불가피한 정책전환으로 생각하였지만 섭섭함과 초조함도 묻어났다.

미국 네오콘 역사학자 로버트 케이건(Robert Kagan)은 화성에서 온 미국, 금성에서 온 유럽이라고 할 수 있을 정도로 양측 간에 차이가 있는 만큼 유럽과 미국은 공통의 세계관을 공유한다든가, 심지어 같은 세계에 산다는 가식을 보이는 것을 멈출 때가 되었다고 말하였다.18) 미국과 유럽은 서로 다름을 알게 되었다는 것이다.

트럼프 대통령은 2018년 7월 CBS 인터뷰에서 유럽연합이 전 세계에서 최대의 적 중 하나(one of the greatest foes globally)라고 말하였다. 트럼프 행정부 기간 중 유럽연합은 미국과 협조해 오던 사안에 대해서도 대립각을 세워야 하는 경우가 많았다. 트럼프 행정부는 기후변화 파리협정과 이란 핵합의에서 탈퇴하였다. 이는 미국과 유럽연합이 함께 만든 합의들이었다.

유럽연합은 이와 같은 트럼프 행정부의 태도에 곤혹스러워 했다. 중국 등에 대해 미국과 함께 대응하고자 하여도 미국 입장을 예측하기 어려웠

16) "Charlemagne: Whatever it took?" *The Economist*, 2021.5.15.
17) William Drozdiak, *Fractured Continent*, pp.xviii−xix
18) Markus K. Brunnermeier, et al., *The Euro and the Battle of Ideas*, p.4

다. 중국보다 미국이 더한 위협으로 다가올 정도였다. 트럼프 행정부는 유럽연합이 수출하는 철강에 대해 국가안보를 이유로 관세를 부과하였다. 미국법의 근거를 활용하기 위한 것이었지만 유럽연합은 미국의 안보 동반자로서 미국의 설명을 받아들일 수 없었다.

트럼프 행정부는 EU 생산 자동차, 특히 독일 자동차에 대한 관세를 수시로 위협하였다. WTO를 통한 무역분쟁 해결에도 반대하였다. 유럽연합은 다자주의 통상협력의 상징과도 같은 WTO에서도 미국과 협력하는 것이 어려움을 절감하였다. EU－미국 협의 외에도 EU·미국·일본 통상장관 협의체가 운영되며 중국에 대한 대응 등을 협의하였지만 불신이 남았다.

러시아 문제도 예외가 아니었다. 2014년 러시아의 크리미아(Crimea) 합병 후 양측은 함께 대응방안을 모색하고 이행하여 왔는데, 더는 협력하는 것이 쉽지 않았다. 유럽연합은 원칙을 지키며 러시아에 대한 제재를 유지하였다. 이러한 상황에서 트럼프 대통령이 G7 회의에 러시아를 복귀시키려는 것은 비현실적인 이야기로 들렸다.

유럽연합은 가치를 공유하는 미국이 아니라 중국이나 러시아와 협력해야 하는 상황을 안타까워했다. 2018년 9월 유럽의회 문서도 미국은 전통적으로 가장 가까운 동맹이나 트럼프 행정부 출범 이후 '미국 우선'(America First) 외교정책으로 이란 핵 합의, 나토 방위비 분담, 다자국제질서 등에서 이견이 드러나고 양측 관계의 영속성에 대해 의문이 제기되고 있다고 평가하였다.[19]

2021년 1월에 출범한 바이든 행정부는 미국의 귀환, 동맹의 귀환, 외교의 귀환을 표방하였다. 유럽연합과의 관계도 복원되기 시작하였다. 2021년 6월 15일 정상회의에서는 EU－미국 간 무역기술위원회를 출범시켜 반도체 공급망 강화, 비시장 무역관행 억제, 글로벌 기술회사 규제 관련 보

---

19) "State of EU－US relations," AT A GLANCE, Plenary － September 2018, European Parliament; "The future of EU－US relations" AT A GLANCE, Plenary － October 2021, European Parliament

다 통일된 접근 등을 추진하였다.

그러나 스위치를 껐다 켜는 것과 같이 쉽게 관계가 복원되는 것은 아니다. 바이든 행정부의 미국도 아프가니스탄 철수와 오커스(AUKUS) 출범 과정에서 유럽연합과 협의하지 않았다. 단 2022년 2월 24일 러시아의 우크라이나 침공을 계기로 유럽연합과 미국은 러시아와 중국에 대한 우려를 공유하며 협력을 강화하였다. 러시아에 대한 대응에서는 유럽연합이 제재를 선도하며 미국이 이를 지원하였다. 나토 내에서의 미국과의 협력도 강화되는 추세를 보였다.

다만 2025년 1월 20일 트럼프 2기 행정부가 출범하면서 다시 예측불가능한 상황이 전개되게 되었다. 유럽연합은 나름대로 대비해 왔지만 아무리 대비해도 부족하다고 느낀다. 트럼프 1기 행정부 당시 EU 정상회의 상임의장이던 도널드 투스크(Donald Tusk)는 자신의 부인의 말을 인용하는 형식으로 도널드는 한 명이면 충분하고도 남는다고 말하였다.[20] 유럽연합은 롤러코스트와 같을 트럼프 대통령의 미국과의 관계에 대한 걱정이 많다.

## 4.5 유럽연합과 중국

### 유럽연합-중국 관계

유럽연합은 1975년 중국과의 외교관계를 수립하였다. 유럽연합의 여타 전략적 동반자 국가에 비해 수교시기가 늦었다. 2023년 중국은 유럽연합에 대해 미국에 이어 두 번째 교역상대국이다. 양측 간 교역은 급속도로 발전하였지만 인권 관련 유럽연합의 대중국 제재와 중국의 대응조치가 취해지는 복잡한 관계로 발전하였다. 유럽연합은 중국의 전 세계적인 교역과 인프라 프로젝트 망에 대응하여 글로벌 게이트웨이 프로젝트(Global Gateway Project)를 이행하고자 한다.

---

20) Barbara Surk, "Donald Tusk's wife: 'One Donald is more than enough'," *Politico Europe*, 2016.11.5.

### 유럽연합의 전략적 동반자 국가와의 수교 연도

| 국가 | 미국 | 일본 | 캐나다 | 멕시코 | 브라질 | 인도 | 한국 | 중국 | 남아공 | 러시아 |
|------|------|------|--------|--------|--------|------|------|------|--------|--------|
| 수교년도 | 1953 | 1959 | 1959 | 1960 | 1960 | 1962 | 1963 | 1975 | 1992 | 1994 |

2020년에는 중국과의 상품교역(5,860억 유로)이 처음으로 미국과의 상품교역(5,550억 유로)을 추월하여 중국이 유럽연합의 최대 상품교역 상대국이 되었다. 2021년에는 중국과의 상품교역이 6,960억 유로, 미국과의 상품교역이 6,321억 유로였다. 2022년에는 미국과의 상품교역(8,677억 유로)이 다시 중국과의 상품교역(8,578억 유로)을 앞질렀다. 2023년에도 미국과의 상품교역(8,488억 유로)이 중국과의 상품교역(7,395억 유로)을 앞섰다.

유럽연합은 중국에 대한 대규모 무역적자를 지속적으로 겪고 있다. 유럽연합의 중국에 대한 해외직접투자는 2000년부터 2024년 1분기까지 1,770억 유로이다. 같은 기간 중국의 유럽연합에 대한 해외직접투자는 1,430억 유로이다. 유럽연합은 교역 및 투자에서 심각한 불균형이 있으며, 이는 시장개방성의 불균형에서 비롯된 것으로 판단하고 이를 시정하고자 한다.[21]

### 2022-2023년 유럽연합의 중국에 대한 수출입[22]

(단위: 억 유로)

| 항목 | 수출 | | 수입 | | 교역액 | | 수지 | |
|------|------|------|------|------|------|------|------|------|
| | 2022 | 2023 | 2022 | 2023 | 2022 | 2023 | 2022 | 2023 |
| 상품 | 2,304 | 2,236 | 6,274 | 5,159 | 8,578 | 7,395 | -3,970 | -2,923 |
| 서비스 | 647 | 673 | 483 | 433 | 1,130 | 1,106 | 164 | 141 |
| 계 | 2,951 | 2,906 | 6,757 | 5,592 | 9,708 | 8,501 | -3,806 | -2,782 |

유럽연합과 중국은 연례 정상회담(중국 총리 참석), 정기 부총리·장관 회

---

21) "China: EU trade relations with China, Facts, figures and latest develop-ments," European Commission (2025.1.16. 열람)
22) "EU trade relations with China", European Commission (2024.10.9. 열람)

담 및 60여 개 부문별 대화를 가져 한국과 유럽연합 간 40여 개 정례 대화채널보다도 많았다. 다만 중국과의 관계에서 많은 문제도 발생하여 2021년 EU 대외관계청은 관계가 악화되었다고 공개적으로 지적하였다.

'EU-중국 2020 전략적 협력 의제'(EU-China 2020 Strategic Agenda for Cooperation)에도 명기된 바와 같이 유럽연합은 중국과 포괄적 전략적 동반자관계를 발전시켜 왔다. △이란 핵 문제 협상 동참 △북핵 문제 논의 △기후변화 협력 등이었다. 트럼프 대통령 취임 후 미국이 △이란 핵합의(Joint Comprehensive Plan of Action: JCPOA) 탈퇴를 선언하고 △유럽연합과의 FTA(Transatlantic Trade and Investment Partnership: TTIP) 협상중단을 선언하면서 EU-중국 간 협력 필요성은 더욱 부각되었다.

유럽연합은 중국발 도전도 인식하였다. 2016년 7월 '중국 전략'(Strategy on China)을 채택한 데 이어 2019년 3월 EU 집행위원회, 대외관계청이 공동작업을 통해 "EU-중국: 전략적 조망" 보고서를 통해 중국관계를 전략적으로 평가하였다. 중국이 기회와 함께 도전을 준다며 △포괄적 전략적 동반자(comprehensive strategic partner) △경제적 경쟁자(economic com-petitor) △체제 라이벌(systemic rival)로서 복합적으로 정의하였다.[23] 마크롱(Macron) 프랑스 대통령은 유럽이 순진하던 때는 끝났다(The time of European naivete is ended)고 언급하였다. 중국은 체제 라이벌로 규정된 것에 대해 불편한 기색을 표출하였다. '체제 라이벌'을 중국어로 번역(制度性对手)하는 경우 적대관계를 의미하는 것이라고 말하였다. 2019년의 전략적 조망은 2023년 6월 EU 정상회의에서 재확인되었다.

2019년 3월 EU 정상회의는 결론(Conclusions)으로 강력한 경제 기반이 핵심적 중요성을 갖는다면서 공정경쟁, 상호주의, 상호이익을 위한 정책을

---

23) "EU-China - A strategic outlook: Joint Communication to the European Parliament, the European Council and the Council," European Commission, High Representative on the Union for Foreign Affairs and Security Policy, 2019.3.12.

추진한다고 하였다. 또 5G 네트워크 보안에 관한 EU 집행위원회의 권고를 기대하였다. EU 정상회의 결론은 산업정책을 표방하면서 사실 중국에 대한 우려와 대응방향을 제시하였다. 중국의 불공정관행에 대응해 EU의 이익을 지키겠다는 것이었다. 공공조달의 상호주의를 보장하며 무역 방어 수단을 사용한다고 하였다.

유럽연합의 중국 관계 규정은 미국 바이든 행정부 초기의 중국 관계규정과 매우 유사하였다. 유럽연합이 미국에 영향을 준 것 같았다. 바이든 행정부는 중국이 협력(cooperation), 경쟁(competition), 대치(confrontation)의 대상이라고 하였다. 3C의 관계인데 유럽연합이 중국 관계를 정의한 것과 같은 맥락이었다.

유럽연합은 자유무역 중시 전통에도 불구하고 미국과 통상마찰, 중국의 불공정관행을 반영해 2019년 3월 정상회의에서 보호주의적 입장을 결정하였다.[24) 유럽연합은 2019년 4월 9일 브뤼셀에서 중국과 연례 정상회담 시 과거보다 공격적으로 임하였다. 회담에 전례대로 도널드 투스크 EU 정상회의 상임의장, 장 클로드 융커 집행위원장, 리커창 총리가 참석하였다.

유럽연합은 50여 시간의 공격적인 협상을 통하여 정상회담 공동성명에 원하는 사항을 다수 포함시켰다. 포괄적 투자협정 관련 2019년 결정적 진전, 2020년 합의를 달성하기로 하는 한편 특정 원산지 명성을 인정하는 '지리적 표시' 등에 진전을 이루었다. 중국이 EU 우려를 이해하였다는 사실은 반영되었다. 그러나 중국의 이행을 담보하는 장치는 없었다.

## ▌중국 관련 인식변화

과거 유럽연합 내에는 중국이 아직 개도국이며 경제발전에 따라 내부변화가 일어날 수 있다는 기대가 있었으나 중국이 더 이상 개도국이 아니며 경제발전이 내부변화로 이어지지도 않는다고 인식이 바뀌었다. 중국에 일

---

24) 2019년 중반 유럽연합 인사들이 필자에게 들려 준 유럽연합 내부의 평가

자리를 빼앗기며 중국에 대한 의존도가 증대된다는 우려가 커졌다. 독일도
'교역을 통한 변화'(wandel durch handel) 기대가 실현되지 않았다고 인정
한다.

중국과의 관계는 홍콩 사태, 신장 위구르족 인권, 중국의 대만 공격 가
능성 등으로 더 복잡한 양상을 띠게 되었다. 다만 유럽연합이 할 수 있는
일은 많지 않았으며 양측이 추구하는 가치가 크게 차이가 난다는 것을 다
시 한번 인식하는 계기가 되었다. 러시아의 우크라이나 침공 이후 중국이
러시아를 지원하면서 유럽연합은 중국으로부터 더욱 소원해졌다.

중국과의 관계의 복잡성이 증대되었다. 유럽연합은 중국시장 내 외국기
업에 대한 차별이 존재하는 데다 수입대체 및 자급자족 정책, 특히 제조업
에서 과잉 생산을 야기하는 왜곡적인 산업정책을 추진하여 중국이 공정하
게 경쟁하지 않는다고 판단하였으나 중국에 대한 의존도가 높은 상황에서
탈동조화(decoupling)으로 나아갈 수는 없었다. 폰데어라이엔 집행위원장
이 탈동조화가 아니라 리스크를 제거하는(derisking) 정책으로 나아가겠다
고 표방한 이유이다.

중국 관계는 EU 회원국을 분열시키는 사안이다. 유럽연합은 중국의 일
대일로 정책에 대하여 회원국별로 다른 입장을 보였다. 2017년 6월 제네
바 인권이사회 당시에는 그리스가 반대하여 중국 인권상황에 대한 성명을
낼 수도 없었다.25) 그리스는 중국 투자에 대한 의존도가 컸다. EU 회원국
간 중국 문제에 관한 입장 차이가 드러나게 되었다.

EU 인사들은 중국이 유럽연합을 미국으로부터 가능한 한 분리시키려
하며 EU 회원국 간에도 서로 분리시키려 한다는 인식을 갖고 있다. 중국
이 유럽연합을 분할하여 지배하려고(divide and rule) 한다고 생각한다. 협
상에서도 중국은 EU 기관을 상대하기보다도 EU 회원국 수도를 통해 각국
정부를 상대하려는 태도를 보인다.

---

25) Robin Emmott, Angeliki Koutantou, "Greece blocks EU statement on China human rights at U.N." *Reuters*, 2017.6.18.

　중국이 17개 중동부 유럽국가와 협력(17+1 체제)을 가지며 매년 정상회담을 갖는 데 대하여 유럽연합은 중국의 투자에 취약한 국가를 볼모로 유럽연합의 약한 고리를 이용해 단일 보조를 취하지 못하도록 하려는 의도로 보았다. 회담이 개최되면 중국 고위인사가 중동부 유럽인사를 차례로 면담하는데, EU 인사는 황제가 알현을 받는 것 같다고 불평하였다. 리투아니아는 2021년 '17+1 체제'에서 탈퇴하고 중국의 압박에도 불구하고 대만이 '타이완'이라는 이름으로 대표부를 개설하는 것을 허용하였다.

　중국은 세관의 수입국 목록에서 리투아니아를 삭제해 리투아니아의 모든 상품에 대한 통관을 거부하였지만 라트비아와 에스토니아도 2022년 8월 11일 '17+1 체제'에서 탈퇴를 선언하였다. 따라서 2019년 그리스의 합류로 한때 '16+1 체제'에서 '17+1 체제'로 확대되었던 협력 구상은 '14+1 체제'로 축소되었다.

　유럽에는 러시아가 허리케인이라면 중국은 기후변화라는 평가가 있다. 중국이 보다 근본적인 문제라는 것이다. 피터 러들로우(Peter Ludlow) 유로코멘트(EuroComment) 회장은 중국과 어떤 관계를 가질 것인가 하는 문제는 유럽연합이 어떤 연합이 되고자 하는가라는, 존립에 관한 문제(articulus stantis et cadentis ecclesiase)라고까지 말하였다.26)

　EU-중국 투자협정이 2020년 12월 30일 타결되었다. 폰데어라이엔 위원장, 미셸 의장, 메르켈 총리, 마크롱 대통령, 시진핑 주석이 참석한 화상 정상회담에서였다. 투자협정 협상은 2014년 1월 시작되어 7년 만에 타결되었다. EU 측 요구사항이 많이 포함되었다. EU는 합작투자 의무 폐지, 강제 기술이전 금지 등을 성과로 홍보하였지만 곧 관심은 중국 전반으로 옮겨 갔다.27)

---

26) Peter Ludlow, Eurocomment (Pre-summit Briefing 2019/1): The China Question has become the *articulus stantis et cadentis ecclesiase\**. Or, when we ask what kind of relationship we want with China, we are in reality asking what kind of Union we want the EU to be. \* Justification Is Still The Article Of The Standing Or Falling Of The Church.

EU 외교이사회는 2021년 4월 16일 인도태평양 협력 관련 EU 전략 결론을 채택하였다.[28] 인도태평양에서 지정학적 경쟁이 강화되며 무역과 공급망 긴장이 고조되는 상황에서 규칙에 기초한 국제질서, 공정한 경제의 장을 만들고자 한다고 하였다. 문서는 중국과의 포괄적 투자협정 외에 중국을 거명하지 않았지만 중국의 불공정한 경쟁 등에 대책을 마련하고자 하였다.

유럽연합의 중국과의 복합적인 관계는 계속될 전망이다. 유럽연합은 미국에서 중국과의 탈공조화(decoupling)를 제기할 때에도 탈공조화가 아니라 리스크를 줄이는 것(derisking)이라고 하였다. 다만 수교 이후의 흐름을 보면 중국에 대한 우려와 이에 대한 대응이 강화된다. 중국은 상대적으로 중국의 영향력에 취약한 국가를 통해 유럽연합의 내부 단결을 막는다. 그리스, 포르투갈, 헝가리 등인데 최근에는 헝가리에 집중하는 모습을 보인다. 그러나 그럴수록 유럽연합 전체의 우려는 증대된다. 2022년 2월 24일 러시아의 침공으로 시작된 러시아－우크라이나 전쟁과 관련 중국이 러시아에 대한 결정적 지원을 계속하고 있는 것도 유럽연합이 중국으로부터 소원하게 하는 요인이다. 다만 유럽연합은 교역, 기후변화 등 중국과 협조해야 하는 사안도 많으며 미·중 관계 전개에 따라 영향도 받는 만큼 중국과 복합적인 관계를 가질 수밖에 없다.

## 4.6 유럽연합과 러시아

### 유럽연합과 러시아 관계의 변화

2022년 상반기 최장수 주EU 대사는 블라디미르 치조프(Vladimir Chizov)

---

27) European Commission － Press Release, "Key elements of the EU－China Comprehensive Agreement on Investment", Brussels, 2020.12.30.

28) "Indo－Pacific: Council adopts conclusions on EU Strategy for coopera－ tion" Council of the EU, Press release, 2021.4.19.

러시아 대사였다. 그는 2005년 부임하여 2022년 9월 상원의원으로 지명되어 귀국하기까지 17년 넘게 재임하였다. 러시아는 브뤼셀에 대사 3명을 파견하여 왔었다. 유럽연합, 벨기에, 나토 주재 대사이다. 다만 나토와의 관계는 2014년 러시아의 크리미아 병합 이후 경색되어 2018년 이래 대사가 공석이다.

EU 주재 외국대사들을 대표하는 외교단장(Dean)은 교황청 대사이다. 벨기에의 경우와 같다. 치즈프 대사는 가톨릭 국가인 벨기에가 교황청 대사에게 외교단장을 맡기는 것은 이해하지만 다양한 국가로 구성된 유럽연합이 교황청 대사에게 외교단장을 맡기는 것은 자신을 배제하려는 의도로 생각된다고 말하곤 하였다. 최장수 근무 대사에게 외교단장을 맡기는 관례가 있기 때문이다. 단 유럽연합은 주요 협의 시에 러시아를 빠뜨리지 않았다. 서로 견제하며 협조하는 미묘한 관계였다.

러시아가 2014년 3월 크리미아를 병합하기 전까지 유럽연합과 러시아는 전략적 동반자 관계를 발전시켜 왔다. △무역 △경제 △에너지 △기후변화 △연구 △교육 △문화 △안보를 포괄하였다. 안보 협력은 △테러대응 △핵비확산 △중동분쟁 해결을 포함하였다. 유럽연합은 러시아의 세계무역기구(World Trade Organization: WTO 가입)(2012년 완료)도 지원하였다.

유럽연합과 러시아는 1994년 6월 파트너십 협력협정(Partnership and Cooperation Agreement: PCA)을 체결(1997.12.1. 발효)하여 양측 관계의 법적 기초를 마련하였다. 2003년 5월 상트페테르부르크 정상회담 시 양측은 4개 '공동 공간'(Common Spaces)을 창설하여 협력을 강화하였다. ① 경제 공간, ② 자유·안보·사법 공간, ③ 대외안보 공간, ④ 연구·교육·문화 공간이었다.

2007년 양측은 노르웨이, 아이슬란드도 참여한 '신북방차원 정책'(new Northern Dimension Policy)을 수립하여 발트(Balt)와 바렌츠(Barents) 지역에서 초국경적인 협력도 추진하였다. 2008년 7월 새로운 'EU-러시아 기본 협정'을 위한 협의를 개시하였다. 정치대화, 사법, 자유, 안보, 경제협력, 연구, 교육, 문화, 무역, 투자, 에너지 등 분야에서 법적으로 구속력 있는 공약을 포함시키고자 하였다.

2010년 양측은 '근대화를 위한 파트너십'(Partnership for Modernisation)을 출범시켰다. 2011년 비자 간소화 협정을 위한 협상도 타결하였다. 그러나 2014년 3월 러시아의 크리미아 병합을 계기로 일부 대화와 협력이 중단되었다. 유럽연합은 러시아와의 △정기적 정상회담 △비자 관련 대화 △파트너십 협력협정을 대체하는 새로운 협정 체결을 위한 대화를 정지시켰다.

유럽연합의 가장 일관성이 없는 외교정책이 러시아 정책이었다. 프랑스는 러시아를 잠재적인 동맹으로, 독일은 경제협력 기회로, 폴란드는 생존 위협으로 인식하였다.[29] 러시아의 크리미아 병합에 따른 제재는 유지되고 있었지만 유럽연합은 러시아를 스스럼없이 대하였다. EU 대외관계청은 주요 행사 계기에 러시아 대사를 초대하였다.

헬가 슈미트(Helga Schmid) EU 대외관계청 사무총장은 2018년 7월 9일 고위 직원 송별만찬에 치조프 대사, 나탈리 사바나제(Natalie Sabanadze) 조지아 대사와 필자 등을 초청하였다.[30] 사바나제 대사는 덕담을 하면서도 유럽연합이 러시아에 대해 더 강경한 입장을 취하면 좋겠다는 의견을 밝혔다. 치조프 대사도 지지 않고 유럽연합이 조지아가 원하는 만큼 러시아에 강경한 태도를 취하지는 않을 것이라고 말하였다. 그만큼 격의 없는 대화가 이루어졌다.

## ▌우크라이나 전쟁 이전

유럽연합은 종래 러시아에 대해 '선별적 연계'(selective engagement) 전략을 취하였다. 이중경로접근(twin-track approach)을 통해 △러시아에 대

---

29) "Charlemagne: They told you so," *The Economist*, 2021.2.13.
30) Walter Stevens 정치안보위원회(Political and Security Committee) 의장의 주 주네바 대사 부임 관련 송별만찬이었다.

한 단계적 제재와 △우크라이나 동부지역 분쟁의 외교적 해결을 동시에 추진하였다. 2015년 7월 EU, 유럽 3개국(독일, 프랑스, 영국), 여타 3개국 (미국, 중국, 러시아)이 이란과 이란 핵합의를 도출하여 글로벌 협력 희망도 커졌다.

유럽연합은 2014년 3월 이래 러시아의 △크리미아 병합 △우크라이나 내 불안정 조장에 대한 대응으로 제한조치[restrictive measures(제재)]를 점 진적으로 취해 왔는데, 2015년 6월 17일 말레이시아항공 17호(MH17) 비 행기가 러시아가 지원하는 반군이 장악한 우크라이나 동부지역에서 격추 된 이후 제재를 강화하였다.

제재는 외교조치와 경제조치였다. 외교조치는 △G8에서 러시아 축출 △러시아의 OECD와 국제에너지기구(International Energy Agency: IEA) 가 입절차 중단 △정례 양자회담 중단 등이었다. 경제조치는 △러시아 은행· 기업의 EU 자본시장 접근 제한 △무기교역 금지 및 이중용도 물품 수출금 지 △원유생산·탐사 기술·서비스 접근 제한 △크리미아·세바스토폴과 경 제관계 제한 △유럽투자은행 및 유럽재건개발은행의 러시아 내 신규 금융 활동 중단 등이었다.

러시아는 유럽연합이 소위 "제재"를 부과하지만(유엔만이 합법적으로 국제 제재를 부과 가능) 제재 해제를 요청하지 않겠다는 입장이었다. 러시아는 대응조치를 취하며 유럽연합의 제재 해제 의지가 임계점에 이를 때까지 기다리겠다는 입장이었다. 상호 제재에도 불구하고 유럽연합은 러시아의 최대 무역상대, 러시아는 유럽연합의 5대 무역상대국이었다.

러시아는 아프가니스탄에 △마약단속 인원 훈련 △구소련제 헬리콥터(아 프간 정부가 전국적 행정을 수행하기 위해 긴요) 정비 등을 지원하며 유럽과 협 력하였다. 다만 나토가 발트해 국가(리투아니아, 라트비아, 에스토니아), 폴란 드에 각각 1개 대대의 병력을 배치하고 러시아가 대응조치를 취함으로써 러시아와 나토는 약한 냉전(Cold War Lite)으로 돌아갔다는 입장이었다.

EU 동부 국가들은 러시아의 군사 위협에 민감하다. 폴란드와 발트해 3국은 과거의 경험에서 러시아의 군사조치에 대비한다. 국경을 접하지 않는 노르웨이에서도 러시아의 침공을 가상한 TV드라마가 인기를 끌었다.31) 단 EU 회원국의 러시아의 위협에 대한 인식이 고르지 않았다. 서유럽 국가들은 러시아 관광객의 방문, 러시아와의 교역 등 기회 측면에 중점을 두었다.

2014년 4월 러시아의 크리미아 병합 이후 나토와 러시아 간 실질적 협력은 중단되었지만 나토-러시아 이사회(NATO-Russia Council: NRC) 협의는 연 3회 정도 개최되었다. 우크라이나 상황 협의, 상호 군사훈련계획 통보 등도 계속되었다. 2002년 설립된 NRC 협의는 당초 월 1회 이상 대사 및 군사대표 회의, 연 2회 외교·국방장관회의 및 합참의장회의, 수시 정상회의 외에 25개 이상 실무그룹 및 위원회 협의 등으로 거의 매일같이 회의가 개최되었었다.

나토는 2021년 10월 6일 주나토 러시아 대표부에 인가한 직책 수를 10개로 축소하여 러시아 직원 8명이 11월 1일까지 출국하도록 하였다. 러시아 외교부도 10월 18일 보복조치를 취하였다. 나토 군사연락단 활동을 정지하며 직원 인가를 11월 1일자로 취소하고 주러시아 벨기에 대사관 내 설치되어 있던 나토 정보사무소 활동도 종결시켰다. 주나토 러시아 대표부 활동을 정지하고 주벨기에 러시아 대사가 나토 본부와 비상연락을 유지하도록 하였다.

러시아는, 1949년 설립 이래로 나토의 목표는 헤이스팅스 이즈메이 (Hastings Ismay) 전 나토 사무총장의 말과 같이 유럽에서의 "미국 관여, 러시아 배제, 독일 억제"(keep the U.S. in, Russia out, Germany down)이고 그중 "러시아 배제" 목표는 확실하게 달성되고 있다고 자조적으로 말하곤 하였는데, 우크라이나 전쟁을 계기로 나토와 러시아 간 접촉점이 더 줄어들게 되었다.

---

31) 2015년에 1부, 2017년에 2부가 방송된 노르웨이 TV 시리즈 "점령(Okkupert: 영어 Occupied)"은 러시아가 유럽연합의 용인을 받아 노르웨이를 점령한다는 일어날 것 같지 않은 이야기이지만 상당한 인기를 끌었다.

## ▍러시아의 우크라이나 침공

2022년 2월 24일 러시아의 우크라이나 침공은 유럽연합과 러시아 관계의 분수령이었다. 유럽연합과 러시아 관계는 우크라이나 전쟁 전과 후로 나뉜다. 우크라이나 전쟁으로 탈냉전 시대는 확실히 종말을 고하였다. 제2차 세계대전 이래 가장 큰 지정학적 변동이 시작되었다. 유럽연합은 러시아 제재, 우크라이나 지원, 우크라이나 난민 수용 등 조치를 취하였다. 제재는 과거와 달리 러시아에 실제로 피해를 주는 제재였다. 러시아의 전략적인 계산을 바꾸게 하기 위함이었다.

러시아-우크라이나 전쟁은 과거 전쟁과 달랐다. 러시아의 침공은 몇 달 전부터 예측되었다. 미국은 2021년 11월부터 러시아의 침공동향 정보를 파악하여 우방국과 공유하며 언론에도 공개하였다. 빌 번스(Bill Burns) CIA 국장은 2021년 11월 초 모스크바 방문 시 니콜라이 파투르세프(Nikolai Patrushev) 연방안보서기 등 면담을 통해 러시아의 침공 의도를 확인하였다.32)

유럽 국가들은 러시아의 우크라이나 침공 가능성을 낮게 평가하였다. 러시아가 침공 계획을 일관되게 부인하였기 때문만은 아니다. 유럽 국가들은 푸틴 대통령의 러시아가 자신의 국익에 유리한 합리적 판단을 할 것으로 생각하였다. 유럽 국가들은 푸틴 대통령이 러시아의 국익에 불리하게 작용할 우크라이나 침공을 시도할 것이라고 생각하기는 어려웠다.

러시아는 왜 우크라이나를 침공하였는가? 일각에서는 바이든 대통령이 개입하지 않을 것이라고 미리 공언하는 약한 리더십을 보였으며 나토의 역량이 부실해진 것이 러시아의 침공을 방조하였다고 주장한다. 또 다른 일각에서는 미국이 추진한 나토 및 우크라이나와 협력 강화 속도 및 규모에 압박과 위기를 느낀 러시아가 전쟁을 감행하였다고 설명한다.

러시아의 우크라이나 침공 이후 미국과 유럽국가들은 단합하였다. 미국

---

32) Dana Massicot, "What Russia Got Wrong — Can Moscow Learn From Its Failures in Ukraine?" *Foreign Affairs*, March/April 2023

은 자신의 약한 리더십이 침공을 방조하였다는 주장을 선제적으로 무력화
할 필요가 있었고 유럽국가들은 러시아에 속임을 당하는 것으로만 보일
수 없었다. 러시아에 대한 제재가 신속하게 부과되었다. 2014년 러시아의
크리미아 병합 때와 달리 러시아에게 실제로 고통을 줄 수 있는 제재를 부
과하였다.

러시아는 예상과 달리 신속하게 전쟁을 끝내지 못하였다. 첫째, 우크라
이나 정부가 붕괴되어 괴뢰 정부가 수립될 것이라는 예측은 빗나갔다. 볼
로디미르 젤렌스키(Volodymyr Zelensky) 대통령은 키이우에 남아 국민 항
전을 독려하고 국제 사회의 지원을 호소하였다. 우크라이나 주민은 러시아
군의 동향을 사진, 동영상으로 인터넷에 올렸다. 통신망은 붕괴되지 않았
고 일론 머스크(Elon Musk)는 위성 인터넷 서비스를 제공하는 스타링크
(Starlink)를 지원하였다.

둘째, 서방은 러시아의 외환보유고 동결을 포함해 신속하고 광범위한
경제제재를 가하였으며 바로 1,000여 개의 기업이 러시아에서 완전히 철
수하거나 운영규모를 축소하였다. 서방이 우크라이나에 무기를 지원하였
다. 러시아는 이를 전쟁을 할 이유로 삼을 수 없었으며 조기 승전은 물건
너갔다. 미국 정보당국은 러시아의 군사계획을 상세히 파악하여 우크라이
나에 제공하였다.

셋째, 러시아는 작전 오류도 범하였다. 침공 계획은 푸틴 대통령과 소수
의 참모만이 참석하여 작성되어 작전상의 미비점이 지적되지 않았다. 러시
아 군 19만 명이 전면전으로 다수 전선에서 공격하는 것은 처음부터 불가
능한 작전이었다. 러시아 군은 우크라이나 군에 비하여 두 배의 병력, 무
기, 전투 경험에서 우위에 있었지만 이를 활용하지 못하였다.[33]

러시아는 우크라이나 침공 이유로 서방의 약속 위반을 든다. 베이커(Baker)
미국 국무장관이 1990년 2월 9일 모스크바에서 고르바초프(Gorbachev) 공산

33) Zoya Sheftalovich, "Putin's miscalculation," *Politico Europe*, 2022.2.26.

당 서기장에게 러시아가 독일 통일을 수용하면 나토는 동쪽으로 확대하지 않을 것이라고 약속하였는데 이를 어겼다는 것이다. 또한 1997년 나토-러시아 기본조약의 핵심인 서로를 적으로 간주하지 않으며 나토의 신규 회원국에 상주 전투력을 배치하지 않는다는 약속도 어겼다는 것이다.

러시아는 2007년 기존의 대미 협력을 중시한 수세적인 자세를 공세기조로 전환하였다. 러시아의 경제 회복, 푸틴 대통령의 성향, 국내정치가 배경이었다. 러시아는 2000년대 유가상승에 따른 경제회복과 2006년 서방 부채 청산으로 자신감이 있었다. 푸틴은 강대국 러시아를 부활시켜야 한다는 신념을 가지고 있었는데, 강력한 러시아를 구축하는 것은 국민의 지지를 받았다.

2007년 2월 푸틴의 뮌헨 안보회의 연설은 러시아 대외정책의 터닝포인트이며 신냉전의 '포고문'으로 인식된다. 러시아가 독자의 길을 가겠다는 선언이었다. 실제로 러시아는 2008년 조지아 전쟁, 2014년 크리미아 반도 병합에서 적극적으로 군사력을 행사하였는데 크리미아 합병 직후 푸틴 대통령의 국내 지지도는 90%를 육박하였다.

우크라이나는 지정학적으로 중요하다. 서방과 러시아 간 전략적 위치에 넓은 영토를 보유한다. 군사적으로 중요한 완충지대로 유럽의 동서남북을 연결하는 교차로이다. 러시아를 포함한 유럽에서 인구 8위(3,898만), 영토 2위(603,628㎢), 천연자원 부국, '유럽의 빵 바구니'(breadbasket of Europe)로도 불리는 세계 3대 곡물 수출국이며 건실한 산업기반을 갖고 있다. 러시아는 러시아 횡단 이데올로기에 따라 우크라이나를 침공하여 영토, 인구, 재원을 확보하고자 하였다.[34]

우크라이나가 1991년 독립할 당시 국내에 있던 핵무기를 포기하지 않았

34) Reinhard Biedermann, "Putin's War and Shifts in the European Union—Russia—China Strategic Triangle: Quo Vadis Eurasian Connectivity?" Contemporary Chinese Political Economy and Strategic Relations," *An International Journal*, Vol. 8, No. 3, December 2022, p.712

다면 러시아의 침략은 없었을 것이라는 주장도 제기된다. 필자가 2018년 4월 25일 면담한 바딤 프리스타이코(Vadym Prystaiko) 나토 주재 우크라이나 대사도 우크라이나가 핵무기를 보유하고 있었다면 러시아가 크리미아를 합병하고 우크라이나와 분쟁을 할 수 없었을 것이라는 의견이 있다고 소개하였다. 다만 당시에도 핵무기는 러시아의 통제하에 있었다. 우크라이나는 비핵무기 국가로서 NPT에 가입하여 독립을 국제적으로 인정받는 것이 급선무였다. 체르노빌 재난에 따른 환경영향도 아직 고통을 주고 있었다.[35]

우크라이나 전쟁은 단기간에 끝나지 않았다. 며칠이면 우크라이나를 굴복시킬 수 있을 것이라는 러시아의 기대는 빗나갔다. 마크 밀리(Mark Milley) 미국 합참의장도 러시아가 우크라이나를 전면적으로 침공하면 키이우가 72시간 이내에 함락될 수 있을 것이라고 말한 것으로 보도되었다.[36] 그러나 실제로는 러시아가 승리하는 것이 물리적으로 어려웠고, 우크라이나는 현상변경을 수용할 명분이 없었다.

유럽연합은 러시아에 대한 제재를 단계적으로 강화하였다. 러시아의 우크라이나 침공 직후 2022년 2월 23일 제1차 제재 패키지가 채택되었고, 이후로도 단계적으로 제재 패키지가 추가되었다. 제2차 제재 패키지에서는 푸틴 대통령과 라브로프 외교장관이 제재 대상으로 추가되었다. 제3차 제재 패키지는 모든 러시아 항공기에 대해 EU 영공을 닫고 러시아 중앙은행과의 거래를 금지하였다.

제4차 제재 패키지에서 러시아 에너지 분야에 대한 새로운 투자를 금지한 데 이어 제5차 제재 패키지에서는 러시아 석탄과 화석연료 수입을 금지하고 러시아의 모든 선박에 EU 항구를 폐쇄하였다. 제6차 제재 패키지는 러시아 원유와 석유제품을 포함하였다. 2024년 12월 16일 제15차 제재

---

35) Polina Sinovers Ed., *Ukraine's Nuclear History: A Non-proliferation Perspective*, p.84
36) Jacqui Heinrich, Adam Sabes, "Gen. Milley says Kyiv could fall within 72 hours if Russia decides to invade Ukraine: sources," *Fox News*, 2022.2.5.

를 부과하며 계속하여 제재를 강화하며 확대하여왔다.

제재의 어려움은 대상 국가의 전략적 계산을 단기간에 바꾸지 못하는 것이다. 그러나 제재는 경직성이 있다. 일단 부과되면 해제하기 어렵고 쌍방 관계를 오랜 기간 개선시키지 못한다. 유럽연합과 러시아의 교역은 지속적으로 감소되었다. 러시아는 중국에 더욱 밀착하게 되었다. 다만 중국에 대한 의존 심화는 러시아의 자주 공간을 줄이는 어려운 문제를 제기하였다.

당초 러시아는 유럽연합의 세 번째 무역상대국이었다. 2014년 러시아의 크리미아 병합 이후 스위스가 러시아를 앞지르고 2020년 브렉시트 이후 영국도 러시아를 앞섰지만, 러시아는 유럽연합의 다섯 번째 무역상대국이었다. 유럽연합과 러시아는 당초 경제적인 연계를 강화하였는데, 이는 높은 수준의 경제적 상호 의존성 때문이었다.[37]

### 2022-2023년 유럽연합의 러시아에 대한 수출입[38]

(단위: 억 유로)

| 항목 | 수출 | | 수입 | | 교역액 | | 수지 | |
|------|------|------|------|------|--------|--------|--------|--------|
| | 2022 | 2023 | 2022 | 2023 | 2022 | 2023 | 2022 | 2023 |
| 상품 | 550 | 383 | 2,027 | 507 | 2,577 | 890 | -1,477 | -123 |
| 서비스 | 187 | 119 | 95 | 49 | 282 | 168 | 92 | 70 |
| 계 | 737 | 502 | 2,122 | 556 | 2,859 | 1,058 | -1,385 | -53 |

미국·유럽 대 중국·러시아 대립구도가 강화되어 북한이 대륙간탄도미사일을 발사해도 유엔 안보리는 대응조치를 취하기 어려웠다. 중국과 러시아는 결의안은 물론 의장성명도 막았다. 중국과 러시아는 오히려 미국을 비난하였다. 과거 북한이 핵실험, 장거리 미사일 발사 자제라는 모라토리

---

37) Irina Busygina, *Russia-EU Relations and the Common Neighborhood: Coercion vs Authority*, p.83
38) "EU trade relations with Russia," European Commission (2024.10.09. 열람)

엄 조치를 취한 데 대해 미국이 상응조치를 취하지 않아 기회를 잃었다는 것이었다.

러시아가 젤렌스키 정부를 축출하고 괴뢰 정부를 수립하려고 하였다면 실패한 것이다. 러시아가 나토의 동방 전진을 막으려고 하였다면 이 목표도 실패다. 나토는 마크롱 대통령이 뇌사상태에 있다고 평가할 정도인 때도 있었지만 러시아의 우크라이나 침공을 계기로 단결을 강화하였다. 나토 가입을 자제해 온 핀란드, 스웨덴도 나토에 가입하게 되었다.

스웨덴과 핀란드는 2022년 5월 18일 나토 가입 신청서를 제출하였다. 2022년 7월 5일 나토와 양국 간 가입 합의서가 체결되었다. 7월 5일 당일 캐나다, 아이슬란드, 노르웨이가 인준한 것을 비롯해 모든 나토 회원국의 인준절차가 진행되어 핀란드가 2023년 4월 4일 먼저 가입하였다. 스웨덴은 튀르키예, 헝가리의 인준을 받는 데 더 시간이 걸렸지만, 결국 2024년 3월 7일 나토에 가입하였다.

우크라이나도 당장 나토에 가입하기 어려운 상황에서 유럽연합 가입 희망을 밝혔으며 호응을 받았다. EU 정상회의는 2022년 6월 23일 우크라이나와 몰도바에 가입 후보국 지위를 부여하며 조지아도 중요 사항을 충족하면 가입 후보국 지위를 부여하기로 하였다. 수년 걸리는 과정이 단축되어 우크라이나와 몰도바는 3개월여 만에 후보국이 되었다.

러시아의 우크라이나와의 전쟁이 장기화됨에 따라 유럽연합과 미국은 러시아를 장기적으로 고립시키기 위한 전략까지 검토하였다. 제2차 세계대전 종료 직후에 채택되어 구소련의 붕괴에 이르기까지 서방의 전략이 되었던 봉쇄전략이 다시 거론되었다.[39) 서방이 러시아의 푸틴 정권 교체까지 염두에 둠에 따라 유럽연합과 러시아 간의 관계에 장기간에 걸치는 변화가 나타났다. 유럽국가들은 러시아의 우크라이나 침공에 따른 전쟁을 계기로 러시아의 역정보 공작에 대한 경계를 더욱 강화하였다.

39) Karen DeYoung and Michael Birnbaum, "U.S., allies plan for long-term isolation of Russia," *The Washington Post*, 2022.4.16.

EU와 러시아가 이란 비핵화를 위해 함께 협력했던 때는 좋은 옛날이었다. 푸틴 대통령의 퇴진 후에야 진정으로 새로운 관계를 기대할 수 있는 것이 현실이다. 다만 2024년 11월 미국 대통령 선거에서 트럼프 전 대통령이 당선되어 많은 변화가 일어나고 있다. 트럼프 대통령이 과거 공언한 대로 24시간 내에 전쟁을 끝내는 것은 아니지만 조기 종전을 추진하면서 우크라이나가 종전 협상에서 배제되고 미국과 러시아 간에 협상이 개최되기도 하였다.

아이러니하게도 폰데어라이엔 EU 집행위원장이 공언한 지정학적인 EU 집행위원회는 확실하게 실현될 기회를 맞았다. 전례 없는 제재, 이탈 주민 임시보호 체제, 에너지 다변화, 효율적이며 가속화된 EU 대체 입법, 확대 정책 부활, 방위비 증대, 유럽평화기금 개발 및 활용 등은 처음이었다.[40] 그러나 이러한 상황이 유럽연합에 반가운 것은 아니다.

## 4.7 유럽연합과 일본

유럽연합과 일본은 선진산업을 갖춘 민주정치체로서 민주주의, 법의 지배, 인권 등 가치를 공유하며 공통이해를 가지고 UN, WTO, G7과 G20 등 국제포럼에서 긴밀히 협력한다. 1970－1980년대 무역이 협력의 중심이었으나 협력 범위가 증대되어 왔다. 1959년 주벨기에 일본대사가 초대 주EC 대사를 겸임하였다. 1974년 주일본 EC 대표부, 1975년 주EC 일본 정부대표부가 개설되었다.

양측간 1984년 첫 장관회담이 개최되었으며 1991년 첫 정상회담이 개최되었다. 양측 관계는 경제협력을 중심으로 문화관계 등으로 발전하였다. 1991년 EC 및 회원국과 일본은 공동선언을 통해 상호협력을 강화하기로

---

40) Nathalie Tocci, "A geopolitical union: How has Russia's invasion of Ukraine transformed Europe?" in *POLITIQUE ETRANGERE* Issue 3, 2023, pp. 37－48, I.F.R.I.

결정하였다. 2001년 유럽연합과 일본은 기본가치를 공유하는 것을 기반으로 전략적 동반자 관계(Strategic Partnership)를 수립하였다.

2011년 5월 유럽연합과 일본은 국제정세의 변화에 따른 상호 간 협력을 포괄적으로 규정하는 협정체결을 위한 교섭을 시작하기로 하였다. 그 결과 양측 간 '전략적 동반자 관계 협정'(Strategic Partnership Agreement: SPA)이 2018년 7월 17일 도쿄에서 개최된 양측 정상회의 계기에 서명되어 2019년 2월 1일 잠정 발효되었으며 모든 회원국의 비준을 얻어 2025년 1월 1일 정식으로 발효되었다. 유럽연합만이 아니라 회원국과 일본 간 체결되었다는 점에서 최초의 사례였다.

'전략적 동반자 관계 협정'은 정치대화, 정책협조뿐만 아니라 지역 및 범세계적 도전(환경, 기후변화, 개발정책, 인도지원, 인도정책) 관련 협조를 규정한 법적으로 구속력 있는 합의이다. 민주주의, 법의 지배, 인권 및 기본적 자유라는 가치와 원칙을 공유하는 양측이 지구적 규모의 과제를 포함하는 공통 관심사항에 대한 전략적 파트너십을 강화해 나가는 법적 토대가 된다.

정치적, 규범적 협력을 규정하였는데도 "법적으로 구속력 있는 합의"라고 한 것이 주목된다. 유럽연합이 적극적이었고 일본은 '경제 동반자 관계 협정' 체결을 위하여 호응하였다. 양측은 중국을 염두에 두고 협력할 필요도 있었다. 일본은 브렉시트 이후 유럽연합에 대한 주된 창구이던 영국을 대체할 방안도 찾아야 하였다.[41]

'전략적 동반자 관계 협정'과 함께 '경제 동반자 관계 협정'(Economic Partnership Agreement: EPA)은 양측 간 관계를 새로운 전략적 수준으로 높였다. 양측은 '경제 동반자관계 협정'이 서로 성장을 촉진하는 야심적이며 포괄적 협정이 되도록 의도하였다. 2017년 12월 8일 협상이 완료되어 2018년 7월 17일 서명되었으며 2019년 2월 1일 발효되었다.

유럽연합과 일본은 전세계 GDP의 28%를 차지하고 있었다. 전 세계 무역

---

41) "Japan-EU relationship: Recommendation on SPA," Konrad Adenauer Stiftung Japan Office, 2020, pp.12-16

에서는 더 큰 비중을 차지하여 37%에 달하였다. 유럽연합은 일본의 제3위 무역상대였고 일본은 유럽연합의 제7위 무역상대국으로서 아시아에서는 중국에 이어 두 번째 상대국이었다.

**유럽연합과 일본의 인구, GDP, 무역총액**

| 구분 | 인구 | GDP | 무역총액 |
|---|---|---|---|
| 유럽연합<br>(EU 28개국) | 5.1억 명 (6.8%) | 18.7조 달러<br>(22.1%) | 12.9조 달러<br>(33.2%) |
| 일본 | 1.3억 명 (1.7%) | 5.0조 달러 (5.9%) | 1.5조 달러 (3.8%) |
| 유럽연합+일본 | 6.4억 명 (8.4%) | 23.7조 달러<br>(27.9%) | 14.4조 달러<br>(37.0%) |

2018년 당시: 괄호 안은 세계 전체 대비 비중

2019년 2월 1일부로 일본은 유럽연합으로부터의 수입품 중 91%에 대해 관세를 부과하지 않게 되었다. 양측 간 EPA가 전면 발효되면서 유럽연합으로부터의 수입품 중 97%에 관세가 면제되었다. 잔여 3%는 주로 농산물인데, 이에 대해서도 쿼터 및 관세 축소가 이루어진다. 일본의 수출에 대한 유럽연합의 관세 철폐율은 약 99%에 이르게 되었다.

유럽연합은 매년 650억 유로 이상 상품을 일본에 수출하여 60만여 개 일자리가 일본에 대한 수출과 연계되어 있었다. 일본은 매년 약 700억 유로의 상품을 유럽연합에 수출하고 있었다. 또 일본은 유럽연합에서 50만 명 이상을 고용하고 있었다. 2017년 유럽연합의 일본에 대한 서비스 수출은 347억 유로, 일본의 유럽연합에 대한 서비스 수출은 183억 유로에 달하였다.

양측은 EPA 체결 시 세계 각국의 보호주의 움직임과 특히 중국의 시장 왜곡조치(산업보조금, 강제적 기술 이전 등), WTO 도하 라운드 정체 및 현대화 필요성 등을 염두에 두었다. 트럼프 대통령이 이끄는 미국의 보호무역 성향과 중국의 시장왜곡 조치는 유럽연합과 일본이 우려를 공유하면서 상호 협력을 가속화하는 배경이 되었다.

유럽연합과 일본은 외교안보정책, 기후변화, 연계성, 개인정보 보호(2019년 1월 상호인정협정 체결, 양측 간 자유로운 개인정보 유통 허용), 해양문제 및 EU의 호라이즌 2020(Horizon 2020) 프로그램을 통한 연구·혁신, 국제열핵융합실험로 관련 협력을 진행한다. EU의 에라스무스 문두스(Erasmus Mundus) 프로그램과 그 후속 에라스무스 플러스(Erasmus+) 프로그램은 인적교류에 기여한다.

유럽연합은 당초 일본과의 EPA에 관심을 갖지 않았으나 2017년 1월 트럼프 행정부가 출범하자 상황이 바뀌었다. 유럽연합은 미국과 통상 문제가 대두될 것에 대비하여 여타 무역상대와의 관계를 진전시켰다. 유럽연합은 FTA 문안 법률 검토에 매우 까다로운데 트럼프 행정부와 다자 통상협력 체계를 발전시키기 어려울 것이라고 우려하여 여타국과 FTA 체결에 속도를 높였다.

양측은 투자협정을 분리해 유럽의회 비준만으로 EPA가 발효할 수 있게 하였다. 투자협정은 EU 회원국의 비준이 필요하며 시간이 걸리기 때문이었다. 일본은 중도우파인 유럽국민당(EPP) 그룹, 브렉시트를 추진한 보수 개혁연합(ECR) 그룹으로부터도 비준 지지를 확보하였으나 사회당(S&D) 그룹의 지지를 얻는 것이 가장 어려웠다고 회고한다.[42]

융커 EU 집행위원장은 2019년 10월 31일로 임기가 만료되기(실제는 새로운 집행위원회의 구성 지연으로 2019년 11월 30일까지 근무) 전에 아베 총리를 브뤼셀로 초청하여 작별 인사를 나누었다. 융커 위원장은 재임 기간 중 양측 관계가 증진되어 미국과의 통상 협상에 자신 있게 임할 수 있었다고 아베 총리에게 사의를 표명하였다. EPA, SPA, 개인정보보호의 상호적정성 평가를 통해 양측 간 관계를 증진하였다고 말하였다.

---

42) 고다마 가즈오 주EU 일본대사의 필자를 포함한 주EU 외교단에 대한 언급

융커 집행위원장은 2019년 6월 오사카에서 개최된 G20 정상회의 때 아베 총리를 초청하였다. 2019년 9월 27일 브뤼셀에서 유럽연합이 주최하는 EU-아시아 연계성 회의(EU-Asia Connectivity Forum)에 주빈으로 초청해 아베 총리가 브뤼셀을 방문할 명분을 만들었다. 융커 위원장과 아베 총리는 연계성 문서에 서명도 하였는데 사실 대부분 이미 G20 계기에 채택된 내용이었다. 다만 일본은 유럽연합이 '인도·태평양'이라는 표현을 처음 수용한 데 대해 의미를 부여하였다.

양측 간 EPA에 힘입어 유럽연합과 일본의 교역은 계속 증가하였다. 유럽연합은 일본과 고위경제대화(High Level Economic Dialogue)를 통해 통상·경제 문제를 협의한다. 2024년 5월 4일에는 파리에서 개최된 OECD 장관위원회 회의 계기에 발디스 돔브로브스키스(Valdis Dombrovskis) 수석부집행위원장, 가미가와 요코 외상, 사이토 겐 경제통상산업장관이 고위경제대화에 참석하였다.

2022-2023년 유럽연합의 일본에 대한 수출입[43]

(단위: 억 유로)

| 항목 | 수출 | | 수입 | | 교역액 | | 수지 | |
|---|---|---|---|---|---|---|---|---|
| | 2022 | 2023 | 2022 | 2023 | 2022 | 2023 | 2022 | 2023 |
| 상품 | 713 | 640 | 700 | 705 | 1,413 | 1,345 | -130 | -65 |
| 서비스 | 372 | 363 | 170 | 180 | 542 | 543 | 202 | 183 |
| 계 | 1,085 | 1,003 | 870 | 885 | 1,955 | 1,888 | 72 | 118 |

## 4.8 유럽연합과 중동·아프리카

유럽연합은 중동과 아프리카에 많은 관심을 갖는다. 중동은 석유 등 자원이 대량 매장된 지역이며 아프리카는 성장 잠재력을 갖고 있는 곳이다.

---

43) "EU trade relations with Japan," European Commission (2024.10.9. 열람)

유럽의 전략적 지역인 지브롤터(Gibraltar)에서 바다 너머로 아프리카 대륙을 육안으로 볼 수 있다. 중동과 아프리카는 늘 유럽에 지리적으로 가까운 이웃이었다. 특히 사하라 사막 이북의 아프리카와 중동은 더욱 그러하였다.

난민과 이주민 증대는 EU 회원국에서 극우정당이 힘을 얻는 배경이 되었다. 외국인의 이민에 우호적인 국가에서도 난민과 이주민의 대거유입은 사회보장제도 등에 부담을 가져왔다. 유럽연합이 중동과 아프리카의 인구동향에 관심을 가지고 이 지역에 대한 원조를 확대하여 생활 여건을 개선함으로써 젊은이들의 해외이주 유인을 줄이려고 하는 배경이다.

인구학자인 폴 몰랜드(Paul Morland)는 "인구가 역사를 결정하는 것은 아니지만 역사의 방향에 영향을 미친다"라고 말하였다.[44] 인구 추세가 달랐더라면 역사의 방향이 바뀌었을 사례도 많다. 중동과 북아프리카의 사회적, 경제적 어려움도 인구와 무관하지 않다. 급속도로 팽창하는 젊은 인구가 경제적으로 통합되지 못하여 사회에 생산적인 기여를 할 기회가 막힐 때는 국정이 실패하고 내전이 발발하기까지 한다.

유럽연합은 '메나'(Middle East and North Africa: MENA)라면서 중동과 북아프리카를 함께 고려하여 정책을 마련한다. △유럽근린정책(European Neighborhood Policy: ENP)을 통해 중동과 북아프리카 국가의 정치·경제 개혁을 독려하며 △지중해 연합(Union for the Mediterranean)을 통해 역내 국가 간 상호 지역협력 및 유럽연합과의 지역협력을 독려한다. 내부변화와 외부협력을 추동한다.

유럽근린정책은 유럽연합이 2004년 10개의 새로운 회원국을 받아들인 이후 주변국과 새로운 경계선을 만들지 않도록 2004년 시작되어 2015년 개정되었다. 유럽연합은 남부 및 동부 이웃 국가들과 함께 지역 안정, 안보 및 번영을 구축하고자 한다. 'EU의 외교안보정책을 위한 범세계적 전략'(Global Strategy for the European Union's Foreign and Security Policy)에

---

44) Paul Morland, *The Human Tide: How Population Shaped the Modern World*, p.236

따른 것이다.

유럽연합은 아랍국가와 이스라엘 간 분쟁해결에 이해관계를 가지고 이스라엘과 팔레스타인 간 2개 국가 건설을 통한 평화수립 방안을 지지한다. 유럽연합은 사우디아라비아, UAE, 바레인, 쿠웨이트, 오만, 카타르 간 지역협력체인 걸프 협력위원회(Gulf Cooperation Council: GCC)와도 협력하는데, 사우디아라비아·UAE를 한편으로 하며 카타르를 다른 편으로 하는 긴장을 겪기도 하였다.

유럽연합은 개발협력사업도 활용한다. 이란, 이라크, 예멘에 대해 개발협력사업을 시행한다. △이란은 아프간 난민 수백만 명을 수용하였으며 △이라크는 안보를 확립해야 하였고 △예멘은 수년간의 무력충돌 결과로 인도적인 위기를 맞고 있었다. 이러한 문제가 악화되면 유럽연합에 바로 영향을 미칠 수 있었다. 개발협력이 유럽연합의 중요한 외교정책 방편이 되는 사례이다.

유럽연합은 아프리카와 △3년마다 정상회의를 개최하며 △정기적으로 장관급 회의를 갖는다. EU 각료이사회에서 EU-아프리카 관계를 다루는 조직은 △아프리카 실무그룹(Africa Working Party: COAFR) △MAMA 실무그룹(Mashreq/Maghreb Working Party)과 △ACP 실무그룹(Africa, Caribbean and Pacific Working Party) 등이 있다.

EU-아프리카 협력 분야는 △무역 △개발 △안보 △이주민 △테러리즘 대응 등이다. 무역 관련 48개 사하라 이남 아프리카 국가들과 일련의 경제동반자 협정(Economic Partnership Agreement: EPA)을 체결해 협력한다. 아프리카 개발 프로그램에 자금을 제공한다. 대부분 유럽개발기금(European Development Fund: EDF)에서 제공된다. EDF의 2014-2020년 예산은 305억 유로에 달하였다. 이후 2021-2027 다년도 재정운영계획에 일반예산으로 포함되었다. 유럽연합은 2019년 약속한 "아프리카로의 중심축 이동"(Pivot to Africa)을 이행하고자 한다.

## 4.9 유럽연합과 나토45)

### 유럽연합과 나토의 관계

유럽연합 본부와 나토 본부 간 거리는 멀지 않다. 둘 다 벨기에의 브뤼셀에 위치하고 있다. 유럽연합 본부는 브뤼셀 중심에 위치하고 있으며 나토 본부는 브뤼셀 외곽에 위치하고 있다. 유럽연합이 제2차 세계대전 이후 유럽의 번영과 통합을 이끌어오는 한편 나토가 안보 방파제로서 기능을 해온 두 기둥이 된 것을 상징하듯 가까이 있다.

유럽국가로 구성된 유럽연합과 달리 나토는 대서양 넘어 미국과 캐나다, 서아시아의 길목에 위치한 튀르키예도 포함되어 있다. 유럽연합 27개 회원국 중 23개국이 나토 회원국을 겸하게 되며 인구로는 97%가 나토에 포함된다. 유럽연합에 가입하는 국가가 나토를 징검다리로 삼는 경우도 있다. 유럽연합은 회원국 국내정치에 관여하는데, 나토는 국내정치에 관대하기 때문이다.

스웨덴과 핀란드는 나토 가입을 자제하여 온 만큼 다른 경우지만 아래 표와 같이 EU와 나토 공통 회원국 중 서독을 제외한 많은 국가가 나토에 가입한 이후 유럽연합에 가입하였다. 최근 사례인 크로아티아는 2009년 4월 나토에 가입하고 4년 후 유럽연합에 가입하였다. 알바니아(2009년 나토 가입), 몬테니그로(2017년 나토 가입)와 북마케도니아(2020년 나토가입)는 EU 가입 후보국이다.

다른 발칸 국가인 세르비아는 다르다. 세르비아는 유럽연합 가입은 희망하지만 나토 가입은 희망하지 않는다. 튀르키예는 나토 창립초인 1952년 2월 나토에 가입했지만 유럽연합 가입은 요원하다. 노르웨이는 나토 창립 회원국이나 유럽연합에 가입하지 않는다. 유럽연합 회원국인 오스트리아, 사이프러스, 아일랜드, 몰타는 나토 가입을 추진하지 않는다.

---

45) 김형진, "새로운 EU 지도부의 도전과 과제: NATO와의 관계, Brexit 등," *외교* 제131호, pp.36-43

유럽연합과 나토 공통 회원국의 가입 연도

| 유럽연합과 나토 공통 회원국 (23개국) | 나토 가입 | 유럽연합 가입 |
|---|---|---|
| 프랑스, 이탈리아, 벨기에, 네덜란드, 룩셈부르크 | 1949 | 1951 |
| 영국, 덴마크 (영국은 2020년 EU 탈퇴) | 1949 | 1973 |
| 포르투갈 | 1949 | 1986 |
| 그리스 | 1952 | 1981 |
| 서독 | 1955 | 1951 |
| 스페인 | 1982 | 1986 |
| 체코, 폴란드, 헝가리 | 1999 | 2004 |
| 슬로바키아, 슬로베니아, 에스토니아, 라트비아, 리투아니아 | 2004 (3.29.) | 2004 (5.1.) |
| 루마니아, 불가리아 | 2004 | 2007 |
| 크로아티아 | 2009 | 2013 |
| 핀란드(2023.4.4.), 스웨덴(2024.3.7.) | 2023/2024 | 1995 |

유럽연합과 나토는 회원국 간 협력에서 안과 밖을 구성한다. 유럽연합이 경제통상 관련 커다란 역할을 하는 데 비해 국방 관련 미미한 역할밖에 하지 못한다고 지적받기도 하지만 프랑스, 독일을 제외한 많은 EU 회원국은 국방 부문에 중복투자를 원치 않는다. 국방은 나토가, 번영은 유럽연합이 담당한다는 인식이다. 유럽연합은 국방 관련 역할을 하더라도 주로 위기관리역할을 맡아왔다.

1949년 창설된 나토는 냉전 종식 이후 존속 여부에 논란이 있었으나 테러, 사이버 공격 등 새로운 안보위협 확산에 따라 유지되었다. 2010년 기존 공동방위 외에 새로운 안보사안 대응을 포함한 '신전략 개념'을 채택하였다. 유럽연합은 냉전 시기 안보를 나토에 일임하였으나 마스트리히트조

약에서 공동방위정책을 규정하고 리스본 조약에서 공동외교안보정책으로
발전시켰다.

2003년 이라크 전쟁에 참여할지 여부가 논란이 되었을 때 프랑스와 독일
은 나토와 별도로 EU 군사본부를 설치하는 구상을 검토하였다. 미국과의
방위공약 때문에 원치 않는 분쟁에 휘말려 들어가는 것을 피하고자 함이었
다. 다만 시리아 내전, 테러 공격 증대, 난민위기 등을 맞게 되자 EU 회원국
들은 나토 구조를 중복하는 것은 재원낭비라는 판단에 더욱 수렴하였다.[46]

유럽연합과 나토는 수레의 두 바퀴와 같이 긴밀한 협조와 조정을 하여
야 하고 그렇게 하기 위해 노력하고 있지만 거리가 있었다. 2016년 7월
EU－나토 공동선언에 서명한 후 도널드 투스크(Donald Tusk) 당시 EU 정
상회의 상임의장이 "유럽연합과 나토는 때때로 같은 도시가 아니라 서로
다른 혹성에 살고 있는 것처럼 보였다"라고 말한 배경이다.[47]

투스크 상임의장, 장 클로드 융커(Jean－Claude Juncker) EU 집행위원장
과 옌스 스톨텐베르그(Jens Stoltenberg) 나토 사무총장은 2016년 7월 8일
폴란드의 수도 바르샤바에서 유럽연합과 나토 간의 전략적 파트너십을 강
화하기 위한 공동선언에 서명하였다. 양측은 두 기구 간 협력을 증진시킬
분야로서 7개 분야에 합의하였다.

7개 분야는 ① 복합 위협(hybrid threat) 대응, ② 해양 및 난민 문제 등
작전 협력, ③ 사이버 안보·방위, ④ 방위역량, ⑤ 방위산업 및 연구, ⑥ 훈
련, ⑦ 동부와 남부 파트너 국가의 역량배양 지원 등이다. 나토와 유럽연
합의 중복지출을 막으며 협력의 효율성을 기하고자 하였다. 공동선언에 따
라 2016년과 2017년에 걸쳐 74개의 공동조치가 개발되었다.

투스크 EU 정상회의 상임의장, 융커 집행위원장과 스톨텐베르그 나토
사무총장은 2년 후인 2018년 7월 10일 브뤼셀에서 다시 만나 유럽연합과

---

46) William Drozdiak, op. cit., pp.89－90
47) "Remarks by President Donald Tusk after the signature of the EU－NATO
    declaration" Statements and Remarks, Council of the EU, 2016.7.8.

나토 간 협력을 추가적으로 강화하기 위한 공동선언에 서명하였다. 나토 정상회의 계기였다. 양측은 병력 이동, 사이버 안보, 복합 위협, 테러 대응, 여성과 안보 등 분야에서 협력하기로 합의하였다.

나토는 설립 당시부터 미국에 대한 의존이 컸다. 제2차 세계대전 이후 미국의 지위는 압도적이었는데, 미국은 소련의 팽창을 견제하고자 자신이 많은 부담을 지는 구조로서 나토의 창설을 주도하였다. 그러나 유럽국가의 꾸준한 경제발전으로 유럽연합이 미국에 비견할 수 있게 발전하자 미국은 계속 많은 부담을 지는 데 대해 불만을 토로하였다.

미국은 나토를 통하여 유럽 내 영향력을 유지하고 유럽연합은 나토의 유럽화를 추진하였는데, 유럽연합과 나토 간 2003년 '베를린 플러스'(Berlin Plus) 합의를 통해 중복된 군사기구를 갖지 않는다는 조건으로 유럽연합이 유사시 나토 자산을 활용하는 데 합의하였다. 유럽연합은 이후에도 독자안보역량 강화를 추진하곤 하였지만 △재원부족 △회원국 간 입장 차 등으로 진전은 적었다.

영국, 이탈리아, 네덜란드, 폴란드 등은 나토 중심의 유럽안보를, 프랑스, 독일, 벨기에 등은 EU 중심의 역량 강화를 희망하였다. 유럽연합은 △트럼프 행정부 미국과의 갈등심화 △영국의 EU 탈퇴로 미국과의 연결고리 약화 △크리미아 병합을 통한 러시아의 안보위협 재등장 등을 계기로 안보방위상설협력체제(PESCO) 창설 등 독자 역량강화를 추진하여 왔으나 효과는 미미하였다. 유럽군(European army)의 구상도 제기되곤 하지만 아직 현실성이 적다.

트럼프 대통령은 2017년 취임하기 전 나토가 이제는 쓸모없는(obsolete) 조직이라고 말하였는데, 이후 나토가 쓸모없는 조직이 아님을 확인하는 과정에서 시간을 끌었다. 유럽국가의 위기의식은 커졌다. 특히 러시아의 위협을 직접적으로 받는 동구권 국가의 불안은 컸다. 2024년까지 GDP의 2%를 국방비에 투입하겠다는 2014년 영국 웨일스(Wales) 나토 정상회의에서의 공약은 강제성이 없었지만 트럼프 대통령 재임 중 유럽국가에게 멍에가 되었다. 유럽국가는 국방비 증대를 가속화하며 트럼프 대통령을 달랬다.[48]

나토 회원국들은 트럼프 대통령과의 정상회담 때마다 방위비 분담 협의 순간을 넘길 수 있는 방법을 생각해 내곤 하였다. 저절로 발생하는 증가분을 트럼프 대통령의 업적으로 돌린다든지, 나토의 공동경비(common funding) 중 미국의 부담을 줄이고 독일 등 여타국의 부담을 늘리는 것을 강조하였다.

2019년 나토의 공동경비(26억 달러)는 전체 나토 회원국의 국방비(1조 400억 달러)의 0.25%에 불과하지만 부담 조정을 부각하였다. 미국의 공동경비 부담을 22.1%에서 2021년부터 15.9%로 줄이고 독일의 부담을 14.8%에서 미국과 같은 15.9%로 늘렸다. 미국이 나토 공동경비 중 20% 이상은 부담할 수 없다고 함에 따라 조정한 것이었다. 공동경비는 규모는 작지만 미국이 나토 회원국의 국방비 증대를 압박하는 상황에서 독일 등이 성의를 보이는 것이었다.

독일이 미국과 같은 수준으로 나토 공동경비 부담을 늘리자(14.8%→15.9%) 튀르키예, 캐나다 등도 미온적 태도를 바꾸어 공동경비 부담을 늘리기로 하였다. 나토 공동경비는 전체 회원국의 국방비에 비해 훨씬 작지만 트럼프 대통령이 성과로 활용할 수 있을 것으로 기대하였다. 프랑스는 나토 공동경비 자체에 대해 부정적인 입장이어서 부담 증대에도 반대하였다. 이코노미스트(The Economist)지는 트럼프 대통령이 나토를 유럽연합을 두들기는 방편으로 사용하였다고 하였다.[49]

## 유럽국가와 미국 간의 갈등

나토의 공식언어는 영어와 프랑스어이다. 나토 회원국 대사가 참석하는

---

48) 김형진, "방위비·무역수지 따진다, '동맹 계산기' 두드리는 트럼프," 중앙 SUNDAY, 2025.4.8.

49) "Bagehot: Fading Anglophilia," *The Economist*, 2020.7.11.

나토 이사회(North Atlantic Council: NAC)에서 대체로 영어가 사용되지만 프랑스 대표는 불어로 발언한다. 동구국가 대표들은 서구국가 대표들과 다르게 불어에 익숙하지 않은 경우가 많아 동시통역에 의존한다. 프랑스가 추진해 온 독자적인 행보를 상기시킨다.

유럽연합과 나토에 모두 가입하고 있는 유럽국가들은 두 기구의 다른 분위기를 말한다. 유럽연합에서는 회원국 간 영향력이 비교적 고르게 분포되어 있다면 나토에서는 미국과 여타 국가(the U.S. and the rest)라고 할 정도로 미국의 영향력이 압도적이다. 미국이 나토에서 모든 일을 할 수 있는 것은 아니지만 나토가 미국의 반대를 넘어서서 할 수 있는 일은 거의 없다.

나토에서 미국과 유럽국가 간 갈등은 항상 있지만 트럼프 1기 행정부 당시는 유독 심했다. 트럼프 대통령은 나토 헌장 핵심조항인 한 회원국에 대한 공격을 모든 회원국에 대한 공격으로 간주한다는 5조 공약을 확인하는 데도 시간을 끌었다.[50] 트럼프 대통령이 참석하는 나토 정상회의는 예측불가능한 일의 연속이었다.

트럼프는 처음 참석한 2017년 나토 정상회의에서 "왔노라, 보았노라, 훈계하였노라"를 외쳤다. 2018년 나토 정상회의 시에는 결과로 발표할 사항을 사전에 확정해 두었지만 충분하지 않았다. 트럼프는 우크라이나, 조지아와의 확대정상회의에 1시간쯤 늦게 나타나 의제와 무관하게 "당신, 앙겔라" 등으로 정상을 가리키며 방위비 규모를 확인하고 2019년 1월까지 GDP 2%로 올리지 못하면 미국은 따로 가겠다고 말하였다.[51]

미국과 유럽 간 균열이 나토의 최대 위험이라는 시각도 나왔다. 트럼프 대통령이 단초를 제공하였지만 2019년 마크롱 프랑스 대통령도 나토가 뇌사(brain death) 상태에 있어 5년 후에는 소멸될 수 있다고 하며 우려의 목

---

50) 나토 설립의 근거인 북대서양 조약(North Atlantic Treaty)을 흔히 '나토 헌장'이라고 한다.
51) 김형진, "방위비·무역수지 따진다, '동맹 계산기' 두드리는 트럼프," 중앙 SUNDAY, 2025.4.8.

소리를 높였다. 프랑스는 EU 외교장관 회의(2019.11.11.). EU 국방장관 회의(2019.11.12.) 계기에 비공식 문서(non-paper)를 배포하여 나토 헌장 5조(한 회원국에 대한 공격을 모든 회원국에 대한 공격으로 간주한다는 집단방위 규정)와 같은 방식으로 EU 조약 42(7)조를 활용하는 방안을 제기하였지만 큰 반향은 없었다.52)

미국이 인·태지역으로 관심을 돌리기 시작한 것은 트럼프 행정부 이전부터이나, 트럼프 대통령의 돌출행동을 계기로 프랑스 등이 EU 내의 유럽 방위연합(European Defence Union)을 강화하고자 하였다. 프랑스가 EU의 전략적 자주성을 강화하고자 노력해 온 것은 사실이다. 다만 프랑스의 제의에 대해 방위역할은 나토에 중점을 두는 발트해 국가들과 폴란드가 반대한다.

이들 국가는 프랑스가 트럼프 행정부에 대해 불만을 갖는 것은 이해할 수 있지만 나토가 미국에 의존할 수밖에 없는 구조에서 마크롱 대통령이 트럼프 대통령의 예측불가능성, 러시아의 계속되는 위협, 중국의 영향력 확대, 메르켈 독일 총리의 국내입지 취약 등을 계기로 프랑스의 역할을 확대하려는 것으로 보았다.

바이든 행정부가 2021년 1월 출범한 후 미국의 귀환, 동맹의 귀환, 외교의 귀환을 표방하면서 나토 내의 단결력과 유대가 강화되는 방향으로 나아갔다. 바이든 행정부는 트럼프가 행정부가 동맹국을 겁박하였다고 비난하면서 이러한 행동을 피하려고 하였다. 러시아가 2022년 2월 우크라이나를 침공하면서 나토 회원국 간 단결은 더욱 강화되었다. 다만 트럼프 2기 행정부가 2025년 1월 20일 출범하면서 불확실성이 돌아왔다. 트럼프의 압박과 우크라이나 전쟁에서 역할을 하기 위해서도 유럽연합이 국방 관련 역할을 증대해야 한다는 자성론이 확대되고 있다.

---

52) EU 조약 42(7)조는 EU 회원국이 군사공격을 받을 때 여타 회원국의 지원 의무를 규정하고 있지만 나토 헌장과 달리 안보 공약(security commitment)은 아니라고 평가된다.

## 나토의 비상상황 대비

나토는 대서양을 사이에 둔 미국과 캐나다 및 유럽국가 간 동맹으로서, 지역기구이지만 관심사는 세계적이다. 세계의 어떤 정세도 나토의 안보에 영향을 줄 수 있다고 생각되면 이를 파악하고 대처할 방안을 생각한다. 민군이 함께 활동하는 조직으로서 항상 군사활동에 대한 대비를 생각하는 만큼 모든 상황에 대비한 계획을 마련한다.

나토에서 취약선으로 언급되는 것이 '수바우키 회랑'(Suwalki Gap)이다. 나토 동맹국 중 발트해 연안에 위치한 에스토니아, 라트비아, 리투아니아에 있어서 러시아의 침공은 이론적인 위협에 그치지 않는다. 이와 같은 우려는 2014년 러시아의 크리미아 병합, 2022년 러시아의 우크라이나 침공 이후 더욱 강화되었다. 나토는 러시아가 발트 3국을 공격하는 시나리오에 대비한다.

'수바우키 회랑'은 발트 3국과 여타 나토 동맹국이 육지로 연결되는 폴란드 – 리투아니아 국경 104km 구간이다. 서쪽에서는 러시아 영토인 칼리닌그라드(Kaliningrad), 동쪽에서는 러시아의 동맹국인 벨라루스와 접한다. 병력과 장비가 이동할 수 있는 고속도로는 2개뿐이며 이들 도로 간의 거리는 40km이다. 나토는 러시아가 '수바우키 회랑'을 공격할 가능성을 대비한다. 인구가 합해 660만 명에 불과한 발트해 3국은 러시아의 공격 위협을 심각하게 인식한다.[53]

'강화된 전진배치'(Enhanced Forward Presence)의 일환으로 에스토니아, 라트비아, 리투아니아, 폴란드에 여타 나토 회원국 군대 각각 1개 대대 병력을 주둔시켰다. 에스토니아에 영국, 라트비아에 캐나다, 리투아니아에 독일, 폴란드에 미국 군을 중심으로 군대를 배치하였다. 이들은 러시아가 발트 3국과 폴란드 침공 시 나토 헌장 5조가 자동적으로 적용될 인계철선 역할을 한다.

---

53) Sebastien Roblin, "The Swalki Gap: The 40–Mile Line NATO is Ready to Go to War with Russia Over," *The National Interest*, 2019.4.13.

미국 워싱턴 포스트(Washington Post)지는 2019년 7월 16일 유럽 내 미국 핵무기 배치위치를 보도하였다. 약 150개의 미국 핵무기가 벨기에 클라이네 브로겔(Kleine Brogel), 독일 뷔켈(Buechel), 이탈리아 아비아노(Aviano)와 게디-또레(Ghedi-Torre), 네덜란드 볼켈(Volkel), 튀르키예 인지를리크(Incirlik) 등 유럽의 6개 기지에 배치되어 있다는 것이다.[54]

미국은 러시아와의 재래식 전력 불균형을 극복하고 핵무기 조기 사용 가능성 등을 감안하여 1954년부터 영국과 독일 등에 미국 전술핵무기를 배치하기 시작하였다. 미국 정부는 이를 위해 미국 원자력위원회(Atomic Energy Commission: AEC)에 대해 △배치된 무기들은 미국이 엄격하게 관리·통제하며 △핵무기 사용은 미국 대통령이 최종 결정할 것임을 확약하였다.

핵무기 배치, 이중용도항공기(dual-capable aircraft: DCA) 사용은 미국의 전략적 판단과 고려에 의해 선정하였으며 관련국들과 양자 협의를 통해 최종배치에 합의하였다. 평상시 나토의 핵무기는 핵보유국(미국, 영국, 프랑스)이 엄격히 통제하며 위기상황에서 나토 차원의 사용을 결정할 때에도 핵보유국의 통제를 유지한다. 핵무기 미배치 회원국과 이중용도항공기 미운용 회원국들은 부담 및 위험 분담 정신에 따라 가능한 범위에서 기여하기로 하였다. 이중용도항공기 연습 시 재래식 전력에 참여하며 화생방 및 핵무기 방위 역량을 강화하는 것이다.

미군 장성이 맡는 나토의 유럽최고사령관(Supreme Allied Commander Europe: SACEUR)도 재래식 전력 관련 권한은 회원국이 결정하는 범위 내에서 위임받지만 핵무기를 포함한 핵전력 운용권한은 위임받지 않는다. 핵이 가지는 고도의 정치성을 감안한 것이다. 핵보유국은 나토 차원의 결정이 없어도 독자적인 행동을 취할 수 있다.

단 나토 내에서 핵기획그룹(Nuclear Planning Group: NPG)을 운영하며

54) Adam Taylor, "Secret locations of U.S. nuclear weapons in Europe accidentally included in report from NATO parliament," *The Washington Post*, 2019.7.16.

관련된 협의를 갖는다. 미국은 핵무기 관련 정치적 수준의 포괄적인 협의를 가질 필요성을 인식해 1966년 핵방위업무위원회(Nuclear Defense Affairs Committee: NDAC)를 창설하였다. 당시 나토 주요회원국인 미국, 영국, 프랑스 간 이견이 깊어져 핵무기를 비롯한 제반 사안 관련 정치적 협의를 강화할 필요가 있었다. 1956년 수에즈(Suez) 운하 위기 시 미국이 영국, 프랑스와 대립한 경험이 영향을 미쳤다.

1973년까지 핵방위업무위원회 명칭으로 국방장관 협의를 개최하다가 현재의 핵기획그룹으로 진화하였다. 나토 이사회(NAC) 회의가 정치적인 지침을 제공하면 핵기획그룹 회의(프랑스 불참)에서 정치적 이행방안을 협의한다. 다만 명칭과 달리 군사작전 등 핵억제 기획에 관한 논의는 별로 없다. 핵보유국(미국, 영국)이 논의를 주도하며 여타 회원국들도 활발히 토론에 참여한다.

나토 병력과 장비 이동을 위해서는 △국경검색 등 절차적 문제 외에도 △유럽과 발트해 국가 간 철도의 폭이 다른 점 등 인프라 문제를 해결해야 한다. 현재는 폴란드와 리투아니아 국경에서 기차를 교체하고 있다. 포즈난(Poznan)과 바르샤바(Warsaw) 사이의 고속도로는 미국의 M1 에이브람스(M1 Abrams) 탱크가 지나갈 수 없다. 군사적 이동 개선을 위한 프로젝트는 네덜란드가 관장한다.55)

## 나토의 중국 관련 검토

나토는 2019년 MRI 사진을 찍듯 중국 관련 제반 측면을 주로 차석대사 회의를 통하여 검토하였다. 2019년 비공식 나토 정상회의(12.4.-5. 런던) 공동성명에서 처음으로 중국을 언급하였다. 중국의 부상은 기회와 도전을 제공한다는 한 문장이었다. 나토로서는 커다란 한 걸음을 내딛는 것이었다. 그전까지 나토 문서는 기본적으로 중국을 언급하지 않았다.56)

55) "NATO in Europe: Yankees go home," *The Economist*, 2020.4.25.
56) (2021) China's place on the NATO agenda, *Strategic Comments*, 27:5,

스톨텐베르그 나토 사무총장은 중국이 나토에 다가왔다고 말하였다.[57) ] 중국이 아프리카, 북극해, 사이버 공간에서 나토에 다가왔다는 것이다. 나토는 전통적으로 러시아의 위협에 대비해 왔지만 중국이 야기하는 도전에도 대비한다. 러시아는 유럽 국가, 중국은 아시아 국가라고 하는 것이 더 이상 의미가 없는, 하나의 커다란 안보환경이 되었기 때문이다.

미국은 유럽연합과 나토에 대해 중국에 관한 우려를 제기하였다. 미국의 우려 제기는 점점 더 강화되고 공개되었다. 케이 베일리 허치슨(Kay Bailey Hutchison) 주나토 미국대사는 공개연설 시 중국의 5G 네트워크와 일대일로 관련한 활동은 놀라울 정도(eye－popping)라고 하면서 중국은 이미 전 세계의 가장 큰 컨테이너 항구의 60%를 장악하고 있다고 하였다.[58) ]

세계 최대 컨테이너 항구 10곳 중 7곳이 중국에 있다는 사실은 차치하여도[59) ] 나토는 중국이 그리스 피레우스(Piraeus), 독일 함부르크(Hamburg), 벨기에 앤트워프(Antwerp), 네덜란드 로테르담(Rotterdam) 등에 상업 명목 투자를 통해 항구 운영을 장악하는 것을 우려한다.[60) ] 나토가 비상시에 병력과 물자를 전개하고자 하여도 중국이 이를 막을 수 있다는 우려이다.

각 유럽국가가 중국에 대해 상이한 입장을 가지고 있어 일치된 목소리를 내지 못하는 상황에서 미국은 중국의 위협을 지속적으로 제기하였다. 마크 에스퍼(Mark Esper) 미국 국방장관은 2019년 10월 24일 독일마샬기금

---

p.i－iii

57) Transcript, 'China is coming closer to us' － Jens Stoltenberg, Nato's secretary general, *Financial Times*, 2021.10.18. by Interview conducted by Roula Khalaf and Henry Foy

58) 2019.10.25. 브뤼셀 Chateau Sainte－Anne에서 개최된 AECA(The American European Community Association) 주최 리셉션에서의 Kay Bailey Hutchison 주나토 미국대사 연설

59) "The largest container ports worldwide in 2021, based on throughput (in million TEUS)", statistica: 2021년 물동량 기준 세계 최대 컨테이너 항구 10곳 중 7곳이 중국 항구이다. 상하이(上海), 닝보(寧波), 선전(深圳), 광저우(廣州), 칭다오(靑島), 톈진(天津), 홍콩(香港)이다.

60) John Xie, "China's Global Network of Shipping Ports Reveal Beijing's Strategy," *VOA*, 2021.9.13.

(German Marshall Fund)의 브뤼셀 사무소 주최 강연에서 미국의 국방전략상 중국이 우선이며 러시아는 다음이라며 중국의 도전을 강력히 제기하였다.

러시아의 2022년 2월 24일 우크라이나 침공을 계기로 유럽연합과 나토는 세 번째 공동선언을 채택하였다. 미셸 EU 정상회의 상임의장, 폰데어라이엔 집행위원장과 옌스 스톨텐베르그 나토 사무총장은 2023년 1월 10일 브뤼셀 나토 본부에서 양측 간 파트너십을 한 단계 격상하는 공동선언에 서명하였다. 러시아와 중국이 명시되었는데, 유럽연합과 나토 간 공동성명에서 특정국을 구체적으로 언급한 것은 처음이었다.

또한 중국을 전략적 경쟁자라고 바로 규정하기보다는 우리는 전략적 경쟁이 증대되는 시기에 살고 있는데 중국의 증대하는 공세(assertiveness)와 정책은 대응할 필요가 있는 과제를 제시한다고 하였다. 중국에 관한 문안을 러시아 관련 문안으로부터 분리한 것은 독일의 주장 때문이라고 보도되었다.[61] 독일에는 중국과의 교역 관계가 중요하기 때문이었다.

스톨텐베르그 나토 사무총장은 2022년 개최된 나토 정상회의(6.29.–30. 마드리드)가 변혁적(transformative) 정상회의라고 하였다. 나토는 중국과 러시아를 견제하였는데, 10년마다 채택하는 '전략개념'에 처음으로 중국이 명시되었다. 러시아는 '위협', 중국은 '시스템 도전'을 제기한다는 것이었다. 2010년 전략개념에서 러시아는 '파트너'로 언급되었으며 중국에 대한 언급은 없었다.

2023년 나토 정상회의(7.11.–12. 리투아니아, 빌뉴스)에서 미국의 막후외교에 힘입어 튀르키예가 갑작스럽게 스웨덴 가입에 대한 비토를 철회하였다. 정상들은 새로운 방위계획을 승인하였다. 러시아가 나토의 어느 지역을 공격하는 경우 어떻게 방어할지에 관한 것으로서, 냉전 이래 최대의 나토 방위태세 변화였다.

나토의 군사전략은 1991년 바르샤바 조약기구 와해로 유예시기에 들어

---

61) Jacob Barigazzi, "EU and NATO near long–delayed joint pledge to back Ukraine," *Politico Europe*, 2022.12.14.

갔으나 러시아의 우크라이나 침공을 계기로 새로운 필요성이 대두되었다. 냉전 이래 처음으로 포괄적 방위계획이 승인되어 나토의 군사체제가 재정비되었다. 크리스 카볼리(Chris Cavoli) 나토 사령관이 입안한 것으로 4,000쪽에 달하는 비밀 계획이었다. 나토는 30일 내 30만 명의 병력 배치를 준비하는 것이었다.

가장 중요한 목적은 억제로서, 러시아 침공 시 막대한 군사 반격이라는 "처벌에 의한 억제"로부터 러시아가 처음부터 작은 영토도 점령하지 못하도록 동부 전선에 병력을 추가 배치하는 "거부에 의한 억제"로 이행한 것이었다. 폴란드, 발트 3국에 배치된 병력도 확대하기로 하였다. 2023년 6월 독일은 리투아니아에 4천 명의 병력을 상주시키는 것에 동의하였다.[62] 이런 변화는 2025년 1월 트럼프 2기 행정부 출범을 계기로 또 한번의 커다란 불확실성에 직면하게 되었다.


## 4.10 유럽연합과 아세안

### 유럽연합과 아세안 관계

유럽연합과 아세안(Association of Southeast Asian Nations: ASEAN) 간 관계는 1972년 비공식 관계로 시작되어 1977년 제10차 아세안 외교장관회의에서 공식화되었고, 1980년 3월 EEC-아세안 협력협정을 체결함으로써 제도화되었다. 유럽연합은 2012년 7월 아세안과 우호협력조약(Treaty of Amity and Cooperation: TAC)을 체결하였다. 아세안이 지역기구와 우호협력조약을 체결한 것은 처음이었다.

유럽연합은 2015년 8월 8일(아세안의 날) 주아세안 대표부를 설치하였다. 초대 주재 대사인 프란시스코 폰탄 파르도(Francisco Fontan Pardo) 대사(스페인 출신)는 2015년 9월 17일 르 루옹 민(Le Luong Minh) 아세안 사

62) Robbie Gramer, "A (Mostly Secret) Revolution Is Afoot in NATO's Military," *Foreign Policy*, 2023.7.13.

무총장에게 신임장을 제정하였다. 2025년 현재 재임 중인 수지로 시암
(Sujiro Seam) 대사(프랑스 출신)는 2023년에 부임하였다.

유럽연합－아세안 관계는 2020년 12월 1일 전략적 동반자 관계로 격상
되었다. 양측은 규칙에 기초한 국제질서, 효과적이며 지속가능한 다자주
의, 자유롭고 공정한 무역이라는 가치를 공유하는 지역기구로서 정기적인
정상회담을 개최하고자 한다. 양측은 △정치대화 △비전통 안보협력 △무
역·투자 △연계성 △아세안 회원국 간 공동체 형성 등 다양한 분야에서
협력한다.

유럽연합과 아세안은 서로 제3위의 무역상대국(중국, 미국에 이어)이다.
2023년 양측 간 상품과 서비스 교역은 각각 2,525억, 1,261억 유로에 달
하였다. 유럽연합은 아세안에 대하여 제3위의 투자자로서, 2022년 당시의
투자액(Foreign Direct Investment)이 4,001억 유로에 달하였다.

코로나19 이전 EU－아세안 간 연간 인적 교류는 1천만 명에 달해 EU
주민의 아세안 방문만 연간 7백만 명에 이르렀다. 유럽연합은 코로나19
대응에서도 아세안과 긴밀하게 협력하였다. 유럽연합은 EU 기관, 회원국
의 재원을 모으는 '팀 유럽'(Team Europe)을 활용하여 아세안에 8억 유로
가 넘는 원조와 차관을 제공하였다.

2021년 6월 2일 유럽연합과 아세안 및 그 회원국들은 화상회의를 통해
포괄적 항공운송협정(ASEAN－EU Comprehensive Air Transport Agreement)
을 체결하였다. 최초의 국가연합과 국가연합 간 항공운송협정으로서, 유럽
연합 27개 회원국 및 아세안 10개 회원국의 37개국 간 연계성과 경제발전
을 촉진하고자 하는 목적이었다.

EU－아세안 간 지역 대 지역 차원의 무역·투자협정 교섭은 2007년 시
작되었으나 2009년 양측의 합의로 중단되었다. 대신 유럽연합과 개별 아
세안 회원국 간 양자협정 체결을 추진하기로 하였다. 그러나 유럽연합은
아세안 회원국 간 경제발전의 정도가 상이하여 협정이 체결되더라도 고르

게 이행될 수 있을지 우려하였다.[63]

　유럽연합은 싱가포르와 FTA, 투자보호협정을 2018년 10월 19일 각각 체결하였으며 우선 FTA가 모든 EU 회원국의 비준을 받아 2019년 11월 21일 발효되었다. 이어 유럽연합은 베트남과 FTA와 투자보호협정을 2019년 6월 30일 각각 체결하였으며 우선 FTA가 2020년 8월 1일 발효되었다.

　유럽연합은 2016년 이래 인도네시아와 FTA 협상을 진행 중이며, 2023년 9월 태국, 2024년 3월 필리핀과 협상을 재개하였고 말레이시아와의 협상 재개를 모색하고 있다. 캄보디아, 라오스, 미얀마는 저개발국으로서 유럽연합에 무기를 제외한 모든 수출을 무관세(Everything but Arms: EBA)로 할 수 있는데, 캄보디아는 국내 인권 문제로 2020년 제외되었다.[64] 유럽연합은 2021년 2월 1일 발생한 쿠데타와 관련하여 미얀마에 대해서는 상당한 제재를 부과하였다.


## ▌유럽연합과 아세안 비교

　유럽연합은 세계에서 가장 성공한 지역기구로, 아세안은 세계에서 두 번째로 가장 성공한 지역기구로 평가된다. 유럽연합과 아세안은 평화와 번영을 이끌어 왔다는 점에서 유사점도 많으나 차이점도 상당하다. 유럽연합과 아세안 간 비교는 두 기구를 보다 깊게 이해하는 데 도움이 된다. 싱가포르 연구기관 ASEAN Studies Centre의 유럽연합과 아세안 간 비교를 아래 요약, 소개한다.[65]

---

63) Donah Baracol Pinhao, "The ASEAN−EU Free Trade Agreement: Implications for Democracy Promotion in the ASEAN Region," International Institute for Democracy and Electoral Assistance, 2009, p.11

64) 유럽연합은 캄보디아의 인권 문제를 이유로 2020.2.12. 캄보디아를 EBA에서 제외하였다.

65) Hoang Thi Ha, Moe Thuzar, Sanchita Basu Das, Termsak Chalermpalanupap, "Diverging Regionalisms: ASEAN and the EU," *ASEANFocus,* "ASEAN AND THE EU IN PERSPECTIVE: BREXIT AND BEYOND," AUGUST 2016, ASEAN Studies Centre 내용 중 주요 부분을 소개하며 제도가 변화된 부분 등은 수정하였다.

## ▎유럽연합과 아세안: 창설

유럽연합은 전쟁을 '생각할 수 없을 뿐 아니라 물리적으로 불가능'하게 하고자 추진되어 2012년 노벨 평화상을 수상할 정도로 유럽의 평화와 안전 보장에서 중심적인 역할을 하였다. 유럽연합은 초국가적 성격과 정부 간 협력 성격을 가지고 고도의 제도화와 법치주의를 이룩하였다. 아세안은 피식민 지배의 경험을 가진 국가 간의 지역 프로젝트로서 지역 내 평화·안정 유지를 핵심 목적으로 내세운다. 아세안은 정부 간 협력을 추구하면서 낮은 수준의 제도화만을 추진한다. 조용한 외교와 비공식적 협의에 중점을 두는 '아세안 방식'(ASEAN Way)이 구사되는 배경이다.

유럽연합의 마스트리히트 조약(Maastricht Treaty)과 아세안의 방콕선언(Bangkok Declaration), 유럽연합의 리스본 조약(Lisbon Treaty)과 아세안 헌장(ASEAN Charter)을 비교해 보는 것은 유럽연합과 아세안의 유사점과 차이점을 파악할 수 있는 실마리를 제공한다.

마스트리히트 조약(1992년 서명, 1993년 발효)은 유럽연합을 발족시켰다. ① 경제통합을 넘어, ② 공동외교안보정책, ③ 경찰·사법협력을 추진하였다. 아세안의 방콕선언은 1967년 5개 원회원국 간에 서명된 아세안의 설립 문서로서 아세안의 목적이 명기되어 있다. 아세안은 ① 경제성장과 사회적 진보를 가속화하고 ② 지역의 평화와 안정에 기여한다.

리스본 조약(2007년 체결)은 유럽연합의 헌법조약이 좌절되자 대신 추진된 유럽연합 헌법체제를 검토한 결정판으로 헌법에 미치지 못하였지만 중요 요소를 포함하였다. 한편 아세안 헌장(2007년 합의)은 아세안의 제도화 및 규칙에 입각한 조직 강화를 위해 채택되었다.

## ▎유럽연합과 아세안: 회원국

EU 회원국이 되려면 후보국의 가입조약에 대한 EU 각료이사회의 만장일치 승인과 유럽의회의 동의가 필요하며 회원국의 비준도 필요하다. 후보

국의 유럽연합 가입 조건은 ① 지리적으로 유럽 소재, ② 유럽연합조약
TEU 제2조의 민주가치 존중, ③ 민주주의·법의지배·인권·소수민족 보호
를 위한 안정된 기관 보유, ④ 시장경제, ⑤ 회원국 의무이행 능력 등이다.

아세안에 가입하기 위해서는 모든 회원국의 외교장관이 참여하는 아세
안 조정위원회(ASEAN Coordinating Council)의 권고에 이은 아세안 정상회
의 결정이 필요하다. 아세안 회원국이 되기 위한 조건은 ① 지리적으로 동
남아 소재, ② 모든 회원국의 승인, ③ 헌장준수 동의, ④ 회원국 의무이행
능력과 의지 등이다.

탈퇴절차 관련 유럽연합은 유럽연합조약(TEU) 제50조에 회원국의 탈퇴권리
를 규정하고 있다. 실제로 이러한 절차에 따라 영국이 처음으로 2020년 1월
유럽연합을 탈퇴하였다. 한편 아세안에는 헌장에 탈퇴규정이 없으며 회원국이
탈퇴한 사례도 없다.

### ▌유럽연합과 아세안: 입법

유럽연합의 주요 입법주체는 집행위원회, 각료이사회, 유럽의회이다. 유
럽연합의 입법은 초국가적인 성격을 가지며 각 회원국에 구속력을 갖는다.
유럽의회 의원은 EU 회원국 주민의 직접선거로 선출된다. 유럽의회는 각
료이사회와 입법권과 예산권을 공유하며 대부분의 국제협약에 대한 비준
권을 갖고 있다. 다만 입법을 제안할 권리는 EU 집행위원회가 보유한다.

아세안에는 입법조직이 없다. 아세안의 법적 체계는 ① 회원국의 집단협
정(회원국 간 내부협정 및 모든 회원국과 여타국 간 외부협정), ② 아세안이 독
립체로서 주체인 제3자와의 국제협정으로 구성된다. 회원국 의회로 구성
되는 아세안 의회 간 협의회(ASEAN Inter-Parliamentary Assembly: AIPA)
가 있지만 아세안 조직의 일부가 아니며 입법기관을 지향하기보다 지역협
력증진을 목적으로 한다.

EU 회원국의 중요의무 중 하나는 EU 지침을 국내법으로 전환하는

(transpose) 것이다. 이를 위하여 각 회원국의 유럽업무 장관 등이 조율업무를 수행한다. EU 집행위원회는 조약의 수호자(guardian of the Treaties)로서 각 회원국의 EU법 이행을 점검하고 지원한다.

아세안에서는 각 회원국이 아세안의 협정을 이행할 의무를 부담한다. 국제조약은 자체적으로 이행되기보다는 각 회원국 내의 국내입법이 필요하다. 이 점에서 아세안에서는 이원적인 체제(dualist system)가 시행된다. 아세안 차원의 이행체제, 이행기구, 강제집행 등은 지체되고 있다.

유럽연합에서 최고의 사법기관은 유럽사법재판소(ECJ)이다. 또 유럽연합이 단일 통상정책을 취하는 만큼 이론적으로 회원국 간 통상분쟁은 없어야 하지만 실제로 분쟁이 발생하는 경우 EU 집행위원회가 이를 처리한다. 한편 인권 문제는 유럽연합과는 별개의 조직인 유럽평의회(Council of Europe) 산하의 유럽인권재판소가 심사한다.

아세안에서는 아세안 헌장 발효 이후 2010년 합의된 '분쟁해결 의정서'를 활용한다. 통상분쟁은 2004년 합의된 '향상된 분쟁해결 메커니즘 의정서'(Protocol on Enhanced Dispute Settlement Mechanism)를 활용한다. 별도의 인권재판소는 아직 설치되지 않고 있다.

## ▎유럽연합과 아세안: 주요 기관

[정상회의] EU 정상회의(European Council)와 아세안 정상회의(Summit)가 최고의 정책결정기관이다. EU 정상회의는 EU 정상회의 상임의장, 외교안보고위대표를 임명하며 집행위원장을 제의한다. 아세안 정상회의는 아세안 사무총장 임명, 아세안 사무국 설립과 해체 권한을 갖고 있다. EU 정상회의 상임의장은 2년 반 임기로 연임이 가능하며 아세안의 의장직은 1년 단위로 회원국 간 순환된다.

[외교안보고위대표] EU 외교안보고위대표는 유럽연합을 대표하는 최고위직 외교관으로서 유럽연합의 외교장관이다. 아세안에는 이에 상응하는 직

위가 없다.

[EU 집행위원장과 ASEAN 사무총장] EU 집행위원장은 EU의 초국가적 행정조직을 책임진다. EU 정상회의가 제의하며 유럽의회가 선출한다. 임기는 5년이며 연임 가능하다. 아세안 사무총장은 아세안 정상회의가 임명하며 임기는 5년으로, 연임할 수 없다. 아세안 사무총장은 장관급 직위이며 아세안 정책결정에서 직접적인 역할은 없다. 아세안의 정책결정은 각 회원국의 소관사항이다.

[소속 공무원] EU 공무원은 6만여 명에 달한다. 집행위원회 32,400여 명, 이사회 3,100여 명, 대외관계청 5,200여 명 및 유럽의회 사무국과 정치그룹 7,500여 명에 달하는데, 4,300명의 번역사와 800명의 통역사를 포함한다. 2022년 EU 예산은 1,706억 유로에 이르렀으며 그중 행정예산은 약 106억 유로(전체예산의 약 6%)였다. 아세안 사무총장은 약 300명으로 구성되는 사무국을 관리한다. 아세안의 행정예산은 2천만 달러(2016년)였다.

## 유럽연합과 아세안: 대내외 관계

[정책결정] EU 공동외교안보정책(CFSP)은 정부 간 협의에 따른다. EU 정상회의가 원칙과 전략을 만장일치로 결정하며 이를 기초로 각료이사회에서 연합활동 및 공동입장을 결정한다. 아세안 정치안보공동체(ASEAN Political‒Security Community: APSC)는 공동외교안보정책을 결정하는 것은 아니며 회원국 간 또는 대화상대국과의 대화·협력을 증진하는 것을 목적으로 한다.

[군사조직] 유럽연합은 공동안보방위정책(CSDP)을 지원하는 조직을 가지고 있지만 아세안은 어떤 군사 관련 조직도 보유하고 있지 않다. 특히 아세안은 군사협정을 체결할 의도가 전혀 없으며 어떤 형태의 동맹도 회피한다. 아세안의 군사적 협력은 각 회원국 국방장관이 참석하는 아세안 국방장관 회의(ASEAN Defence Ministers' Meeting: ADMM)를 통해 조율된다.

[상주 대표] EU 회원국과 아세안 회원국들은 각각 브뤼셀과 자카르타에 상주대표(Permanent Representative)를 파견한다. 비회원국도 브뤼셀과 자카르타에 대표를 파견해 협력한다. 유럽연합은 회원국 대사들로 구성된 상주대표협의회(Committee of Permanent Representatives: COREPER)가 250여 개 위원회와 워킹그룹을 조정한다. 유럽연합은 전 세계에 140여 개의 대표부를 유지하고 있다.

아세안도 헌장 발효 이후 2009년 상주대표위원회(Committee of Permanent Representatives: CPR)를 구성하였다. 아세안 사무국에서 매월 두 차례 회의를 가지고, 아세안 관련 제반업무를 조율한다. 아세안은 재외대표부를 유지하지 않는다. 회원국들이 제3국에서 아세안 위원회(ASEAN Committee in Third Country: ACTC)를 구성해 활동한다. 브뤼셀에는 아세안 브뤼셀 위원회(ASEAN Brussels Committee: ABC)가 운영된다.

## 유럽연합과 아세안: 경제적 통합

[공동시장] 유럽연합은 로마 조약(1957년)으로 공동시장(European Economic Community)을 창설하여 단일시장으로 가는 첫 걸음을 내디뎠다. 1993년 상품·서비스·자본·인원의 자유이동을 수반하는 단일시장을 실현하였다. 2015년 12월 31일 출범된 아세안 경제 공동체(ASEAN Economic Community: AEC)는 상품·서비스·투자의 자유이동을 구현하고 자본·인원의 이동자유 증대를 목적으로 한다. 규모의 경제를 실현하여 해외투자를 유치하고자 한다. 아세안은 아직 유럽연합과 같은 상품·서비스·자본·인원의 자유이동을 구현한 단일시장을 실현하지는 못하였다.

[단일통화] 유럽연합은 단일통화인 유로를 사용하는 유로존(27개 회원국 중 20개국)을 구성하고 있다. 아세안은 단일통화를 사용하기까지는 요원하다. 유럽연합은 유럽중앙은행(European Central Bank: ECB)을 통해 단일통화인 유로를 관리하고 유로존의 통화정책을 결정한다. 아세안은 자체의 중앙은

행이 없으며 회원국 간 재무장관 회의 등을 통해 재정 협력을 조율한다.

[솅겐지역과 아세안의 비자면제 협정] 2025년 초 유럽의 솅겐지역(Schengen Area)에서는 25개 EU 회원국을 포함한 29개국 간 국경통제를 폐지하였다. 아세안에서 비회원국 국민을 위한 아세안 공동비자 구상이 제기되었으나 실현은 아직 요원하다. 아세안은 회원국 간의 비자면제 협정 완성에 우선순위를 두고 있다.

[시민의 권리] EU 회원국의 국민은 EU 차원의 시민권을 보유하며 4대 자유(상품·서비스·자본·인원) 중 인원 이동 자유에 따라 어느 회원국에서든 여행·거주·취업·취학이 가능하다. 어느 회원국을 방문하든 자국민과 동등한 대우를 받을 수 있다. 아세안 회원국의 국민은 아세안 차원의 시민권을 보유하지 않으며 회원국 간 비자면제 협정도 아직 체결되어 있지 않다.

## ▌유럽연합과 아세안: 기여금, 공식언어

[각국 기여금] 유럽연합은 자체 재원을 보유하고 있다. 이러한 재원에는 각 회원국 GNI의 일정 부분, 부가세 일부(약 0.3%), 물품과 설탕에 대한 관세가 포함된다. 아세안은 자체 재원을 보유하고 있지 않다. 아세안 사무국 예산은 모든 회원국이 매년 동일한 액수를 기여하여 마련한다.

[공식 언어] 유럽연합의 공식언어는 24개 언어로서 모든 시민이 모든 EU문서에 접근할 권리를 가지고 있다. 한편 아세안에는 공식언어가 없으며 업무언어(working language)는 영어이다.

제5장

# 한국과 유럽연합 **관계**

대한민국은 탄탄하며 뜻을 같이하는,
믿을 수 있고 헌신적인 파트너이다.

The Republic of Korea is a solid, like−minded,
reliable and committed partner.

도널드 투스크, EU 정상회의 상임의장 (당시)

# 제5장

## 한국과 유럽연합 관계

## 5.1 중층적인 한국과 유럽연합 관계

한국과 유럽연합은 1963년 7월 24일에 수교하였다. 유럽경제공동체 (EEC)를 창설한 로마 조약이 발효된 지 5년 만이었다. 한국은 1961년까지 EEC 창설 6개국과 수교(4개국은 1905년 한·일 을사늑약으로 중단된 국교 회복)하였다.[1] 한국은 1965년 11월 1일 브뤼셀에 주벨기에 대사관을 개설하고 주유럽공동체 대표부를 겸임하도록 하였다. 1989년 2월 1일 주유럽공동체 대표부가 분리되었지만 1998년 9월 1일 주벨기에 대사관 겸 주유럽연합 대표부로 다시 통합되었다. IMF 금융위기에 따른 예산절약 차원이었다. 2009년 1월 주벨기에 유럽연합 대사관으로, 2022년 11월 주벨기에 유럽연합 대사관 및 주북대서양 조약기구 대표부로 명칭을 변경하였다.

한국과 유럽연합 관계는 2010년 전략적 동반자 관계로 격상되었다. 유럽연합은 전략적 동반자를 10개국으로 제한해 오고 있다. 한국 외에 미국, 중국, 일본, 러시아, 인도, 캐나다, 멕시코, 브라질, 남아공이다.[2] 유럽연합

---

1) 한국의 EEC 원회원국과의 수교: 프랑스(1886년 수교, 1949년 국교재개), 독일 (1883년 수교, 1955년 서독 국교재개), 이탈리아(1884년 수교, 1956년 국교재개), 벨기에(1901년 수교, 1961년 국교재개), 네덜란드(1961년 수교), 룩셈부르크(1961년 수교)

의 전략적 동반자 국가는 세계의 각 지역에서 리더 역할을 하며 유럽연합
에 대해 적지 않은 의미를 가지는 국가이다.

유럽연합의 주요국과의 전략적 동반자 관계 수립 연도3)

| 국가 | 미국 | 중국 | 일본 | 인도 | 브라질 | 남아공 | 멕시코 | 한국 | 러시아 | 캐나다 |
|------|------|------|------|------|--------|--------|--------|------|--------|--------|
| 연도 | 2003 전 | 2003 | 2003 | 2004 | 2007 | 2007 | 2008 | 2010 | 2011 | 2016 |

　한국과 유럽연합은 자유, 민주주의, 시장경제, 법의 지배와 인권의 가치
를 공유하는 준동맹이다. 2013년 11월 8일 브뤼셀에서 개최된 한·EU 정
상회담 계기 '한－EU 수교 50주년 기념 공동선언'에서 "공통 가치와 원칙,
그리고 전쟁의 폐허에서 다시 일어난 경험을 공유하는 '최적의(타고난) 파
트너'"로 "양측 국민들과 지구촌의 더 큰 행복 증진을 위해 함께 협력하고
자 하는 강력한 의지를 기쁜 마음으로 선언한다"라고 하였다.4)

　2013년 수교 50주년의 구호는 '함께 나아가자'(Forward Together)였다.
30여 개의 양자위원회가 가동되면서 2010년 구축된 전략적 동반자 관계를
심화하기 위한 틀이 마련되었다. 상호 관심사에 관해 정기적인 대화를 갖
기로 하였으며 지원 기구도 설립되었다. 한－EU 연구혁신센터, 한국문화
원이 브뤼셀에 개소되었다. 교육협력 공동선언이 채택되고 문화협력위원
회, 공공포럼이 출범되었다.5)

　2023년 수교 60주년 계기로 EU 정상이 방한하였다. 미셸 정상회의 상

---

2) 유럽연합과 아세안은 2020년 지역기구 차원에서 서로 전략적 동반자가 되었다.
　유럽연합은 이외에 나토, 카리브 국가 공동체(CELAC) 등과도 전략적 동반자 관
　계를 유지하고 있지만 개별적인 국가 차원에서 유럽연합의 전략적 동반자 국가
　의 숫자는 10개국으로 제한되고 있다.
3) 유럽연합과 미국은 전략적 동반자관계 수립시기를 강조하지 않고 있으나 2003
　년 안보전략(Security Strategy) 등의 언급을 보면 전략적 동반자관계 수립은
　2003년 이전으로 보인다.
4) "한－EU 수교 50주년 기념 공동선언" 2013－11－08: "(타고난)"은 원문
5) 김시홍 편저, 한－EU 관계론, p.35

임의장과 폰데어라이엔 집행위원장이 함께 방한하여 5월 22일 용산 대통령실에서 윤석열 대통령과 회담을 가졌다. 한·EU 정상의 대면 회담은 2018년 이후 5년 만이었으며 EU 정상회의 상임의장과 집행위원장의 동시 방한은 2012년 이후 11년 만이었다. 공동성명도 채택되었다.

정상 공동기자회견에서 윤 대통령은 ① 그린·보건·디지털 3대 파트너십 강화, ② 포괄적인 안보협력 강화를 위한 외교장관과 EU 외교안보정책 고위대표 간 전략대화 신설, ③ 북핵 등 주요 지역·국제 현안공조 지속, ④ 경제안보 증진과 회복력 있는 공급망 구축공조 강화, ⑤ 한국의 '호라이즌 유럽' 준회원국 가입 추진 등 과학기술교류기반 확대를 회담 결과로 발표하였다.

양측은 정무·경제·통상 등 양자협력을 넘어 기후변화, 개발협력, 인권과 국제안보 등 다자협력도 강화하고 있다. 한국은 유럽연합과 정무·경제·안보 3대 협정을 가장 먼저 체결한 국가이다. 이는 △기본협정(Framework Agreement) △자유무역협정(Free Trade Agreement: FTA) △위기관리활동참여 기본협정(Framework Participation Agreement for Crisis Management)이다.

기본협정은 1996년 10월 체결돼 2001년 4월 발효된 후 개정협정이 2010년 5월 10일 서명되어 2014년 6월 1일 발효되었다. FTA는 2010년 10월 6일 체결되어 2011년 7월 1일 잠정 발효되고 이어 전 EU 회원국의 비준을 얻어 2015년 12월 13일 전면 발효되었다. 위기관리활동참여 기본협정은 2014년 5월 23일 체결되어 2016년 12월 1일 발효되었다. 캐나다가 한국 다음으로 3대 협정을 체결하였지만 2025년 현재도 3대 협정을 모두 발효시킨 나라는 한국이 유일하다.

## 5.2 한국과 유럽연합 정무 관계

### ▎전략적 동반자 관계의 의미

유럽연합은 전략적 동반자를 분명하게 정의하지 않았지만 전문가들의 견해로서 △지역·세계무대에서 경제·정치적 영향력 보유 △주요 경제강국 또는 고속 경제성장국 △G20 회원국으로 소개한다.6) 유럽연합은 전략적 동반자 관계 국가의 수를 좀처럼 늘리지 않았다. 유럽연합이 한국과의 전략적 동반자 관계에 각별한 의미를 부여하는 배경이다. 오히려 우리나라의 여타 국과의 전략적 동반자 관계 수립에서는 일관된 기준을 찾기 어렵다.

유럽연합의 전략적 동반자 관계 수립에 일정한 형식은 없었다. 한국과는 2010년 10월 정상선언에서 공식 발표하였다. 멕시코와는 2008년 7월 집행 위원회가 제안해 그해 10월 각료이사회 결론으로 채택하였다. 캐나다와는 2016년 협정을 체결해 2017년 발효시켰다. 브라질과는 포르투갈이 EU 의장국이던 2007년 첫 정상회담을 갖고 전략적 동반자 관계를 수립하였다.

필자가 브뤼셀에 근무할 때는 우리나라를 부러워하면서 어떻게 하면 유럽연합의 전략적 동반자가 될 수 있는지 물어오는 여타국의 대사도 있었다. 나름대로 유럽연합에 상당한 중요성을 가지고 있는 나라라고 생각해 전략적 동반자 관계를 수립하고자 하지만 유럽연합에서 공감을 얻지 못하는 듯하였다.

필자는 주벨기에 유럽연합 대사관은 한국의 5강 공관이라고 농담하곤 하였다. 세계 3대 미항은 브라질의 리오 데 자네이루, 이탈리아의 나폴리, 호주의 시드니를 꼽으나 4대 미항은 주장하기 나름이듯이, 4강 공관은 미국, 중국, 일본, 러시아 주재 공관이라는 공감대가 있으나 5강 공관은 주장하기 나름 아니냐는 논리를 덧붙였다. 다만 실제로 5강 공관 의견이 제기된 바도 있었다.7)

---

6) Library Briefing, "EU Strategic Partnerships with third countries" Library of the European Parliament, 2012.9.26.

한·EU 기본협정은 유럽연합이 아시아 국가와는 처음으로 체결한 것이었다. 중국, 일본보다 앞섰다. 한·EU 기본협정은 인권, 대량살상무기 비확산, 대테러, 부패 및 조직범죄와의 전쟁, 무역, 이민, 환경, 에너지, 기후변화, 운송, 과학·기술, 고용 및 사회 문제, 교육, 농업, 개발원조 등 광범위한 정책 분야를 포함하는 포괄적인 협력의 법적 기초를 제공한다.[8]

필자가 브뤼셀에 근무할 당시 EU 인사들은 한국과 매년 정상회담을 개최해 공동성명을 발표할 수 있기를 희망하였다. 유럽연합은 동아시아의 여타 전략적 동반자인 중국이나 일본과 하는 것처럼 한국과 연례 정상회담을 갖기를 원하였다. 사실 정상회담은 미결 현안을 타결하는 추동력을 부여하며 양자관계를 한 단계 높이는 계기가 되기도 한다.

2017년 5월 9일 당선된 문재인 대통령은 주요국에 특사를 파견하였다. 과거와 달리 주변 4강 외에 유럽연합과 아세안, 인도에도 파견하였다. 조윤제 특사는 선거 10일 만인 2017년 5월 19일 브뤼셀에서 투스크 정상회의 상임의장, 모게리니 외교안보고위대표, 헬가 슈미트(Helga Schmid) EU 대외관계청 사무총장, 너지 데바(Nerj Deva) 유럽의회 한반도관계대표단 회장을 모두 면담하였다. EU 인사들은 5월 9일 한국 대통령 선거가 실시된 것도 반가워하였다. 슈망 선언이 발표된 날인 5월 9일(1950년)은 '유럽의 날'로 기념되기 때문이었다.

윤석열 대통령도 취임 전 미국, 일본에 이어 취임 후 유럽연합에 특사를 보냈다. 한국이 정부 교체와 무관하게 유럽연합을 계속 중시하는 것을 보여 주었다. 특사단은 김기현 국민의힘 의원(전 원내대표)을 단장으로 이철규·임이자·박수영·배현진 국민의힘 의원, 홍규덕 숙명여대 교수, 박성훈 고려대 교수였다. 특사단은 브뤼셀, 유럽의회가 소재한 스트라스부르와 함

---

7) 김시홍, op. cit., p.32: "외교부에서 유럽국을 별도의 부서로 독립시키는 안과 제5강으로서의 위상을 정립할 수 있다는 의견들도 개진된 바 있다."

8) "Framework Agreement between the European Union and its Member States, on the one part, and the Republic of Korea, on the other part," *EU Official Journal*, 2013.1.23.

께 당시 EU 의장국인 프랑스를 2022년 6월 5일-11일간 방문하였다.

특사단은 6월 7일 스트라스부르에서 발디스 돔브로브스키스(Valdis Dombrovskis) 수석부집행위원장, 유럽의회 로베르타 메촐라(Roberta Metsola) 의장 및 한반도관계대표단을 면담하고 6월 8일 브뤼셀에서 마그레테 베스타거(Margrethe Vestager) 수석부집행위원장과 미르체아 제오아너(Mircea Geoana) 나토 사무차장에 이어서 6월 9일 스테파노 사니노(Stefano Sannino) 대외관계청 사무총장과 면담하였다.

특사단은 자유민주주의, 인권, 법치주의 등 보편적 가치를 바탕으로 전략적 동반자 관계를 가치동맹으로 심화하기 위한 방안을 협의하였다. 양측은 경제안보 관련 유사입장국 간 공동대응이 긴요한 디지털, 보건·의료, 기후변화 등 분야에서 선도적으로 협력을 확대해 나가기로 하였다. 김기현 단장은 한국·나토 간 경제안보 협력도 확대해 나가자고 말하였다.9)

## ▌유럽연합 정상과의 만남

필자는 2017년 2월 22일을 잊을 수 없다. 외무부에 발을 들여놓은 지 33년 만에 대사로서 신임장을 제정하였다. 사실 유럽연합의 정상에게 신임장을 제정할 것이라고는 생각하지 못하였다. 유럽연합에 선배 대사가 근무하며 임기가 2년 정도 남아 있었기 때문이다. 선배 대사가 외교부 2차관으로 발탁되면서 대사 보임을 기다리던 필자에게 기회가 온 것이었다.

브뤼셀에는 1년 중 240일 정도 비가 온다고 한다. 그날도 비가 왔다. 그렇지만 다소 흥분되어 있던 필자는 이를 크게 의식하지 못했다. 대사관 동료들과 함께 "우주 달걀"로 불리는 유로파 건물로 이동하였다. 차 안에서 길지 않은 시간의 신임장 제정 동안 어떻게 양측 관계 발전에 도움이 되게 일할지 포부를 이야기하고자 생각을 정리하였다.

유럽연합에는 정상이 2명 있다. 모두 "President"로 불리지만 의전상으

---

9) "김기현 대통령 EU 특사, EU 집행위원회 및 대외관계청, 유럽의회, NATO 방문 결과(6.6-6.9)," 한국 외교부 보도자료, 2022.6.9.

로 EU 정상회의 상임의장이 집행위원회 위원장보다 상위에 있다. 각각 유럽연합의 주권국가 간의 연합 성격과 국제기구로서의 성격을 대변하여 과거 신임 대사들은 두 정상에게 각각 신임장을 제정하다가 유럽연합 상임의장에게만 신임장을 제정하는 것으로 바뀌어 있던 때였다.

유럽연합의 신임장 제정은 필자가 서울에서 보아 온 신임장 제정과 달랐다. 작은 회의실에서 이루어졌으며 유럽연합 측 배석자도 2-3명에 불과하였다. 배석자 중 한 명은 필자의 업무 파트너가 될 리오나 키옹카(Riona Kionka) 외교보좌관이었다. 그녀는 미국에서 태어난 에스토니아 외교관으로서 주독일 에스토니아 대사를 역임하였다. 미국 콜롬비아(Columbia) 대학에서 박사학위를 받아 "키옹카 박사"라고 불렸다. 그녀의 남편 로리 레픽(Lauri Lepik)은 주미국 에스토니아 대사였다.

에스토니아는 인구가 120만 명에 불과한데, 주민이 영어를 자연스럽게 구사하여 미국과 같은 느낌을 주는 나라이다. 구소련으로부터 가장 먼저 독립한 나라 중 하나이며 러시아가 제기하는 안보위협에 민감한 나라로서 안보위협을 안고 사는 한국에 동지 의식을 갖고 있다. 에스토니아 출신 인사들과 필자가 긴밀한 협력 관계를 갖게 되는 배경이었다.

신임장 제정 시 인상적이었던 점은 유럽연합의 정상이 마치 필자의 업무상대인 것처럼 동등한 위치에서 맞이한 것이다. 도널드 투스크 EU 정상회의 상임의장(현 폴란드 총리)은 마치 오랜 친구를 대하듯 필자를 대하였다. 시종 웃는 얼굴로 필자를 맞아 사진 촬영도 자연스럽게 이끌었다. 그는 밖에 비가 오는데 한국 대사가 햇빛을 가져다주었다고 말하였다.

필자도 투스크 상임의장이 친숙하게 느껴졌다. 정상과의 만남이라는 딱딱한 인상이 없었다. 좌석 배치도 작은 테이블에서 마주 앉는 형식이었고, 좌우에 한 명 정도 앉았다. 투스크 상임의장은 필자로부터 신임장을 받은 후 답례 선물로 유럽연합의 역사책을 건네주었다. 책의 안쪽 표지에는 필자에게 증정하는 것임을 명기한 내용과 상임의장의 서명이 들어 있었다.

투스크 의장의 영어는 모국어가 아니어서 소박한 느낌을 주었다. 투스크 의장은 대화 도중 "한국은 유럽연합의 최고의 파트너"라고 말하였다. 필자는 "최고의 파트너 중 하나"라고 말하는 것을 잘못 들었는가 하여 다시 들어보았지만 역시 "최고의 파트너"라고 하였다. 투스크 의장은 한국이 유럽연합과 3대 협정을 체결한 유일한 나라라는 점을 들었다. 한국은 유럽연합과 정치, 경제, 안보 면에서 기본협정, FTA, 위기관리기본협정을 모두 체결한 유일한 나라였다.

한국은 유럽연합의 10개 전략적 동반자 국가 중에서 진정으로 뜻을 같이하는 국가라고 할 수 있는 나라였다. 여타 전략적 동반자는 미국, 중국, 일본, 러시아, 인도, 캐나다, 멕시코, 브라질, 남아공이었다. 필자가 대사로 근무한 2017년 1월부터 2019년 12월간에는 미국 트럼프 대통령의 예측을 불허하는 변화무쌍한 메시지와 중국의 강압적 태도에 유럽연합이 고민을 토로하던 때였어서 한국과의 협력을 더욱 소중하게 생각하는 것 같았다.

## ▌양국 정상 간 교류

투스크 상임의장은 이후에도 여러 차례에 걸쳐 한국에 대한 호의를 보여주었다. 우선 앞에서 설명한 바와 같이 필자가 부임한 지 얼마 되지 않아 한국에서 문재인 정부가 출범하면서 특사를 파견해 왔다. 한국에서 정부가 교체되는 과정에서 한반도 주변 4국에 특사를 파견한 경우는 흔히 있었지만 유럽연합에 특사를 파견한 것은 처음이었다.

필자가 우선 유럽연합의 외교부에 해당하는 EU 대외관계청의 업무상대인 군나 비건트(Gunnar Wiegand) 아태실장에게 전화로 연락을 하니 비건트 실장은 반가워하면서도 난감해하였다. 유럽연합은 특사를 접수하는 일이 흔치 않았기 때문이다. 필자는 한국 정부에서 유럽연합에 특사를 파견하는 것은 처음 있는 일로서 향후 긴밀한 협력을 위해 중요한 기회라고 강조하였다.

얼마 지나지 않아 조윤제 특사에 대한 일정이 모두 주선되었다. 우선 유럽연합 상임의장과의 일정이 주선되어 필자로서는 다른 일정을 주선하기가 쉬웠다. 투스크 상임의장의 배려가 있었던 것으로 생각되었다. 특사는 하루에 정상회의 상임의장, 외교안보고위대표, 대외관계청 사무총장, 유럽의회 한반도 대표단 의장을 모두 만날 수 있었다.

투스크 의장은 2018년 10월 브뤼셀에서 ASEM 정상회의를 주최하는 계기에도 한국에 각별한 우정을 보였다. 10월 18일 ASEM 갈라 만찬에 임동혁 피아니스트를 초청해 쇼팽(Frederic Chopin)의 곡을 연주하도록 하였는데, 10월 19일 문재인 대통령과 회담 시 EU 수도에 한국 대통령을 초청하여 자신의 모국인 폴란드 작곡가의 음악을 한국의 피아니스트가 연주하게 한 것이라고 설명하였다.

폴란드 총리 출신인 투스크 의장은 한국 피아니스트를 초청하기 위해 자신의 의전장을 프랑스에 파견해 피아니스트의 매니지먼트와 협의하도록 하는 등 각별한 정성을 기울였다. 투스크 의장은 문재인 대통령에게 폴란드의 작곡가 쇼팽의 음악을 가장 잘 연주할 수 있는 연주자가 한국의 임동혁 피아니스트여서 그들 초청하였다고 설명하였다.

사실 EU 측은 한·EU 정상회담에 많은 기대를 표명하고 긴 시간 회담을 갖기 희망하면서 10월 19일 만찬을 제의하였으나 우리가 덴마크 방문을 위해 이동해야 해서 수용하지 못한 바도 있었다. EU 측은 10월 19일 ASEM 정상회의 직후 공식 기자회견 시 투스크 상임의장, 융커 집행위원장, 쿠르츠(Kurz) 오스트리아 총리(18년 하반기 EU 의장국), ASEAN 대표와 함께 문 대통령을 초청하였을 때도 우리는 일정이 빠듯하여 이를 수용하지 못하였다.

또 10월 18일 오후 문재인 대통령의 필립 벨기에 국왕 부부 면담 일정이 주선되었다가 우리 대표단 도착 시간이 지연되어 취소된 바 있어 필자는 아쉬운 마음에 도미니크 마로(Dominique Marro) EU 의전장에게 10월

18일 갈라 만찬 시 다소 무리이기는 하지만 주최자인 투스크 의장과 영예 참석자인 필립 국왕 사이에 문 대통령 좌석을 마련해 줄 것을 요청하였는데, EU 측은 공동 주최자격인 투스크 의장과 필립 국왕 바로 옆으로 문 대통령 좌석을 배정해 주었다. 당시 벨기에는 2016년 2월 초부터 필립 국왕의 방한 희망을 제기해 2019년 3월 방한이 추진되고 있었으며 우리가 확답을 주지 못한 상황이었는데 문 대통령이 만찬에서 옆에 앉은 필립 국왕과 이야기를 하면서 필립 국왕의 방한을 확정하였다. 만찬 직후 윤영찬 국민소통수석은 문 대통령이 필립 국왕과 함께 앉았으며 2019년 3월 필립 국왕의 국빈방한을 결정했다고 언론에 설명하였다.

정상회담이 개최되던 10월 19일, 필자는 배석하는 주유럽연합 대사로서 일찍 회담장에 도착하였다. 우리와 유럽연합 배석자 간 인사를 나누고 있을 때 정상들이 도착하였다. 투스크 의장은 우리 배석자와 인사를 나누러 다가왔다. 그는 필자에게 무슨 일이든 어려운 일이 있으면 찾아오라고 말하였다. 필자가 고마움을 표시하자 투스크 의장은 인사치레로 하는 말이 아니라 "진심으로 하는 말"(I really mean it.)이라고 덧붙였다.

## ▎유럽연합의 관심

유럽연합 측은 10개 전략적 동반자 국가 중 한국처럼 진정으로 뜻을 같이하는 파트너(truly like-minded partner)는 몇 되지 않는다고 말한다. 2010년에 체결된 기본협정 제1조 1항의 첫 문장도 "민주주의 원칙, 인권과 기본적 자유, 그리고 법의 지배를 중시하고 있음을 확인한다"라는 내용으로, 양측이 뜻을 같이함을 확인할 수 있었다. 우리나라에게 유럽연합은 상성이나 케미스트리가 좋은 자연스러운 파트너이다. 서로에 대해 호감이 많으며 추구하는 국익이 부합되고 모순되지 않아서이다.

강경화 외교장관은 2018년 3월 19일 브뤼셀에서 EU 외교이사회 오찬 협의에 참석하였다. 모게리니 외교안보고위대표의 초청에 따른 것이었다.

한국 외교장관이 EU 외교이사회에 참석한 것은 처음이었다. EU 측은 한국 외교장관 중 최초 사례일 뿐 아니라 아시아 외교장관 중 최초의 사례라며 의미를 부여하였다.

2018년 8월 15일 서울 용산구 국립중앙박물관에서 개최된 제73주년 광복절 기념식도 관심이 되었다. 닷새 후인 8월 20일 리차드 소스택(Richard Szostak) EU 집행위원장의 부비서실장은 필자에게 광복절 기념식을 지켜보았다고 하면서 경축공연 중 합창을 반가워하였다. 700명의 연합합창단이 베토벤(Beethoven)의 '환희의 송가'를 불렀는데 유럽연합의 국가(國歌)로 사용되는 음악이었기 때문이다. 유럽연합은 한국에 대해 관심이 많았다.

한국과 유럽연합 간에는 FTA 이행을 위한 16개 협의체를 포함해 정기적인 협의체가 40여 개이다. 한국 국회와 유럽의회는 매년 상호방문하며 협의를 가진다. 한국 국회의 한·EU 의원외교협의회 대표단, 한-유럽연합(EU)의회 외교포럼과 유럽의회 한반도관계대표단은 물론 여타 의원들도 서로 방문하며 이해와 협력을 높인다.[10]

2022년 12월 8일 브뤼셀자유대학에서 주벨기에유럽연합대사관이 한정훈 서울대 교수와 가진 '한·EU 상호인식 조사' 보고회도 우호적 인식을 보여 주었다. 한국인 응답자 중 유럽연합에 대한 긍정적 평가는 69.4%, 부정적 평가는 15.3%, 모른다는 평가는 15.4%였다. 유럽연합 측 응답자 중 한국에 대한 긍정적 평가는 55.3%, 부정적 평가는 26.8%, 모른다는 응답은 18%였다.[11]

문제라면 한국과 유럽연합이 서로의 긴밀한 협력을 당연시한다는 것이다. 미하엘 라이터러(Michael Reiterer) 전 주한 EU 대사는 양측 간 긴밀한

---

10) 2016-2020년 한·EU 의원외교협의회: [회장] 정동영(국민의당), [부회장] 김영주·정성호·김태년(더불어민주당), 이주영·신상진·조경태·여상규(자유한국당), 주승용(국민의당), [간사장] 정인화(국민의당); 2020-2024년 한·유럽연합(EU) 의회외교포럼 [회장] 이상민(더불어민주당), 홍준표(무소속)

11) 외교부 보도자료 22-1120 "한-EU 상호인식조사 최종 결과보고회 및 한-EU 수교 60주년 기념 로고 공모전 시상식 개최," 2022.12.9.

포괄적 전략적 동반자 관계의 부정적인 면은 일정한 무관심으로서 서로의 관계를 당연한 것으로 받아들이는 것이라고 지적하였다.[12] 이러한 측면에도 불구하고 양측 간에는 호의적인 인식이 많다.

전반적으로 말하면 한국이 유럽연합의 협의 기대에 응하지 못하는 경우가 많다. 유럽연합은 더 많은 회담을 갖기를 원하고 더 많은 협의를 하기를 원하는데 한국이 응하지 못하는 경우가 많다. 특히 EU 회원국 중 소규모 회원국에 대해서는 더욱 그러하다. 우리 외교의 우선순위가 한반도 문제를 중심으로 전개되다 보니 유럽 국가들이 뒤로 밀리는 것이다.

EU와 그 회원국이 우선순위를 받지 못하는 것은 유럽연합에 대한 이해부족 때문인 경우도 있다. EU와 그 회원국 간 권한 배분 등은 이해하기가 쉽지 않다. 유럽연합보다 회원국인 독일, 프랑스, 스페인, 이탈리아에 관한 보도가 피부에 와닿는 것이 현실이다. 아이러니하게도 유럽연합과의 관계에서 불편한 문제가 발생하는 경우가 적어 고위인사의 관심을 받지 못한다.

유럽연합의 전략적 동반자 10개국 중 한국이 진정으로 뜻을 같이하는 동반자라고 하듯, 양측은 조율하지 않아도 같은 입장에 서는 경우가 많다. 문제점은 라이터러 전 주한 EU 대사가 지적하였듯이 협조를 당연시하는 것이다. 가까운 관계도 신경을 쓰면 더욱 가까워질 수 있다. 향후 한반도 문제 관련 국제사회의 지지가 필요할 때 유럽연합의 선도적 지원은 중요하다.


## 5.3 한국과 유럽연합 경제·통상관계

### ▌한·EU FTA의 태동

한·EU FTA는 한국 정부가 2003년 8월 마련한 'FTA 추진 로드맵'에서 기원을 찾을 수 있다. 당시에 한국은 미국, 중국, 유럽연합 등 거대 경제권

---

12) 김시홍, op. cit., Michael Reiterer 주한 EU대사 축사 (2019.4.12.): Paradoxically the down-side of this story is a certain neglect — the relationship sometimes appears as taken for granted.

을 중장기적으로 FTA를 추진할 대상으로 선정하고 단계적으로 한·EU FTA 를 준비하였다. 유럽연합 측이 관심을 가질 수 있도록 협의를 이끌어 오면 서 한·EU FTA의 경제적 효과 분석 등 국내 준비를 병행하였다. 한국 정부 는 면밀한 사전 준비를 하였다. 유럽자유무역연합(EFTA)과 2005년 7월 FTA 를 타결해 유럽지역에 교두보를 마련하였으며 미국, 캐나다, ASEAN, 인도 와의 FTA를 추진함으로써 유럽연합의 관심을 환기시켰다. 한국 정부는 연 구용역도 위임하여 대외경제정책연구원(KIEP)이 2005년 3월 '한·EU FTA의 경제적 효과 분석' 자료를 발간하였다.13)

양측 협의는 2006년 5월 15일 필리핀 마닐라(Manila)에서 시작되었다. 김현종 외교통상부 통상교섭본부장과 피터 만델슨(Peter Mandelson) EU 통상담당 집행위원은 회담을 갖고 한·EU FTA를 위한 예비협의를 갖기로 하였다. 한국은 3개월 전 한·미 FTA 협상 출범을 선언해 6월 초 제1차 협상을 앞두고 있었다. 한국이 목표하는 두 개의 거대 FTA가 서로를 추동 하며 추진되었다.

당초 유럽연합은 자신들이 추진하는 3세대 FTA(1세대: 공산품 관세철폐 초점, 2세대: 지적재산권, 서비스, 지속가능 발전 포함, 3세대: 농산품, 서비스, 지 식재산권, 위생검역, 경쟁, 노동과 환경 포함)를 한국이 체결할 능력이 있는지 회의적이었으나 △한·미 FTA 교섭이 진전되고 △한·EU 간 신뢰가 쌓임 에 따라 오히려 협상 개시를 제안해 왔다.14)

유럽연합은 2006년 10월 4일 한국을 인도, ASEAN과 함께 유력한 FTA 추진후보국으로 선정하였다. 2007년 4월 23일 EU 일반이사회는 한·EU FTA 협상지침을 부여하여 EU 집행위원회가 협상에 나설 수 있도록 하였 다. 한국은 2006년 11월 공청회, 12월 민간자문회의를 개최한 후 2007년

---

13) "한·EU FTA 협상 공식 출범 선언" 외교통상부 보도자료, 2007.5.6.; 최석영, *최 석영의 FTA 협상노트*, pp.239-249; 김현종, *김현종, 한미 FTA를 말하다*, pp.32-36, pp.65-70
14) 김현종, op. cit., pp.32-36, pp.65-70

5월 1일 대외경제장관회의에서 한·EU FTA 협상 개시를 결정하였다.

양측 FTA 협상은 한·미 FTA가 타결된 직후인 2007년 5월 6일 시작되었다. 김현종 본부장과 만델슨 집행위원이 서울 외교통상부에서 협상 출범을 발표하였다. 양측은 공동선언문(Joint Declaration)에서 "WTO 규범과 일치하는 수준 높은 FTA를 통해 향후 다자간 협상의 전범이 될 수 있는 협정"을 체결하기로 하였다. 모범이 될 FTA라는 높은 목표를 지향하였다.

한국은 세계 최대 경제권이자 제2위 교역상대이며 한국에 대한 최대 투자상대인 유럽연합과 교역을 확대할 수 있을 것으로 기대하였다. 또한 한국이 동아시아, 미국과 유럽을 연결하는 FTA 허브로 부상하며 국내 제도와 관행을 선진화함으로써 전반적 경제 시스템을 격상시키는 계기가 되기를 희망하였다.

약 2년간 8차례의 공식협상을 거쳐 2009년 7월 13일 스웨덴 스톡홀름에서 협상이 타결되었다. 한국 협상 수석대표는 이혜민 FTA 교섭대표였다. 통상교섭본부장은 김종훈 본부장으로 교체되어 있었다. EU는 이그나시오 베르세로(Ignacio Bercero) 집행위원회 통상총국장이 협상 수석대표였다. 통상담당 집행위원은 캐서린 애쉬턴(Catherine Ashton) 집행위원으로 교체되어 있었다.

한·EU FTA는 2009년 10월 15일 가서명되고 2010년 10월 6일 정식 서명되었다. 2011년 2월 17일 유럽의회 비준과 2011년 5월 4일 한국국회 비준을 받아 2011년 7월 1일 잠정 발효되었다. 이어 모든 EU 회원국의 비준을 얻어 2015년 12월 13일 전면 발효되었다. 양측은 FTA 이행을 위해 연례 장관급 통상위원회(Trade Committee) 회의를 비롯하여 7개 전문위원회(Specialised Committee), 7개 실무그룹(Working Group)과 지적재산권 대화(Intellectual Property Dialogue)를 갖게 되었다.

유럽자동차제조업자협회(Association des Constructeurs Europeens d'Automobiles: ACEA)는 한·EU FTA 반대 로비를 전개하였다. 회원사인 이탈리아 피아트

(FIAT)와 유럽에 진출한 일본 자동차 업계 입장을 반영하였다.[15] 한국 자동차 업계가 ACEA에 가입하기 전이어서 반대를 원천적으로 차단할 수 없었다. 이탈리아는 FTA로 한국 자동차 가격이 하락하면 피아트의 시장점유율이 줄어들 것을 우려해 EU 집행위원회에 자문을 제공하는 무역정책위원회(Trade Policy Committee: TPC)에서 협상 타결을 반대하였다.[16]

결국 양측 정상이 직접 개입하였다. 2010년 9월 6일 이명박 대통령은 EU 의장국인 벨기에 이브 레테르메(Yves Leterme) 총리와 통화해 협조를 요청하고 2010년 9월 10일 러시아 '야로슬라블 세계정책포럼'에 참석해 만난 실비오 베를루스코니(Silvio Berlusconi) 이탈리아 총리와 어깨동무 대화를 나누어 이탈리아가 유보 입장을 철회하도록 이끌었다.[17]

이탈리아 실무진은 한·이탈리아 정상회담을 반대하였는데, 이명박 대통령은 9월 10일 메드베데프(Medvedev) 러시아 대통령, 베를루스코니 총리와 3자 정상만찬 계기에 이탈리아 측을 설득할 기회를 가졌다. 이명박 대통령은 같은 날 개최된 EU 특별이사회에서 한·EU FTA가 승인되지 않았다면서 협조를 요청하였는데 베를루스코니 총리는 뜻밖에 흔쾌히 동의해주었다.[18]

엿새 뒤 2010년 9월 16일 브뤼셀에서 개최된 EU 외교이사회는 한·EU FTA 서명을 승인하였다. 다시 20일 후인 2010년 10월 6일 브뤼셀에서 한·EU 정상회담이 개최되는 계기에 한·EU FTA 정식 서명이 이루어졌다. 김종훈 통상교섭본부장과 스티븐 바나케르(Steven Vanackere) 벨기에(EU 의장국) 외교장관이 서명하였다.

한·EU FTA는 2011년 7월 1일 잠정 발효되고 2015년 12월 13일 정식 발효되었다. 유럽연합이 통상 문제에 배타적 권한을 갖지만 지식재산권 형사집행 등 사법조치, 문화협력은 유럽연합과 회원국간의 공유권한 사항이

---

15) 맹찬형·전순섭, "이탈리아 자동차에 발목 잡힌 한−EU FTA," 연합뉴스, 2010. 9.13.
16) 최석영, 최석영의 국제협상 현장노트, p.148
17) 최석영, 최석영의 FTA 협상노트, pp.252−254
18) 이명박, 대통령의 시간 2008−2013, pp.477−479

어서 우선 유럽연합이 배타적 권한을 갖는 통상 관련 사항 발효 후 여타 사항은 모든 EU 회원국의 국내 비준을 받아 정식 발효한 것이다.[19]

한·EU FTA는 당시 유럽연합의 가장 야심적이며 포괄적인(the most ambitious and comprehensive) FTA였다.[20] 유럽연합이 산업국가와 체결한 최초의 FTA이자 아시아 국가와 체결한 최초의 FTA였다. 한국도 경제규모가 큰 상대와 체결한 최초의 FTA였다. 한·EU FTA는 신세대 FTA로서 기후변화와 노동 규정을 포함하였다.

한·EU FTA가 서명된 2010년 10월 6일 브뤼셀에서는 유럽연합이 아시아 국가 중 한국과 처음 FTA를 체결한 데에 관심이 높았다. 한·EU 정상 공동기자회견시 일본 기자가 FTA 협상은 일본이 먼저 시작하였는데 왜 한국을 아시아 첫 파트너로 선정하였는지 물었다. 바호주(Jose Manuel Barroso) 집행위원장은 한국이 유럽연합이 제안한 여러 조건에 부응하였다고 답변하였다.[21]

한·EU FTA는 첫 신세대 FTA로서 향후 유럽연합 FTA 협상의 기본 틀이 되었다. 교역을 증진시키고 일자리와 성장을 창출하였다. 메르켈 총리는 2017년 3월 17일 워싱턴에서 트럼프 대통령과 공동기자회견에서 한·EU FTA가 고용을 증대시켰으며 양측에 도움이 되었다고 말했다.[22] '아메리카 퍼스트'(America First)를 외치는 미국 대통령 앞에서 상생 협력방안을 말하였다.

한·EU FTA 체결 후 통상과 투자가 증대되었다. EU 통계로는 유럽연합이 적자, 한국 통계로는 한국이 적자를 보이곤 한 균형 잡힌 교역성장이었

19) 최석영, *최석영의 국제협상 현장노트*, p.153
20) EEAS (European External Action Service), "The Republic of Korea and the EU," 2016.5.10.
21) 이명박, op. cit., pp.474−477
22) The American Presidency Project, Donald J. Trump, 45th President of the United States; 2017−2021, "The President's News Conference With Chancellor Angela Merkel of Germany", 2017.3.17.

다. 양측의 주요 수출품이 자동차로 같았다. 한국은 반도체를 수출하고 반도체 제작기계를 수입하였다. 합성수지 등 자유화된 품목 수출이 늘어났다. 한국은 유럽의 원유를 수입하기 시작하였다.

한·EU FTA는 '메기효과'도 발생시켰다.[23] 한국 기업은 선진 유럽 기업과 경쟁하면서 제품 품질과 디자인을 높였다. 독일산 자동차에 밀리지 않기 위해 고급 브랜드와 새로운 모델을 개발하고 품질을 높였다. 유럽의 환경중시 추세에 맞춰 전기차와 수소차 생산을 서둘렀다. 국제적 수준에 맞게 환경과 노동 제도가 개선되었다. 일본 등에 앞서 FTA 선발주자의 이점을 활용하였다.

한국은 한·미 FTA를 기초로 유럽연합과 협상을 병행하여 미국 내에 한·미 FTA 비준 동력을 만들고자 하였다. 유럽연합은 한·미 FTA 합의 결과를 가져오는 것이 전략적으로 유리하다고 판단하였다. 한·EU FTA는 한·미 FTA보다 협상 시작과 타결은 늦었지만 국회 비준과 발효는 앞섰다. 한·EU FTA는 한·미 FTA와 내용과 개방정도가 비슷한데도 한국 내 이념적, 정치적인 반대가 적었고 비준과정도 비교적 순탄하였다. 한·EU FTA가 '착한 FTA'로 불리게 된 배경이다.

한·EU FTA는 유럽연합이 기존에 체결한 FTA와 근본적인 차이가 있었다. 상품, 서비스, 지식재산권 외에 경쟁, 노동, 환경과 투명성 분야를 포함하였다. 관세와 관련하여 EU는 5년 내 수입액 기준 모든 관세를 철폐하며 한국은 수입액 기준 97%의 관세를 철폐하기로 합의하였다. 한국은 농수산물에 대해서는 현행 관세유지 또는 장기에 걸친 관세철폐 등의 보호장치를 포함시켰다.

한·EU FTA는 차세대 FTA로서의 면모를 보였다. 관세감축을 넘어서 전기전자, 자동차, 의약품 및 화학물질 분야의 비관세조치에 대한 과감한 합의를 도출하였으며 비관세조치 해결을 위한 중개절차를 도입하였다. 경

---

23) 박천일 한국무역협회 국제무역통상연구원장, "한·EU FTA 10년이 우리산업에 가져온 메기효과," *머니투데이*, 2021.7.27.

쟁 챕터는 불필요한 규제를 철폐하는 데 기여하였다.

한·EU FTA는 글로벌 통상질서에 영향을 주었다. 우선 미국을 자극하여 한·미 FTA의 미 의회 인준을 촉진시켰다. 일본도 자극을 받아 한·EU FTA 발효 직전 2011년 5월 EU와 FTA 협상을 시작하였으며 2011년 11월 호놀룰루 G20 정상회의 시 환태평양경제동반자협정(Trans-Pacific Partnership: TPP)에 관심을 표명하고 2013년 3월 TPP 공식참여를 선언하였다.

한·EU FTA를 통해 한국은 수출확대의 교두보를 마련하고 세계 최대시장을 허브로 활용할 수 있게 되었다. 전략적 측면에서 한국은 공동 가치를 추구하는 유럽연합과 전략적 동반자 관계를 한 단계 더 발전시킬 수 있었다. 유럽연합이 민주주의, 시장경제, 인권, 환경과 개발 등 범세계적 문제에서 높은 기준을 선도해 온 만큼 특히 의미가 컸다.

2022-2023년 유럽연합의 한국에 대한 수출입[24]

(단위: 억 유로)

| 항목 | 수출 | | 수입 | | 교역액 | | 수지 | |
|------|------|------|------|------|--------|--------|------|------|
| | 2022 | 2023 | 2022 | 2023 | 2022 | 2023 | 2022 | 2023 |
| 상품 | 601 | 578 | 723 | 730 | 1,324 | 1,308 | -122 | -152 |
| 서비스 | 196 | - | 113 | - | 309 | - | 309 | - |
| 계 | 797 | - | 846 | - | 1,633 | - | 187 | - |

## ▌한국과 EU 개인정보 보호 협력

유럽연합은 이전 규정을 종합해 2018년 일반개인정보보호규정(General Data Protection Regulation: GDPR)을 발효시켰다. 기업에 높은 수준의 보호 의무를 부과하였다. 외국 기업도 EU 회원국에서 취득한 개인정보를 활용하기 위해서는 높은 수준의 개인정보 보호장치를 갖고 있음을 확인해야 하였다.[25] 단 상응한 법규를 인정받은 국가의 기업에는 의무를 덜어 주었다.

---

24) "EU trade relations with Korea," European Commission (2024.10.9. 열람)

한국도 이러한 인정을 받고자 하였다. 한국 기업의 비용을 줄여서 EU 회원국에서의 활동을 지원할 뿐 아니라 한국의 개인정보 보호를 국제적으로도 인정받는 일이었다. 일본이 먼저 개인정보 보호 관련 전면 적정성 평가를 받았다. 한국은 정부(행정안전부)가 개인정보 보호 업무를 수행하는데 대해 유럽연합이 우려를 갖고 있던 만큼 우선 부분 적정성 평가를 받고자 하였다.

단 부분 적정성 평가를 받는 데에도 전면 적정성 평가를 받는 것과 같은 정도의 협의가 필요하며 시간과 노력이 소요되었다. 또한 부분 적정성 평가를 받은 이후 재차 전면 적정성 평가를 받아야 하는 만큼 낭비 요소가 많았다. 필자는 현지 대사로서 전면 적정성 평가를 받자고 건의하였으며 이러한 건의가 수용되었다.

유럽연합과의 협의과정에서 개인정보보호위원회가 출범하는 등 한국의 개인정보 보호 수준이 더 높아졌다. 행정안전부, 방송통신위원회 등에 분산되어 있던 개인정보 보호기능을 통합해 2020년 8월 개인정보보호위원회가 중앙행정기관으로 출범하였다. 윤종인 위원장은 2021년 8월 4일 개인정보보호위원회 출범 1주년 화상 기자간담회에서 데이터 경제 시대에 맞도록 새로운 데이터 보호체계 마련 등 '패스트 팔로워'가 아닌 '퍼스트 무버' 전략이 중요하다고 말하였다.

윤종인 위원장은 EU의 개인정보 보호 적정성 결정을 받게 되면 한국은 개인정보 보호 관련 EU 회원국에 준하는 지위를 부여받게 되어 EU로부터 한국으로 자유롭고 안전한 정보 흐름이 가능하게 되며 한·EU FTA를 보완하여 디지털 관련 선도적인 역량을 갖고 있는 유럽연합과의 협력이 강화될 것이라고 말하였다.

유럽연합과의 협의가 데이터 3법의 국회 통과에 기여하였다. 개인정보보호법, 정보통신망법, 신용정보법 개정안의 데이터 3법은 2018년 11월

---

25) 개인정보보호법은 6장 1항에서 상술

발의되었지만 1년 넘게 계류되다가 2020년 1월 9일 국회 본회의를 통과하여 2020년 8월 5일부터 시행되었다. EU 일반개인정보보호규정 대응을 위한 법 체계가 통합되었다.

한국에 대한 EU의 개인정보 보호 적정성 결정이 2021년 12월 17일에 발효되었다. 일본 다음으로 2번째로 적정성 결정을 받게 되어 EU 진출 한국 기업이 법률검토 등 최대 1년의 기간 및 2억 원의 비용을 절약할 수 있을 것으로 기대되었다. 또한 일본과 달리 공공 분야도 포함되어 규제협력 등 정부 간 협력도 강화될 것으로 기대되었다.

## ▎유럽산 쇠고기 한국 수입

유럽연합의 관심사 중 하나는 유럽산 쇠고기의 한국 수출이었다. 한국은 2000년 유럽에서 광우병이 발생한 이후 유럽산 쇠고기 수입을 금지하였다. EU측은 EU 단일시장인 만큼 일괄적으로 모든 EU 회원국 쇠고기의 수입을 허용해야 한다고 주장하기도 하였지만 결국 한국이 개별국가별로 심사하는 것을 수용하였다.

한국은 8단계 수입허용 절차를 갖고 있다. ① 수입허용 가능성 검토, ② 가축위생 설문서 송부, ③ 답변서 검토, ④ 현지조사, ⑤ 수입허용여부 결정, ⑥ 수입위생 조건 합의, ⑦ 수입위생조건 제정 및 고시, ⑧ 검역증명서 서식 협의 절차이다. 절차를 완료하는 데에는 상당한 시간이 소요된다. EU 관련 인사는 압박을 가하는 것은 자신들이 할 일이 아니라고 인정하면서도 유럽연합도 다른 나라처럼 문제를 야기해야 하겠다고 말하기도 하였다.

EU 인사는 미국, 캐나다, 호주산 쇠고기가 한국에 수입되고 있는데 유럽산 쇠고기의 수입이 허용되지 않는 것은 불공평하다고 하였다. 수입이 허용되지 않으면 WTO 제소까지 갈 수밖에 없다고 말하였지만 그렇게 하기를 원하지는 않았다. 한국에서 늦은 속도이지만 개별 회원국에 대한 수입허용 절차가 진행되고 있는 것도 이유였다.

한국은 신청이 들어온 순서대로 네덜란드, 덴마크, 아일랜드, 프랑스산 쇠고기의 수입 허용 절차를 밟았다. 네덜란드와 아일랜드는 2006년, 프랑스는 2007년, 덴마크는 2011년에 수입 허용 절차를 시작하였다. 네덜란드와 덴마크산 쇠고기 수입은 2019년 허용되었다. 덴마크는 2009년, 네덜란드는 2011년 이후 광우병이 발생하지 않았음을 확인하고 광우병 발생 시 다시 수입금지 조치를 취할 수 있다는 조건을 달았다.

아일랜드와 프랑스는 2021년 7단계를 통과하였다. 2021년 4월 9일 농림축산식품부는 '아일랜드와 프랑스 쇠고기 수입 위생조건(안)'을 행정 예고하였다. 쇠고기 수입은 30개월령 미만의 소에서 생산된 쇠고기로 제한되며 수입이 허용된 이후 광우병이 발생할 경우 수입을 중단할 수 있다는 조건이었다. 2023년 12월 프랑스와 아일랜드산 쇠고기 수입 위생조건안이 국회심의를 통과해 아일랜드산 쇠고기는 2024년 5월부터 시중 식당에 유통되게 되었지만 4개월 이후인 9월 23일 농림축산식품부는 아일랜드에서 광우병이 발생해 아일랜드산 쇠고기의 수입 검역을 중단한다고 발표하였다. 프랑스산 쇠고기는 2024년 11월부터 수입되기 시작하였다.

유럽산 쇠고기는 한국에서 시장점유율을 늘리지 못하였다. EU 측이 예상한 대로였다. 유럽연합은 한우가 아니라 미국, 호주 및 캐나다산 쇠고기와 경쟁하겠다는 것이었으나 그것도 쉽지 않았다. 2020년 유럽연합에서 수입된 쇠고기는 288톤으로서 전체 수입 쇠고기량 40만 톤의 0.07%에 불과하였다. 유럽산 쇠고기는 미국·호주산보다 가격이 높고 국내 소비자 선호를 만들지 못하여 국내 시장 점유율을 0.1−0.2%로 국한되었다.

## ▎지리적 표시[26)]

한·EU FTA 체결 후속조치로 양측의 지리적 표시를 증대하는 것도 현안이었다. 지리적 표시는 상품의 품질, 명성이 특정한 지리적 근원에서 비롯되는 경우 특정 지역 상품임을 표시해 주는 지적재산과 같은 것이다. 한·EU FTA는 제10장 지적재산 부분에 지리적 표시 규정을 포함하고 상호인정하여 보호해 주기로 하였다.

지리적 표시는 보르도 포도주, 브르고뉴 포도주, 스카치 위스키, 보성녹차, 하동 녹차, 고창 복분자주와 같이 상품의 품질과 명성이 특정 지역의 지리적 특성에 기인한다고 인정하여 보호해 주는 것이다. 19세기 후반부터 지리적 표시 보호 노력이 전개되어 마침내 1995년 WTO에서 '무역관련지식재산권협정'을 통해 지적재산권 보호대상으로 규정되었다.

유럽연합은 지적재산 보호에서 선도적으로 규범을 만들어 나간다는 차원에서도 지리적 표시에 관심이 많았다. 유럽연합 차원에서 등록되어 있는 지리적 표시가 5천여 개가 되었다. 한국은 1997년 7월 농수산품질관리법에 따라서 등록제를 마련하고 2004년 7월 상표법에 따른 지리적 표시 단체장 등록제도를 도입하여 경험이 일천하였다.

지리적 표시는 한·EU FTA 협상 당시에도 합의 도출이 어려운 분야이었다. EU측은 회원국에 등록된 모든 지리적 표시의 보호를 요구하였지만 결국 FTA 부속서에 등재된 것만 우선 보호하기로 합의하였다. 한·EU FTA는 EU 측 162개(농산물·식품 60개, 포도주 80개, 증류주 22개), 한국 측 64개(농산물·식품 63개, 포도주 0개, 증류주 1개)를 등재하였다.

아무래도 EU 측 지리적 표시가 한국 측보다 많았다. EU 측은 FTA 부속서에 등재된 것 외에도 지리적 표시로 등재할 사항이 많았던 만큼 한·EU

---

26) 외교통상부 FTA정책국 FTA협상총괄과, "한·EU FTA 상세설명자료"(2012년 7월); 김병일, "한－EU FTA에서의 지리적 표시 보호제도 개선에 대한 연구," 한국지식재산학회, *산업재산권* 제64호(2020년 7월) pp.333－383; 고용부, "지리적 표시 제도의 의의 및 보호체제 연구," *한국항만경제학회지* 제23집 제3호 (2007년 9월), pp.165－184

FTA 규정에 따라 한국에 지리적 표시 추가 등재를 요청해 왔다. EU 측은 FTA 제10.25조에 따라 설치된 지리적 표시 작업반을 통해 추가 등재를 요청하였다.

한·EU FTA 제10.24조는 지리적 표시를 추가해 달라는 상대측 요청을 과도한 지체 없이 처리하기로 규정하고 있으나 한국 측이 열의를 갖기는 어려웠다. 한국은 매번 새로운 항목을 추가하기보다는 우선 일정한 절차를 마련하자고 맞섰다. EU는 한국의 제안대로 우선 절차에 합의하여 46개 지리적 표시를 추가할 수 있게 되었다.

## ▎현대중공업 그룹의 대우조선해양 인수 심사

현대중공업 그룹은 대우조선해양의 인수를 추진하면서 2019년 11월 EU 집행위원회에 심사를 신청하였으며 EU 집행위원회는 바로 12월 심층심사를 개시하였다. 현대중공업 그룹은 한국의 공정거래위원회(2019.7. 신청)는 물론 중국(2019.7.), 카자흐스탄(2019.8.), 싱가포르(2019.9.), 일본(2019.9.), 유럽연합에서 기업결합에 대한 심사를 신청하였다.

한국 관점에서는 중복투자를 줄이며 과당 경쟁을 막고 고용도 보호하지만 여타국 관점에서는 한국 기업이 압도적 지위를 통해 세계시장의 자유경쟁을 약화시켜 결국 자신들에게 불리하게 할 가능성이 있는지를 심사한다. 한국 기업이 심사를 소홀히 할 수 없는 이유는 승인을 해 주지 않은 국가에서는 사업을 할 수 없기 때문이다.

EU 집행위원회 경쟁총국은 현대중공업-대우조선해양 간 기업결합을 심사하면서 현대중공업이 제시한 '기술공유' 시정방안으로는 경쟁제한 우려를 해소할 수 없다고 하였다. 새로운 경쟁자를 즉시 만들어 낼 매각방식의 구조적 시정방안을 요청하였다. 일부 매각이라는 새로운 시정방안을 제출하지 않으면 기업결합이 승인될 수 없다는 것이었다.

생산능력, 제품구성 등 측면에서 경쟁업체인 한국의 삼성중공업, 중국의 중국선박중공업집단(China State Shipbuilding Corporation: CSSC)은 각각 또는 두 업체를 합해도 현대중공업/대우조선해양을 견제할 만한 충분한 능력이 없으며 그렇게 할 유인도 없다는 점과 최근 수년간 신규기업 진입이 없었으며 일본 업체들은 자국 내 시장에만 참여한다는 점이 배경이었다.

유럽연합은 LNG선박 사업을 일부 매각해 시장점유율을 50% 이하로 낮추라고 요구하였다. 2021년 두 기업은 전 세계 발주 LNG 선박 83척 중 47척을 수주해 56.6%의 시장점유율을 보였다. 현대중공업은 2019년 3월 8일 대우조선의 최대 지주인 산업은행과 본계약 체결 당시 6개 외국 경쟁당국 승인을 받는 조건을 수용하였는데 중국, 싱가포르, 카자흐스탄이 승인한 상황이었다.

결국 베스타거 수석부집행위원장은 2022년 1월 13일 현대중공업과 대우해양조선 간 기업결합 금지 결정(prohibition decision)을 발표하였다. 현대중공업이 대형 LNG 운반선 시장 경쟁제한 문제를 해소할 시정방안을 제출하지 않아 기업결합 후 독점적 지위를 확보하게 되고 공급업체 감소 및 가격 인상이 우려된다는 것이었다. 현대중공업의 대우조선해양 인수는 무산되었다.

한국 정부는 외교부, 기획재정부, 산업통상자원부, 금융위원회, 산업은행, 수출입은행 공동으로 보도참고자료를 발표하여 아쉬움을 표명하였다. 언론은 무리한 매각을 추진하였다는 정부 책임론을 보도하였다. 3년간을 끌어온 대우해양조선의 새 주인을 찾는 문제가 원점으로 돌아왔다. EU 집행위원회의 경쟁 업무 처리를 보여 주는 단면이었다.

## 한국과 유럽연합 간 다면협력[27]

[경쟁정책] 한국과 유럽연합은 2009년 반경쟁적인 활동에 대한 경쟁법

27) "The Republic of Korea and the EU" European External Action Service, 2016.5.10. "The European Union and the Republic of Korea," Delegation of the European Union to the Republic of Korea, 2021.8.4.

적용과 관련한 협력에 관한 협정을 체결하였다. 한국과 유럽연합 경쟁당국은 정기적인 회의를 갖고 국제 카르텔 및 반경쟁적 조치에 관한 조사에서 상시적으로 협력한다. 한국의 경쟁당국은 국제적으로도 성가가 높아 경험을 공유해달라는 요청을 종종 받는다.

[교육·문화] 한·EU 양측은 2013년 11월 고등교육에 관한 공동선언을 발표하였다. 2016년 3월 15일 브뤼셀에서 첫 번째 정책대화를 가지고 고등교육 분야 협력강화 및 경험공유, 정책검토, 지식공유 등 방안을 협의하였다. 유럽연합은 인구고령화, 고부가 가치 분야 경쟁 및 이를 위한 인력양성 등 한국과 비슷한 도전을 맞고 있어 양질의 교육제도를 갖춘 한국과 협력하고자 하였다.

한·EU 간 문화협력위원회 회의가 매년 서울과 브뤼셀을 번갈아 가며 개최되어 교육·문화 협력을 증진한다. 양측은 에라스무스 플러스 프로그램과 양측이 공동출자하는 산업국가도구-교육협력 프로그램(Industrialised Countries Instruments-Education Cooperation Programme: ICI-ECP) 등을 통해 협력과 인적교류를 유지한다. 이러한 협력은 공동학위, 파트너십, 이동수학 프로그램을 포함한다.

한국에는 장모네 센터(Jean Monnet Centres of Excellence)가 4개 대학교에 설치되어 있다. ① 한국외국어대학교, ② 서울대학교, ③ 연세대학교, ④ 고려대학교이다. 이들은 유럽연합에 관한 학문관련 구심점의 역할을 한다. 또한 한국과 유럽연합은 FTA 산하 문화협력의정서(Protocol on Cultural Cooperation)를 통해서 문화사안에 관하여 협력한다.

[과학·기술] 한·EU 간 '과학·기술협력협정'은 2007년 발효되었다. 융합에너지 분야 협력협정은 2006년 발효된 바 있다. 한·EU 과학기술협력공동위원회(EU-Korea Joint Science & Technology Cooperation Committee: JSTCC)는 격년으로 차관을 수석대표로 개최된다. 제7차 공동위원회가 2022년 2월 14일 서울에서 용홍택 과기정통부 차관, 장-에릭 파케

(Jean-Eric Paquet) 연구혁신 총국장을 수석대표로 개최되었다. 양측은 5G, 사물인터넷, 클라우드 등 정보통신기술 공동연구를 2023년 재개하기 위한 방안 등에 관해 의견을 나누었다.[28]

## ▌한·EU FTA 개정 필요성 제기

한·EU FTA의 성과에는 양측이 동의한다. 단 EU 측은 신기술 발전에 따른 수정을 제기하였다. 주한유럽상공회의소(European Chamber of Commerce in Korea: ECCK)도 나섰다. '2019년 ECCK 백서'는 한·EU FTA 현대화를 통해 △FTA 적용상품에 트럭과 트랙터 포함 △수리 및 재반입 비행기 부품 관세 면제 등을 권고하였다.[29] 한국은 투자 챕터를 추가하는 데 관심이 있다.

ECCK 백서는 한·EU FTA 현대화는 △국제적 기준의 도입 △동등성 합의를 증대하는 출발점이 될 것이라고 하였다. 한국의 규칙·규정이 국제기준에서 벗어난 경우가 있는데 국제기준에 따른다면 한국 내에서 활동하는 유럽기업에 대해 해석상 애매함을 줄이며 한국기업의 새로운 시장 진출을 도울 것이라고 하였다.

미하엘 라이터러(Michael Reiterer) 주한 EU대사도 2020년 5월 12일 전국경제인연합회가 주최한 조찬간담회에 참석하여 FTA 개정이 필요하다고 말하였다. 전자상거래가 성장함에 따라 양측 간 FTA는 노후화되고 관련성을 잃어 간다면서 현대화한 FTA는 투자 챕터, 기후변화에 관한 파리협약 준수 약속, 중소기업 및 스타트업 촉진을 위한 협력강화 등을 포함할 수 있다고 하였다.[30]

---

28) 과학기술정보통신부 블로그, "제7차 한-유럽연합(EU) 과학기술공동위원회 개최," 2022.2.16.
29) European Chamber of Commerce, "ECCK White Paper 2019," pp.16-17
30) 이동우, "주한EU대사 "한-EU 통화스와프 반드시 이뤄져야"," 아시아경제, 2020.5.12.

한국의 유럽연합에 대한 수출입

(단위: 억 유로)

| 연도 | 2015 | 2016 | 2017 | 2018 | 2019 | 2020 | 2021 | 2022 | 2023 | 2024 |
|---|---|---|---|---|---|---|---|---|---|---|
| 수출 | 486 | 486 | 523 | 547 | 561 | 481 | 561 | 680 | 666 | 553 |
| 수입 | 471 | 474 | 513 | 543 | 555 | 454 | 547 | 710 | 652 | 530 |
| 교역 | 957 | 960 | 1036 | 1080 | 1116 | 935 | 1108 | 1390 | 1318 | 1083 |

※ 한국무역협회 통계(2024년은 1-10월)
※ 상호투자(2021년까지 누계, EU통계청 통계): EU의 대한국 투자: 659억 유로/한국의 대EU 투자: 360억 유로

## 차세대 핵융합발전소 협력

프랑스 마르세유로부터 북동쪽으로 60km 정도 떨어진 지역에서 독특한 세계 주요국가 공동 프로젝트가 진행되고 있다. 생폴예즈뒤랑스(Saint-Paul-Iez-Durance)에서 추진되는 국제핵융합실험로(International Thermo-nuclear Experimental Reactor: ITER) 프로젝트이다. 기존 원자력 발전소는 핵분열 열에너지를 활용하는데 국제핵융합실험로는 핵융합 열에너지를 활용한다. 태양열이 생성되는 방식과 같다.

핵분열 에너지는 우라늄이 중성자와 충돌하여 두 개의 원자로 분열되면서 중성자의 질량결손만큼 방출되는 엄청난 에너지이다. 핵융합 에너지는 중수소와 삼중수소가 고온에서 플라즈마 상태가 되어 헬륨으로 융합되면서 중성자의 질량결손만큼 방출되는 에너지인데, 핵분열 시 발생하는 에너지보다 크다.

엄청난 열을 견딜 수 있는 용기를 만들 수 없어 자기장을 이용하여 원자로를 공중에 띄워서 가동하고자 한다. 1958년 러시아 물리학자들이 이 개념을 입증해 '토카막'이라는 장치를 처음 개발하였다. 이중수소와 삼중수소로 만든 2억도 이상의 플라즈마를 자기장에 가두는 것인데 여간 어렵지 않다. 중성자는 전기적 성질이 없어 자기장에 가두기 어렵다.

엄청난 가능성이 있지만 성공 여부가 불확실하다. 다른 나라에 뒤쳐질

수 없다. 이러한 상황에서 전례 없는 전 세계적인 협력 프로젝트가 등장하였다. 한국, 미국, 중국, 일본, 러시아, 인도, 유럽연합이라는 세계의 주요 당사자가 모두 참여한다. 사업비(약 170억 달러)는 유럽연합이 45.46%, 미·러·중·일·인도·한국 6개국이 각각 9.09%를 현물과 현금으로 분담한다.

4강 국가와 인도, 유럽연합, 한국이 참여하는 유일한 프로젝트로서 목표는 다음과 같다. ① 500MW 열출력(한국표준원전의 1/6), ② 현재의 시범기술과 장래의 시범발전소 간의 간극 보충(발열·통제·진단·극저온·원격운영) ③ 지속가능 플라즈마(극단 온도에서 전자가 핵에서 분리되어 가스와 같이 이온화된 물질 상태), ④ 삼중수소 생성, ⑤ 안전성 증명이다.

## 5.4 한국과 유럽연합 안보협력

### ▮ 양자 협력의 안보 분야 확장

2014년 5월 23일 서울에서 윤병세 외교장관과 캐서린 애쉬턴(Catherine Ashton) 외교안보고위대표가 '한국의 EU 위기관리활동참여를 위한 기본협정'(Framework Agreement for the Participation of Korea in EU Crisis Management)에 서명하였다.[31] 양측은 이를 통해 재난구호, 평화유지, 분쟁예방, 해적퇴치 등 위기관리 분야에서 국제협력을 증진할 수 있는 포괄적 기반을 구축하였다.

협정 비준에 시간이 소요되었다. 한국의 의무범위에 관한 한국 국회의 우려가 있었다. 협정은 국회가 전문가들 검토를 받아 협정 필요성과 한국의 의무가 제한적임을 확인해 비준한 이후인 2016년 12월 1일 발효되었다. 이를 기초로 한·EU 간에 아프리카 소말리아 인근에서 한국과 EU 해

---

31) 위기관리 기본협정의 공식 명칭은 'Agreement between the European Union and the Republic of Korea establishing a framework for the participation of the Republic of Korea in European Union crisis management oper-ations'이다.

군간 정례적인 해적퇴치 공동작전 등 협력이 확대되었다.

한국 정부는 유럽연합이 2014년 5월 참여를 요청하여 온 위기관리활동인 소말리아 해적퇴치 아탈란타 작전(European Union Naval Force – Operation Atalanta)에 함께 하기로 결정하였다. 협정 발효 후 3개월 만인 2017년 3월, 한국 해군이 아덴만 해적퇴치 작전에 참여하였다. 유럽연합은 한국 측의 아탈란타 작전 참여를 매우 반가워하고 공동작전 기간과 범위를 늘려갈 수 있기를 희망하였다.

한국 정부는 아래와 같이 매 2개월마다 6일간 EU 해군과 함께 소말리아 인근 해적퇴치 공동작전을 펼치는 것을 준비하였으나 실제로는 공동작전에 참여하는 청해부대의 여타 임무, 부대 교체시기 등 사정으로 매 3개월 정도의 주기로 전개되면서 협력을 시작하였다.

△ 작전 주기: 2017년 3월 중, 이후 매 2개월마다 1회(6일간)

△ 작전 지역: 소말리아 북부 '보사소'(Bosaso) 근해

△ 작전 내용: 해적 활동 감시 및 차단, 해적 의심 선박 발견 시 차단, 제압 및 검문·검색

△ 참여 자산: 4,400톤급 구축함, 승무원 300여 명, 링스(Lynx) 헬기, 특수부대 포함[32]

한국의 해군 청해부대 23진 최영함이 2017년 2월 27일 – 3월 4일간 아탈란타 작전에 처음 참여하였다. 청해부대가 소말리아 해역에서 유엔 안보리의 위임에 따른 다국적군의 활동인 연합해군사령부의 일환으로 대해적작전에 참여한 적은 있었지만 유럽연합이 주관하는 작전에 참여한 것은 처음이었다. 2024년 11월 1일에는 청해부대 44진 강감찬함이 진해 군항에서 출항하였다.

---

32) 국방부·외교부 공동보도자료, "청해부대, EU 소말리아 대해적작전 참여: 한– EU간 전략적 협력의 지평을 위기관리분야로 확대," 2017.2.14.

아탈란타 작전은 유럽연합이 실시한 최초의 해군작전이었다. 양측이 공동작전을 수행한 것은 전략적 동반자 협력이 확대되는 것을 상징적으로 보여 주었다. 해적퇴치 및 민간선박 보호라는 이해가 일치되었다. 유럽연합은 공동작전이 계속될 수 있기를 기회가 있을 때마다 표명하였다. 2021년 10월 한국, 유럽연합, 오만이 아덴만 연안에서 해적퇴치 연합 해상훈련을 실시하였다.

한국이 참여하기 전 노르웨이, 몬테니그로, 세르비아, 뉴질랜드 등 유럽연합과 뜻을 같이하는 나라가 이미 참여하고 있었다. 유럽연합은 아탈란타 작전에 커다란 의미를 부여하고 있던 만큼 영국의 EU 탈퇴가 확정되기 전에 아탈란타 작전본부를 영국 노스우드(Northwood)로부터 스페인 로타(Rota)로 이전하였다.

## ▌한·EU 안보방위대화

제1차 한·EU 장관급 전략대화가 2024년 11월 4일 서울에서 개최되었다. 2023년 5월 22일 서울에서 개최된 한·EU 정상회의에서 합의된 사항이었다. 조태열 외교장관과 조셉 보렐(Josep Borrell) 외교안보정책 고위대표간 전략대화를 계기로 "한·EU 안보방위 파트너십"[33] 합의문서가 채택되었다. 유럽연합이 몰도바, 노르웨이, 일본에 이어 네 번째로 합의한 구속력 없는 정치적 문서였다. 해양안보, 사이버 문제, 비확산·군축 등 15개 분야를 망라하였다. 특히 방위산업에 관한 정보를 교환하는 등 각자의 방위 이니셔티브에 대해 협의하기로 하였다.[34]

한·EU 외교장관은 한국 외교부와 국방부 국장급 인사, 유럽연합의 실장급 인사가 참석하는 '안보방위대화'를 연례적으로 개최하기로 합의하였

---

33) 합의된 문서의 영문 명칭은 "Security and Defence Partnership between the Republic of Korea and the European Union"이다.

34) 외교부 보도자료, "장관, EU 외교안보정책 고위대표와 제1차 한－EU 전략대화 개최," 2024.11.4.

다. 첫 '안보방위대화'는 2025년 상반기 개최로 추진되었다. 이전에는 국방부 국장급 인사만 참석하는 안보·국방대화가 2015년 이후 격년으로 개최되었다. 2019년 11월 26일 서울에서 개최된 제3차 회의에는 이원익 국방부 국제정책관과 파벨 허친스키(Pawel Herczynski) EU 대외관계청 공동안보방위정책국장이 참석하였다. 2021년 6월 24일 제4차 회의는 김상진 국방부 국제정책관과 요아네크 발포오트(Joanneke Balfoort) EU 대외관계청 안보방위정책국장 간 화상으로 개최되었다. 제5차 회의 개최 전 참석인사가 격상되었다.

양측간 고위급 회담도 지속적으로 개최되었다. 정경두 국방장관은 아시아 안보회의('샹그릴라 대화') 참석 계기 2019년 6월 1일 싱가포르에서 페데리카 모게리니 EU 외교안보고위대표와 회담을 가졌다. 양측은 북핵 문제와 한·EU 해군 공동작전을 협의하였다. 모게리니 고위대표는 청해부대의 아탈란타 작전 참여에 감사하였다. 2018년 10월 24일-25일 브뤼셀에서 개최된 EU 국방총장회의에 최현국 합참차장이 참석하였다. 최현국 차장은 클라우디오 그라치아노(Claudio Graziano) EU 군사위원장과 별도 면담도 가졌다. 그라치아노 군사위원장은 이후 방한하여 2021년 4월 7일 원인철 합참의장과 한반도 안보정세 및 군사교류협력 증진 방안을 협의하였다.

유럽연합은 매년 9월 한국 국방부가 개최하는 서울안보대화(Seoul Defense Dialogue)에 고위인사를 파견한다. 2024년에는 파스칼 파우처(Pascal Faucher) EU 우주 감시·추적위원회 의장이, 2023년에는 마리아 카스티요 페르난데즈(Maria Castillo Fernandez) 주한 EU대사가, 2022년에는 EU 공동안보실장 선임보좌관(Senior Military Advisor to the Managing Director CSDP and Crisis Response) 위르겐 엘레(Jurgen Ehle) 제독이 참석하였다. 2021년 코로나19로 진행된 온라인-오프라인 병행 회의에는 조셉 보렐 외교안보고위대표의 영상 축사를 보내왔다.

# 유럽연합과 **북한 관계**

평화로운 세계는 전쟁 방지, 경제적·사회적 문제
해결을 위한 국제 협력, 인권에 대한 존중을 위한
집단적인 조치를 필요로 한다.
A peaceful world requires collective measures for the
prevention of war, international cooperation to solve
economic and social problems, and respect for human rights.
오란 페르손 Goran Perrson 스웨덴 총리

# 제6장

## 유럽연합과 북한 관계

## 6.1 유럽연합은 북한 문제에서 무엇을 할 수 있는가?

유럽연합은 북한 문제에서 어떤 역할을 할 수 있는가? 북한 문제와 관련된 유럽연합의 모습은 부각되지 않는다. 북한 문제라고 하면 6자회담에 참여한 국가가 우선 떠오른다. 한국, 미국, 일본, 중국, 러시아이다. 유럽연합이 북핵 문제 해결을 위한 한반도에너지개발기구(Korean Peninsula Energy Development Organization: KEDO)에 집행이사국으로 참여한 사실을 기억하는 사람들은 많지 않다.

사실 유럽연합은 북한 문제에 관심이 많다. 세계의 평화와 안정, 인권증진을 위한 관심이다. 특히 북한이 세계의 핵 비확산 체제에 위협을 가하는 점은 규범을 중시하는 유럽연합에는 우려되는 일이다. 북한과 이란이 평행으로 움직이는 점도 무시할 수 없다. 북한이 러시아에 무기를 제공하여 우크라이나 전쟁에 커다란 영향을 미치고 있는 것도 걱정이다.

유럽연합은 북한의 인도적 상황과 인권도 도외시하지 않는다. 세계 최대의 인도적 지원 공여 당사자로서 북한에서 수해가 발생하면 인도적 식량 지원을 하는 것은 물론이며 북한의 상황을 장기적으로 개선하기 위한 비료, 인력 교육 등 지원에도 나섰다. 유럽의 NGO를 통한 소규모 사업도 실시하였다. 유럽연합은 북한 주민의 인권 개선에 대한 관심을 환기하기 위하여 매년 인권이사회와 유엔에서 북한 인권결의안을 제안한다.

유럽연합은 북한에 대해 비판적 관여정책을 구사하며 압박과 유도책을 함께 구사한다. 유엔 등을 통한 국제사회의 노력과 보조를 맞춘다. 회원국 27개국 가운데 25개국이 북한과 수교하고 있을 뿐 아니라 유럽연합 자체도 북한과 수교하고 있어 북한과의 직접적인 대화 채널도 가지고 있다. 북한의 유럽연합에 대한 반감도 상대적으로 작다.

유럽연합이 북한 문제와 관련해 할 수 있는 일은 무엇인가? 우선 북한의 핵협상 참여를 압박하고 유도할 수 있다. 북핵 문제 해결이 진전되면 할 수 있는 일이 더 많아질 것이다. 동유럽 국가의 체제전환 경험은 북한에 시사점을 줄 것이다. 한반도가 통일된다면 독일의 통일 경험은 중요한 참고가 될 것이다. 유럽연합이 북한 문제에서 결코 멀리 떨어져 있지 않은 이유이다.

## 6.2 단계적으로 발전한 유럽과 북한 관계

### ▌유럽과 북한 관계 발전

북한은 유럽연합의 관심 밖에 있었다. 쇄국의 조선, 일본 식민시대, 해방과 한국전쟁, 냉전으로 이어진 기간이다. 냉전 기간 북한은 유럽연합에게 소련 산하의 적대 진영 국가였다.[1] 유럽 국가와 북한의 수교는 네 번의 역사적인 계기를 통하여 이루어졌다. 1948년 북한에서 정부가 수립된 이후 1940년대 말 동구권 국가, 냉전이 완화된 1970년대 초의 스칸디나비아 등 중립성향 국가, 1991년 구소련 붕괴를 계기로 한 구소련과 구유고 국가, 2000년 최초의 남북 정상회담 전후 서유럽 국가와의 수교였다.[2]

---

1) Reinhard Drifte, "10. The European Union and North Korea," in Tsuneo Akaha ed., *The Future of North Korea*, p.157; Michael Hindley and James Bridges, "4. Europe and North Korea," in Hazel Smith, et al. eds., *North Korea in the New World Order*, 1996, p.75
2) Michael Hindley and James Bridges, op.cit., p.75

유럽연합 25개 회원국의 북한과의 수교 일자

| 1차 그룹<br>(북한정부 수립) | | 2차 그룹<br>(냉전 완화) | |
|---|---|---|---|
| 국명 | 수교 일자 | 국명 | 수교 일자 |
| 폴란드 | 1948.10.16. | 몰타 | 1971.12.20. |
| 체코 | 1948.10.21. | 스웨덴 | 1973.4.7. |
| 루마니아 | 1948.11.3. | 핀란드 | 1973.6.1. |
| 헝가리 | 1948.11.11. | (노르웨이) | (1973.6.22.) |
| 불가리아 | 1948.11.29. | 덴마크 | 1973.7.17. |
| (동독) | (1949.11.6.) | 오스트리아 | 1974.12.17. |
| 통일 독일 | 2001.3.1. | 포르투갈 | 1975.4.15. |
| 3차 그룹<br>(구소련 붕괴) | | 4차 그룹<br>(남북 정상회담) | |
| 국가 | 수교 일자 | 국가 | 수교 일자 |
| 리투아니아 | 1991.9.25. | 이탈리아 | 2000.1.4. |
| 라트비아 | 1991.9.26. | (영국) | (2000.12.12.) |
| 사이프러스 | 1991.12.23. | 네덜란드 | 2000.12.15. |
| (우크라이나) | (1992.1.9.) | 벨기에 | 2000.12.23. |
| 슬로베니아 | 1992.9.8 | 스페인 | 2001.2.7. |
| 크로아티아 | 1992.11.30. | 룩셈부르크 | 2001.3.5. |
| 슬로바키아 | 1993.1.1. | 그리스 | 2001.3.8. |
| | | 아일랜드 | 2003.12.10. |

※ 유럽연합은 2001.5.14., 프랑스, 에스토니아 미수교
※ 노르웨이, 우크라이나, 영국은 회원국은 아니지만 참고로 포함(우크라이나는 2022.7.13. 단교)

　　유럽연합의 여러 회원국은 한국전쟁 중 유엔 결의에 따라 한국에 병력을 파견해 북한과 반대편에서 싸운 경험도 있었다. ECSC 회원국인 프랑스, 벨기에, 네덜란드와 룩셈부르크뿐 아니라 추후 유럽연합에 가입하는 영국, 그리스가 한국에 병력을 파견하였다. 이탈리아, 덴마크, 스웨덴, 노르웨이는 유엔군 사령부에, 불가리아, 헝가리, 루마니아 등은 북한에 의료팀을 지원하였다. 북한에 병력을 파견한 동유럽 국가는 없었다.

　　유럽연합은 유럽에서 전쟁을 막고 항구적인 평화를 구축하는 프로젝트였지만, 통합의 원동력이 된 것은 시장 통합에서 나오는 교역 증대와 규모

의 경제를 토대로 한 번영이었다. 유럽연합은 회원국의 시장을 통일시켜 여타국과 교역을 증가시켜 나갔다. 교역이 관심사가 될 수밖에 없었다. 따라서 상호 간 교역이 많지 않은 북한은 관심선상에 오르기 어려웠다.[3]

유럽연합이 북한에 관심을 갖게 된 것은 냉전 종식이 계기였다. 한국은 구 동구권 국가와 수교하고 서구 국가에 북한과의 수교를 독려하였다. 유럽은 동아시아 국가의 발전에 주목하였다. 미국이 태평양 시대를 구가하며 동아시아 국가와 협력을 증진하는 상황에서 유럽도 동아시아와의 교류를 증가시키고자 하였다. 동아시아의 외톨이와 같은 북한에도 관심을 갖게 된 이유이다.[4]

냉전 종식으로 미국 중심의 단극 체제가 출범한 지 얼마 지나지 않아 대두된 북한의 핵무기 개발 의혹도 커다란 관심이 되었다. 유럽은 핵무기 비확산과 동아시아의 평화와 안정 유지에 관심을 가졌다. 유럽연합이 1997년 케도에 가입한 배경이었다. 유럽연합은 케도의 원 회원국인 미국, 한국, 일본과 동일한 권한을 갖는 집행이사회 이사국이 되었다.

유럽연합은 북한이 제기하는 안보 문제만이 아니라 북한 내 기근 등 인도적 상황에도 관심을 가졌다. 1995년부터 북한에 대한 인도적 지원을 제공하였다. 유럽연합이 대북 정책을 추진하는 데 있어서 북한을 안보적 도전으로 보는 시각과 북한을 인도주의, 경제 개발의 도전으로 보는 생각이 공존하였다. 유럽연합이 북한에 대해 비판적 관여정책을 구사하는 배경이다.[5]

유럽연합은 북한의 비핵화에 기여하며 북한에 인도적 지원을 제공하고 북한 인권상황을 개선하고자 하였다. 다만 유럽연합의 북한에 대한 적극적 연계 관심은 2000-2002년에 절정에 달한 이후 감소하였다. "2002년 말

---

3) Michael Hindley and James Bridges, "4. Europe and North Korea," in *North Korea in the New World Order*, p.75

4) Reinhard Drifte, op. cit., p.157

5) Patrick A. Cronin, "Europe and North Korea: Competing Security and Humanitarian Impulses," *The Korean Journal of Security Affairs*, Volume 17 No. 2, Dec 2012, pp.4-22

부터 어려움에 처한 케도의 운명은 유럽연합의 북핵 문제와 관련한 적극적인 행위자의 역할이 쇠퇴하는 것을 상징하는 것 같았다."6)

## ▌페르손 총리의 방북과 EU·북한 간 수교

2001년 5월 오란 페르손(Goran Persson) 스웨덴 총리의 북한 방문은 많은 의미가 있었다. 페르손 총리는 사상 처음으로 북한을 방문한 서방 지도자였다. 김대중 대통령의 햇볕정책이 2000년 6월 첫 남북 정상회담 이후 동력을 잃어 가던 때였다. 미국에서는 클린턴 대통령의 방북까지 추진되었으나 후임인 조지 W. 부시 행정부는 "클린턴이 한 것만 아니면 모두 괜찮다(anything but Clinton: ABC)"라고 할 정도로 클린턴 대통령이 하였던 일을 되돌리고 있었다.7)

당시 스웨덴은 6개월마다 순환하는 EU 각료이사회 의장국을 맡고 있었다. 페르손 총리는 EU 정상회의의 승인을 받아 EU 정상회의 의장 자격으로 북한에 이어 남한을 방문하였다. 대표단에 스웨덴 관리만이 아니라 EU 관리가 포함된 배경이었다. 하비에르 솔라나(Javier Solana) EU 안보 문제 담당 집행위원과 크리스 패튼(Chris Patten) EU 외교 집행위원이 트로이카로서 동행하였다.8)

페르손 총리가 유럽연합을 대표해 북한을 방문하는 것은 쉽지 않았다. 페르손 총리가 유럽연합을 대표하기 위해서는 모든 회원국의 동의를 얻어야 하는데 프랑스가 강력하게 반대하였다. 페르손 총리는 자크 시라크(Jacques Chirac) 프랑스 대통령과 두 차례 개별 대화를 통해 설득하고 나

---

6) Jeong Won Bourdai Park, et al., "Evolution of EU−DPRK Interactions: From Engagement to Stalemate," *Asian Perspective*, Volume 46, Number 3, Summer 2022, pp.549−581

7) "In the land of the Kims: Europe has a role, whatever the US says," *The Guardian*, 2001.5.3.

8) "Presidency Conclusion, Stockholm European Council, 23 and 24 March 2001," The European Council: 72.

서야 최종 동의를 확보할 수 있었다.[9]

페르손 총리는 2001년 5월 2일 평양 순안공항에 도착해 명목상 국가원수인 김영남 최고인민회의 상임위원장의 영접을 받았다. 그날 오후 숙소로 깜짝 방문해 온 김정일과 15분간 대화를 나누었다. 이어서 5월 3일 오전 김정일 국방위원장과 정상회담과 오찬을 가지고 한국으로 이동하였다. 하루가 조금 넘는 28시간의 평양체류였지만 5시간 동안 김정일과 대화를 가졌다.

페르손 총리는 5월 3일 김정일 주최 환송 오찬에서 의제에 없던 북한 인권 문제를 제기하여 북한 핵 문제가 해결되더라도 북한 인권 문제가 남아 있는 한 국제사회에 편입하기 어려울 것인 만큼 국제공동체와 협력하는 것이 이익이 될 것이라면서 김정일로부터 인권대화에 대한 동의를 이끌어내었다. 김정일은 북한 경제 전문가를 유럽에 파견하여 유럽의 자본주의 제도를 경험할 수 있도록 하는 데도 합의하였다.[10]

달그렌(Hans Dahlgren) 스웨덴 외무차관은 페르손 총리가 김정일 위원장과 5시간의 회담을 가지고 4개 목적을 모두 달성하였다고 발표하였다. 페르손 총리가 목표로 한 ① 북한의 남북 공동선언 이행 약속, ② 김정일의 2차 남북 정상회담 의지 확인, ③ 북한과의 인권 논의, ④ 경제개혁 논의가 모두 이루어졌다는 것이다. 김정일은 2003년까지 미사일 시험발사 유예를 지킬 것도 약속하였다.[11]

패튼 집행위원은 페르손 총리의 방북을 계기로 유럽연합이 ① 북한과 인권대화를 시작하며 ② 국제경제에 관한 북한 관리들의 교육과 에너지 분야 복귀에 대한 기술 지원을 시작하기로 하였다고 의미를 부여하였다. 유럽연합과 북한 간에 인권대화가 수립되었다. 이미 실시되어 오던 유럽연합과 북한 간 정치대화도 탄력을 받았다.[12]

---

9) Lee, Jeong Kyu, *A Study on Sweden's Foreign Policy towards North Korea: Normative Engagement Diplomacy and Peace Intermediary Diplomacy*, p.44
10) ibid., p.47
11) 박인섭, "EU, 페르손 총리 방북 성공적," *KBS 뉴스*, 2001.05.07.

페르손 총리의 방북 이후 11일 만인 5월 14일 EU 집행위원회는 당시 15개 회원국과 협의를 거쳐 북한과 외교관계 수립 방침을 발표하였다. 북한과 미수교국인 프랑스와 아일랜드도 이를 묵인하였다. 유럽연합은 이날을 북한과의 수교일로 소개한다. 5년 전만 해도 EU 집행위원회 관리들이 북한 관리와 대화를 나누는 것도 금지되어 있었던 것을 감안한다면 큰 변화였다.[13]

한국은 2001년 5월 15일 외교통상부 대변인 성명을 통해 유럽연합의 북한과의 외교관계 수립 방침을 결정한 것을 환영하였다.[14] 김대중 대통령은 유럽연합이 북한과 관계를 정상화할 것을 촉구해 왔었다. 유럽연합도 2002년 2월 전략 보고서(DPRK Country Strategy Paper)를 작성해 북한과의 관계 전개를 대비하였다. 한반도에 대한 영향력 확대를 꾀하고 있던 유럽연합으로서는 당연한 수순이었다. 페르손 총리의 북한 방문은 미국의 대북 정책에 대한 비난으로도 인식되었다.[15]

유럽연합과 그 회원국은 2000년 6월 남북 정상회담과 2000년 10월 서울 ASEM 정상회의를 계기로 남북 화해정책을 지지하였다. 김대중 대통령은 북한과 수교를 적극 권유하였다. ASEM 회원국 정상들은 '한반도의 평화를 위한 서울선언'을 통해 대북관계 개선을 지지하였다. 이후 영국, 독일, 스페인, 유럽연합이 북한과 수교를 결정하였다. 북한은 2000년 9월 백남순 외무상 명의 서한을 통해 EU 회원국에 수교를 제의한 바 있었다. 이탈리아는 이미 G7 국가로는 가장 먼저 북한과 수교하고 있었으며 프랑스는 비확산과 인권 문제를 이유로 유보적이었다.

12) ibid.
13) Ruediger Frank, "EU－North Korean Relations: No Effort Without Reason," East Asian Institute, Columbia University, New York and University of Vienna, Austria, 2002
14) 외교통상부 보도자료, "EU－북한간 수교 방침 결정에 대한 외교통상부 대변인 성명," 2001.5.15.
15) Suzanne Daley, "European Union Will Open Relations with North Korea," The New York Times, May 14, 2001

## ▎유럽연합과 북한 간 대사관 운용

북한은 유럽연합과 수교하였지만 유럽연합 수도인 브뤼셀에 대사를 파견할 수 없다. 프랑스가 2002년 10월 이래 북한 대사에 대한 아그레망 부여를 거부한다. 비회원국이 유럽연합에 대사를 파견하기 위해서는 모든 회원국의 동의가 필요하다. EU 대외관계청은 EU 기관 의견을 모은 후 아그레망 부여 의견으로 작성한 문서를 회원국에 회람하여 일정 기간 답변이 없으면 동의한 것으로 간주한다. 대부분의 나라에 대해서는 형식적 과정이다. 그러나 북한에 대해서는 다르다.16)

북한은 유럽연합에 대사를 파견할 수 없던 만큼 대신 주영국 북한대사관 서기관을 대사대리(charge d'affaires ad interim)로 지정하였다. 대사대리 지정은 유럽연합에서 만장일치가 아니라 가중 다수결 표결로 수용할 수 있어 가능한 사안이었다. 주영국 북한대사는 대사대리로 지정된 서기관을 동행하는 형식으로 브뤼셀을 방문하여 유럽연합 인사를 만났다.17)

2002년 북한은 브뤼셀에서 대사관 부지를 찾았으나 벨기에가 막았다. 북한은 기형적 형태로 유럽연합과 외교를 유지할 수밖에 없다. 20년간 브뤼셀 주재 대사관 개설이 차단되어 온 북한은 브렉시트 이후에는 유럽연합을 담당하는 대사관을 주독일 대사관으로 옮겼다. EU 대변인은 2021년 10월 22일 자유아시아방송에 "유럽연합 업무를 담당하는 독일 베를린 주재 북한대사관측 대표단과 실무수준으로 교류가 이뤄질 것"이라고 말하였다.18)

주독일 북한대사관 역사는 냉전 당시로 거슬러 올라간다. 북한과 동독은 서로 상당한 넓이의 부지를 제공하였다. 주독일 북한대사관은 남는 메

---

16) Xavier Nuttin, "Directorate−General for External Policies of the Union Directorate B: Note on the Democratic People's Republic of Korea (DPRK) and Its Relations with the European Union" European Parliament, September 2006
17) Glyn Ford, "From Coy to Cold Shoulder − The European Union and North Korea," *Asia Pacific Bulletin*, East−West Center, 2023.3.1.
18) 박은경, "북한, 코로나 19 이후 처음으로 브뤼셀서 EU와 실무 교류," *경향신문*, 2021.10.22.

인 빌딩을 호텔회사 EGI GmbH에 임대하였으며 이 회사는 시티 호스텔 베를린(City Hostel Berlin)을 운영하였다. 브란덴부르크 문에서 가까운 베를린 도심에 위치하는 데다 숙박비가 저렴하여 이용객이 적지 않았다. 북한의 외화 수입 창구가 되었다. 다만 이는 불법이었다. 2016년 채택된 유엔 안보리 결의 2270호를 위반한 것이어서 1년 이상의 법적 다툼을 거쳐 2020년 주독일 북한 대사관 내의 호스텔이 폐쇄되었다. 외교공관의 비외교적 목적 사용과 외화 수입은 제재 위반이었다. 주북한 독일대사관도 넓은 부지를 활용해 영국, 스웨덴 대사관과 사무실을 공유한다.[19]

2025년 현재 EU 회원국 중 25개국이 북한과 수교하고 있다. 미수교국은 프랑스와 에스토니아뿐이다. 프랑스는 북한에 강경하다. 에스토니아는 1991년 독립 직후 혼란 시기에 주러시아 에스토니아 대사가 주러시아 북한 대사와 수교에 합의하였는데 추후 대사의 월권임을 알고 수교합의를 무효화하면서 북한의 인권상황 등을 구실로 들었다고 한다.[20]

6개의 EU 회원국은 북한에 외교 공관을 유지한다. 독일, 불가리아, 루마니아, 체코, 폴란드, 스웨덴이다. 프랑스는 2011년 10월 NGO 활동지원 및 문화협력을 위해 '주북한 협력사무소'를 개설하였다. 북한은 9개 EU 회원국에 외교 공관을 유지한다. 전술한 6개국과 이탈리아, 오스트리아, 스페인이다. 유럽연합이 북한과 직접 의사 소통할 수 있는 창구를 가지고 있다는 뜻이다.

EU 집행위원회는 2001년 5월 14일 북한과 수교하고 2002년 6월 겸임 공관 지정 각서를 교환하였다. 주한 대사가 주북한 대사를 겸임하는 '베네룩스 방식'이다. 유럽연합이 북한에 공관을 유지하지 않는 만큼 주북한 EU 회원국 대사관이 번갈아 가며 대리한다. 주북한 EU 대사는 북한 측에 신임장을 제정할 수 없다. 프랑스가 주북한 EU 대사의 신임장 제정에도 거부권을 행사하기 때문이다.[21]

---

19) "North Korean embassy hostel in Berlin shuts," *AP*, 2020.5.29.
20) Glyn Ford 전 유럽의회 의원의 필자에 대한 설명

## 북한의 밀수 사례

태영호 전 의원은 독특한 경력을 가지고 있다. 북한 외교관으로서 탈북하여 한국에서 선출직 국회의원을 지냈다. 탈북 직전 주영국 북한대사관 공사였다. 당시 유럽연합 업무를 담당하던 대사관이었다. 태영호 전 의원은 영국에 근무하기 전 주덴마크, 주스웨덴 북한대사관에서 근무하였다. 스웨덴과 덴마크는 서유럽 국가 중 북한과 조기에 수교하여 1973년 북한과 외교관계를 수립하였다. 유럽연합 회원국이 1991년 9월 17일 남북한의 유엔 동시 가입에 따라 북한을 사실상 승인하게 된 결과와는 달랐다. 북한은 이들 국가를 통하여 서방 국가를 직접 경험하였다.[22]

1976년 여름 스웨덴, 노르웨이, 덴마크, 핀란드 등 스칸디나비아 주재 북한 외교관들에 의한 마약, 술, 담배 등의 밀수사건이 드러났다. 덴마크 정부는 주덴마크 북한 대사관 공관원을 전원 추방하였다. 스웨덴 주재 북한 대사와 밀수 관여 북한 외교관은 자진 출국형식으로 출국하였다. 1996년 7월 다시 제2차 밀수사건이 적발되어 주스웨덴 북한 대사를 포함한 다수 외교관이 추방되었다. 외화를 벌기 위해 법의 한계를 넘는 북한 대사관의 모습을 보여 주었다.[23]

북한 당국은 2023년 12월 한대성 주스위스 겸 주제네바 대표부 대사를 귀국시키기로 결정한 것으로 보도되었다. 한대성과 북한 정보기관 요원이 상아와 코뿔소 뿔 밀수에 관여한 혐의에 대한 안보리 산하 대북제재위원회 전문가 패널과 스위스 당국의 조사가 시작되자 북한 당국은 조사를 피하기 위해 한대성을 귀국시키기로 결정하였다는 것이다. 한대성은 1992년 짐바브웨에 근무하던 당시에도 코뿔소 뿔을 밀거래한 혐의로 추방된 전력

---

21) "EU−Democratic People's Republic of Korea (DPRK) relations," European Union External Action Service, 2018.7.31.
22) Michael Hindley and James Bridges, "4. Europe and North Korea," in Hazel Smith, et al. eds., *North Korea in the New World Order*, p.77
23) Lee, Jeong Kyu, op. cit., p.39; 김효정, "밀수·뇌물·납치...北 외교관, 세계 곳곳서 '단골 추방대상'," 연합뉴스, 2017.3.5.

이 있었다.[24]

유럽 주재 북한 공관은 정치 유배지로도 사용되었다. 김정은 현 북한 지도자의 부친인 김정일의 배다른 동생 김평일은 국내 권력다툼에서 패배한 후 40년간 유럽의 공관을 전전하였다. 김평일은 1979－88년 주유고슬라비아 국방무관 근무 후 1988－2019년 헝가리, 불가리아, 핀란드, 폴란드, 체코 대사를 역임해 40년간 해외에 체류하고 2019년 11월 평양으로 소환되었다. 그에게 유럽근무는 목숨을 부지하는 방편이었다.

김정은과 여동생 김여정은 스위스에서 함께 유학하였다. 이수용 주스위스 북한대사가 신분을 감추고 학교를 다닌 이들을 지원하였다. 자급자족적인 주체 이론을 내세우며 극도로 폐쇄적인 정책을 가져오는 북한 당국이지만 최고지도자의 아들과 딸을 유럽으로 유학 보냈다. 김정은은 4년간 스위스의 사립학교와 독일어 공립학교에서 공부하였다.[25]

## 6.3 유럽연합의 대북 정책

### ▎유럽연합의 '비판적 관여정책'

유럽연합은 북한에 대해 '비판적 관여정책'(critical engagement)을 구사해 오면서 북한이 도발할 때는 '비판' 부분에, 북한과의 대화를 지원할 때는 '관여' 부분에 중점을 둔다. 구체적으로 유럽연합은 북한과 대화채널을 유지하면서도 실질 관계 증진을 위해서는 △핵 문제 진전 △남북관계 개선 △인권 개선을 3대 전제조건으로 제시해 왔다.

EU 대외관계청은 홈페이지를 통하여 유럽연합의 대북 비판적 관여정책의 목표를 소개한다. 한반도와 지역의 영속적인 긴장 완화를 지원하며 국

---

24) 윤창수, "외화벌이로 코끼리 상아, 코뿔소 뿔 밀수하던 북한 외교관 결국...", *서울신문*, 2023.12.7.
25) Anna Fifield, "Kim Jong Un's undercover adolescent years in Switzerland," *Politico Europe*, 2019.6.12.

제 비확산 체제를 지탱하고 북한 인권 상황을 개선한다는 것이다. 유럽연합은 1995년 이래 북한 내의 가장 취약한 공동체에 지원을 제공하여 왔다고도 소개한다.[26]

유럽연합은 2010년대 후반 미국의 대북 전략적 인내정책에 대한 대안으로 비판적 관여정책을 개발하였는데 수년 내 한계를 보였다는 평가를 받았다. 북한이 국제적 의무를 지키도록 하면서 대화와 트랙 2 제의를 위한 문은 열어놓는다는 것이지만 목적이 너무 모호하고 미국과 한국의 노력이 실패한 곳에서 북한에 대해 확신을 줄 도구를 갖고 있지 못하다는 것이었다.[27]

유럽연합은 외교이사회 결론과 규정 및 선언, 의장국 성명 등을 통하여 북한에 대한 입장을 발표한다. 사실 유럽연합이 어떠한 입장을 표명하기 위해 회원국 만장일치의 동의를 얻는 것은 간단한 일이 아니다. 북한 문제에 관해 유엔 안보리 회원국인 프랑스는 강경한 입장을 갖지만 스웨덴은 대화를 중시한다. 스웨덴은 전통적으로 북한과의 대화를 중시해 왔는데, 북한 내에서 미국, 캐나다, 호주의 이익대표부 역할도 수행하는 만큼 더욱 그렇다.

일각에서는 프랑스가 강경한 대북입장을 갖는 것은 정부교체와 무관한 것을 보아 '케돌세'(Quai d'Orsay)로 불리는 외교부의 입장이 강경한 것으로 평가한다. 다른 일각에서는 비확산 문제 관련 프랑스가 중동지역에서 무역 등 이유로 대화를 강조할 수밖에 없는 상황에서 자신들에게 상대적으로 덜 중요한 북한 문제에서 강경 입장을 보이며 균형을 맞추려 한다고 평가한다.

프랑스가 실용 외교를 하는 것이라는 견해도 있다. 드골 대통령의 프랑스는 1961년 북한이 파리에 통상대표부를 개설하는 것을 허용하였다. 미

---

26) "DPRK and the EU," European External Action Service, 2022.1.18.

27) Jeong Won Bourdai Park, et al., "Evolution of EU−DPRK Interactions: From Engagement to Stalemate," *Asian Perspective*, Volume 46, Number 3, Summer 2022, pp.549−581

국 정보함 푸에블로(Pueblo)호가 북한에 나포되고 북한 공작원이 청와대를 습격하여 대통령을 암살하기 위한 1.21 사태가 발생한 해였다. 올랑드 (Hollande) 대통령 때도 프랑스는 1984년 북한의 통상대표부를 일반대표부로 격상하는 것을 허용하였다. 일 년 전 미얀마 양곤에서 북한 공작원의 한국 대통령 암살 기도가 있었던 때이다.

프랑스의 북한에 대한 접근은 실질적 이익으로 이어졌다. 프랑스 건설 회사인 캉프농 베르나르(Campenon Bernard) 건설회사가 북한을 대표하는 호텔인 양각도 국제호텔을 1986−92년에 걸쳐 건설하였다. 김일성 일가는 프랑스 의사들을 통해 질병을 치료받았다. 서유럽 국가들이 북한과 수교할 때는 프랑스는 다시 반대방향으로 움직였다. 프랑스는 북한과 수교하지 않으면서 사사건건 북한에 대한 시비를 걸었다. 인권 결의안을 제기할 것을 제의하고 북한 대사에 대한 아그레망 부여를 거부하였다. 북한에 프랑스의 중요성을 확실히 부각하였다.[28]

그러나 프랑스가 북한과 연락할 수 있는 창구가 없던 것은 아니었다. 프랑스는 2011년 10월 10일 평양에 협력사무소를 개설하였다. 파리에는 일반대표부 외에도 주유네스코 대표부에 북한 외교관이 나와 있어 서로 연락할 수 있었다. 프랑스는 북한과 소통 창구가 있어 수요를 충당할 수 있는 만큼 북한에 대한 강경 입장을 취함으로써 북한에 자신의 중요성을 부각하고자 한다는 것이다.

스웨덴은 유럽연합에서 북한에 대해 가장 대화파이다. 서방 국가 중 가장 먼저 북한과 수교하고 북한과 대화를 위해 많은 노력을 해 왔다. 유럽 연합 내에서 북한에 대해 강경한 입장을 갖는 프랑스와 대척점에 선다. 스웨덴과 같이 작은 나라는 고립보다 연계가 세계에서 외교정책에 영향을 미칠 수 있는 현실적 전략이 된다.[29]

---

28) Aidan Foster−Carter, "North Korea's French Connection," *38 North*, 2014.1.23.

29) Magnus Andersson and Jinsun Bae, "Sweden's engagement with the

## ▌북한 핵 문제 대응

유럽연합은 북한 핵 문제를 한반도뿐만 아니라 지역·국제안보에 대한 심각한 위협으로 인식하며 외교적, 평화적 해결을 위한 역할과 기여를 적극 모색한다. 유럽연합은 1996-2005년간 KEDO에 총 1억 18백만 유로를 기여하였다. 유럽연합에서는 유럽원자력공동체(European Atomic Energy Community: EAEC)가 대표로 참여하여 그 예산을 활용하였다.30)

미국은 북한과 1994년 10월 제네바 합의(Agreed Framework)를 체결해 북핵 위기를 넘었다. 미국뿐 아니라 한국과 일본도 이행에 참여하였다. 그런데 1994년 미국 중간선거에서 공화당이 미국 의회를 장악하게 되면서 클린턴 행정부는 합의 이행을 위한 충분한 예산을 확보할 수 없었다. 북한에 대한 중유 제공 예산 확보 필요성이 직접적 계기가 되어 핀란드가 1995년 EU 개별회원국으로 KEDO에 가입한 데 이어 1997년 9월 유럽연합이 KEDO의 집행이사국으로 가입하였다. 제네바 합의는 2002년 10월 제임스 켈리(James Kelly) 국무부 동아태 차관보 방북시 북한의 우라늄 농축 프로그램 보유 확인 논란으로 와해되었지만 명목상 KEDO는 지금도 유지되고 있다.

유럽연합은 유엔 안보리가 대북제재를 결정하는 경우 유엔 안보리 결의를 EU 규정으로 전환하며(transposition), 독자제재(autonomous restrictive measures) 등의 조치를 취한다. 안보리 상임이사국인 프랑스를 중심으로 북한의 완전하고 검증가능하며 불가역적인 비핵화(complete, verifiable, irreversible denuclearization: CVID)에 중점을 둔다. 유럽연합은 국제규범인 유엔 안보리 결의를 중시한다.

---

democratic People's Republic of Korea," *North Korean Review*, Volume 11, Issue 1, pp. 42-62, p.54

30) Reinhard Drifte, "10. The European Union and North Korea," in Tsuneo Akaha ed., *The Future of North Korea*, p.161; Bondaz, Antoine, "Evolution of Europe-North Korea Relations-From Active Engagement to Partial Rupture (1/2)," *Global NK*, 2024.2.26.

유럽연합은 2006년 11월 20일 첫 대북 제재조치를 채택하였다. 북한의 첫 핵실험(2006.10.9.)에 따라 채택된 유엔 안보리 결의 1718호(2006.10.14.)를 EU 규정으로 전환한 것이다. 이후 같은 방식이었다. 북한의 제4차 핵실험(2016.1.6.) 때에도 유엔 안보리 결의 2270호(2016.3.3.)를 EU 규정으로 전환(2016.4.29.)하고 무역, 금융, 투자와 운송 분야 독자제재 조치(2016.5.27.)를 취하였다. 당시 유럽연합 사상 가장 강력한 대북 독자제재였다.

북한의 제6차 핵실험(2017.9.3) 때에는 유엔 안보리 결의 2375호(2017.9.11.) 이행을 위해 전환입법(2017.9.14., 2017.10.10.) 및 독자제재 조치(2017.10.16.)를 취하였다. 독자제재 조치는 모든 대북 투자 금지, 북한에 대한 정유제품 및 원유 판매 전면금지, 북한에 대한 개인송금 한도를 15,000유로에서 5,000유로로 하향 조정한 것이었다.

※ 북한의 제1-6차 핵실험 및 대응조치 (EU 및 주요국 발표)

| 구분 | 1차<br>(06.10.9.) | 2차<br>(09.5.25.) | 3차<br>(13.2.12.) | 4차<br>(16.1.6.) | 5차<br>(16.9.9.) | 6차<br>(17.9.3.) |
|---|---|---|---|---|---|---|
| 실험지역 | 1번 갱도 | 2번 갱도 | 2번 갱도 | 2번 갱도 | 2번 갱도 | 2번 갱도 |
| 인공지진<br>규모 | 3.9Mb | 4.5Mb | 4.9Mb | 4.8Mb | 5.0Mb | 5.7Mb |
| 폭발<br>위력 | 0.8kt | 3-4kt | 6-7kt<br>이하 | 6kt | 10kt | 70kt |
| 핵물질 | 플루토늄 | 플루토늄 | 고농축<br>우라늄 | 북한 주장:<br>수소탄 | 북한 주장:<br>핵탄두 | 북한 주장:<br>수소탄 |
| 안보리<br>조치 | 결의<br>1718호<br>(06.10.14.)<br>*핵실험후<br>5일 | 결의<br>1874호<br>(09.6.12.)<br>*핵실험후<br>18일 | 결의<br>2094호<br>(13.3.7.)<br>*핵실험후<br>23일 | 결의<br>2270호<br>(16.3.3.)<br>*핵실험후<br>57일 | 결의<br>2321호<br>(16.11.30.)<br>*핵실험후<br>82일 | 결의<br>2375호<br>(17.9.11.)<br>*핵실험후<br>8일 |

| EU<br>전환조치 | 이사회<br>공동 입장<br>(06.11.20.)<br>이사회<br>규정<br>(07.3.27.) | 이사회<br>공동 입장<br>(09.7.27.)<br>이사회<br>규정<br>(09.12.22.) | 이사회<br>결정<br>(13.4.22.)<br>이사회<br>규정<br>(13.7.22.) | 이사회<br>결정<br>(16.3.31.)<br>이사회<br>규정<br>(16.4.29.) | 이사회<br>결정<br>(17.2.27.)<br>이사회<br>규정<br>(17.2.27.) | 이사회<br>보도자료<br>(17.9.14.)<br>이사회<br>조치<br>(17.10.10.) |
|---|---|---|---|---|---|---|

* 북한의 실험지역은 1-6차 모두 함경북도 풍계리 핵실험장이며 갱도만 상이

유럽연합의 대북 제재 절차는 복잡하다. ① 회원국 또는 EU 대외관계청 제안, ② 지역담당 실무작업반(Asia-Oceania Working Party: COASI) 검토, ③ 필요시 3석 평화안보 대사 간 정치안보위원회(PSC) 협의, ④ 외교관계 작업반(Working Party of Foreign Relations Counsellors: RELEX) 법률·기술적 검토, ⑤ 수석대사 간 코레퍼 II 회의 만장일치, ⑥ 외교안보고위대표 주재 회원국 외교장관 간 외교이사회에서 입법 채택, ⑦ 유럽연합 관보 게재, 공포 등의 절차이다.

회원국 간 입장이 다르면 외교장관이 모이는 외교이사회에서도 합의가 어렵다. 합의를 이루기 위해 서로 모순되는 문안을 포함하기도 한다. 한 문장에서 유엔안보리 대북제재 결의 준수를 강조하는데 다른 문장에서 북한과의 대화를 강조한다. 어느 회원국이든 자신들의 입장이 포함되는 대가로 다른 회원국의 입장이 포함되는 것을 묵인한다.

유럽연합은 이란 핵 문제 해결을 위해 적극적으로 참여한다. 북한과 이란 사이에 평행이론이 있다. 협상이 서로 영향을 미칠 뿐 아니라 두 나라가 대량살상무기 개발에서 서로에게 도움을 준다. 조지 W. 부시 대통령은 2002년 국정연설(State of the Union Address)에서 북한을 이란, 이라크와 "악의 축"으로 함께 묶었다.[31]

유럽연합은 북한과 이란 핵 문제의 해결에 도움이 되도록 국제사회의 제

---

31) Bruce Cummings, et al., *Inventing the Axis of Evil: the Truth about North Korea, Iran, and Syria*, p.1

재 부과에 적극적으로 동참한다. 유럽연합은 국제안보 관련 역할을 확대하고자 노력하면서 핵심 회원국인 영국(브렉시트 전), 프랑스, 독일과 함께 이란과 협상하였다. 북한에 대한 제재가 약하였다면서 이란 제재를 모델로 북한에 대해 맞춤형 금융제재를 부과해야 한다는 주장이 나오기도 하였다.32)

## ▌EU-북한 간 정치대화 및 인권대화

유럽연합은 북핵 문제가 첨예화되기 전에는 거의 매년 북한 외무성의 부상 또는 국장급 인사 또는 노동당 대표단을 접수하였다. 1998년 12월부터 북한과 트로이카(Troika) 차원의 외교부 지역국장급 정치대화도 매년 개최하였다. 유럽연합이 KEDO에 집행이사국으로 참가하는(1997년) 등 한반도 문제에 대한 관심이 컸던 때였다.33)

유럽연합과 북한 간 정치대화는 EU 대외관계청 동북아국장과 북한 외무성 유럽국장이 수석대표로서 북핵, 인권 문제 등을 논의하였다. EU 측 트로이카로 전·현 의장국의 외교부 인사 및 EU 집행위원회 인사가 참석하였다. 정치대화는 북핵 문제로 2011년 12월 중단되었다가 2015년 6월 재개되었으나 2016년 1월 북한의 4차 핵실험으로 다시 중단되어 2015년 6월 평양에서 개최된 제14차 회의가 마지막 회의가 되었다. 2016년에도 김선경 외무성 유럽국장이 브뤼셀을 방문해 EU 집행위원회 및 대외관계청 인사와 면담해 북한은 이를 정치대화로 간주하였지만 유럽연합은 이를 인정하지 않았다.34)

유럽연합은 북한 인권 개선을 대북정책 핵심과제 중 하나로 추진한다. 북한과의 양자 대화뿐 아니라 국제기구에서도 북한 인권 문제를 제기하며

32) Patrick McEachern and Jaclyn O'Brien McEachern, *North Korea, Iran, and the Challenge to International Order — A Comparative Perspective*, p.110
33) Rudiger Frank, "7. The EU's North Korea policy: no trace of Japanese influence," in Linus Hagstrom and Marie Soderberg eds., *North Korea Policy: Japan and the great powers*, p.132
34) Glyn Ford, op. cit.

북한을 압박한다. 유럽연합은 2001년 이래 인권, 민주주의, 법의 지배가 제3국과의 관계에서 추구할 기본원칙임을 재확인하고 개별국가와 인권대화를 추진해 오고 있다.

2001년 5월 페르손 스웨덴 총리는 북한 방문 시 김정일과 양자 인권대화에 합의하였다. 유럽연합과 북한 간 인권대화는 수교 직후인 2001년 6월 브뤼셀과 2002년 6월 평양에서 두 차례 개최되었다. 유럽연합은 2003년부터 북한과의 정치대화에서도 인권 문제를 제기하였다. 단 인권대화는 2차 회의 후 2003년 급제동이 걸렸다. EU 각료이사회가 프랑스의 주장으로 유엔인권위원회에서 북한 규탄 결의안을 제의하기로 결정한 데 따른 영향이었다.[35]

유럽연합은 2003년 4월 유엔인권위원회(2006년 유엔인권이사회로 개편) 회의부터 북한인권 결의안을 상정하였다. 2005년 이래 유엔총회에서도 북한 인권 결의안을 상정하였다. 일본과 공동발의를 계속해 북한에 관한 유엔의 인권 아젠다를 진전시켰다. 매년 유엔 인권이사회 결의안과 유엔총회 결의안을 채택하기 위해 광범위한 문서작업이 수행된 장기 작업이었다.[36]

유럽연합은 2013년 유엔인권이사회에서 북한의 광범위한 인권 위반을 조사하기 위하여 유엔 북한인권 조사위원회(Commission of Inquiry on Human Rights in DPRK: COI)를 설립하는 데서도 주도적인 역할을 하였다. 유엔 북한인권 조사위원회는 2021년 2월 북한 관리의 체계적이고 광범위하며 나쁜 인권 위반을 비난하고 관련 권고를 실시하였다.

## ▌대북 지원

유럽연합은 1995년 이래 북한 내 인도주의적 필요에 응하여 130개가 넘는 프로젝트를 통해 1억 3,620만 유로의 인도적인 지원을 제공하였다. 유럽연합의 인도적 지원은 가장 취약한 주민들을 대상으로 식량 지원, 보

---

35) ibid.
36) Agatha Kratz, "North Korea: a role for the EU on human rights," European Council on Foreign Relations, 2016.1.6.

건 서비스 증진, 깨끗한 물에 대한 접근, 위생 등에 초점을 맞추었다. 2020년부터 코로나19에 따른 북한의 국경폐쇄로 유럽연합도 인도적인 지원도 불가능하였다.[37]

유럽연합은 1995년 이래 유럽 민간보호 및 인도적 지원 활동(European Civil Protection and Humanitarian Aid Operations: ECHO)을 통하여 북한에 대한 인도주의적 지원을 제공하였다. 처음에는 북한에 식량을 전달하였으며 1997년 이래로는 "식량안보"의 형태로서 비료, 농업 관련 노하우 및 기계를 제공하였다. 2003년부터는 물과 위생 설비 재건 및 보건 분야 제반 조치에 더 관심을 가졌다. 지원은 양자 지원 외에 유엔 WFP, 유럽의 NGO를 통하여 전달되었다.[38]

유럽연합은 2002년 북핵 문제가 다시 불거진 이후 2004년부터 북한에 대한 경제지원과 개발협력을 공식 중단하였다. 1997-2004년간 경제지원과 개발협력으로 총 2.3억 유로를 지원하였다. 식량 및 소규모 역량배양 사업 지원은 계속하였다. 소규모 역량배양 사업은 연간 500만 유로 정도로 식수, 위생, 보건, 장애아 지원 등이었다. 북한에 상주하는 6개 유럽 NGO를 통해 시행되었다.

유럽연합은 북한의 기근 및 가뭄·홍수 등 발생 시 인도적 긴급구호를 제공하였다. 1995-2013년 대북 인도적 지원은 식량을 포함 총 1.36억 유로에 달하였다. 2011-2017년간 인도지원총국(DG ECHO)을 통해 12백만 유로 상당을 지원하였다. 유럽연합은 과거 사회주의 국가에 대한 자본주의 교육 경험을 바탕으로 EU-북한 경제워크샵을 통해 북한 중견 정부관리들을 초청해 연수 프로그램도 실시하였지만 2025년 현재는 중단 상태이다.

유럽연합이 북한의 대외무역에서 차지하는 비중은 외교관계 수립(2001년)

---

37) "North Korea (DPRK) Factsheet," European Civil Protection and Humanitarian Aid Operations, 2023.1.3.
38) Frank, Rudiger, "7. The EU's North Korea policy: no trace of Japanese influence," in Linus Hagstrom and Marie Soderberg eds., *North Korea Policy: Japan and the great powers*, p.133

전후 21%에 이르렀으나 2002년 북핵 위기가 다시 불거진 후 지속적으로 감
소해 2020년 1% 미만으로 하락하였다. 2021년 양측 간 무역규모는 135만
5,347 유로(약 141만 달러)로 10년 전 2011년의 1억 5,495만 유로의 1% 미
만이었다. 대북 제재와 코로나19로 인한 북한의 국경봉쇄 영향이었다.[39]

## ▌ 유럽의회의 북한 문제 관심

유럽의회도 북한 문제에 관심을 갖는다. 북한에 대한 결의안을 채택하
면서 국제사회의 관심을 환기한다. 우선 외교위원회와 한반도 관계 대표단
(Delegation for Relations with the Korean Peninsula: DKOR)이 관심을 갖는
다. 유럽의회는 비회원 국가와의 협조를 위한 대표단을 구성하는데, 2004
년 수립된 한반도 관계 대표단이 남북한과의 관계를 관장한다. 한국 국회
와 정기적 협의를 갖고 북한과 비정기적 협의를 갖는다. 북핵 문제 등 영
향을 받기 때문이다. 남북한 연계 방문도 시도하지만 북한 반대로 성사되
지 않을 때가 많다.

한반도 관계 대표단은 한반도 긴장완화 지원, 정치대화 조장, 유럽가치
선양을 위해 EU 외교정책과 동조하여 지속가능 평화에 기여하고자 한다.
한반도 안보상황에 집중하여 정기 회의를 가지며 6자회담 당사국 대표를
초청하여 입장을 파악한다. 5회에 걸쳐 평양을 방문하였으며(2005, 2007(2
회), 2008, 2011) 2회에 걸쳐 북한 대표단의 브뤼셀 방문(2006, 2007)을 접
수하였다. 유럽의회가 북한의 개혁과 국제사회의 호응을 촉구하는 결의안
을 채택(2006, 2010, 2012, 2013, 2014, 2016)하는 데에도 기여하였다.[40]

유럽의회 한반도 관계 대표단은 2018년 10월 28일 - 11월 3일간 베이징
과 평양을 방문하였으며 평양에서 제5차 EU - 북한 의회 간 회의를 개최
하였다. 방북 일정은 4개 분야(① 북한당국 회담, ② 평양시설 방문, ③ EU 인

---

39) 박수윤, "EU와 북한 무역규모, 10년 전의 100분의 1로 급감," 연합뉴스, 2022.12.3.
40) 유럽의회 한반도 관계 대표단(Delegation for Relations with the Korean
Peninsula: DKOR) 홈페이지(2024.4.22. 확인)

도지원 프로젝트 방문, ④ EU 회원국 대사관 방문)에 초점을 맞추었다. 안변(평양에서 차로 4시간 반)의 EU 사업(동계 식량안보를 위한 온실, 음용수 공장, 식량가공 공장) 현장을 방문하였다. 방북 보고서는 북한이 유럽연합만이 정직한 중재자가 될 수 있다면서 중국, 일본과 미국은 일방적이며 러시아는 재원이 부족하다고 평가하였다고 소개하였다.[41]

너지 데바(Nirj Deva) 한반도 관계 대표단 회장은 2018년 3월 14일 프랑스 스트라스부르에 소재한 유럽의회에서 기자회견을 가지고 지난 3년간 14차례 북한 고위당국자와 비밀대화를 가졌다고 주장하여 관심을 끌기도 하였다. 한반도 관계 대표단이 중국, 미국, 일본, 한국 및 북한과 총 52차례 비밀회동을 가졌다면서 북한 문제 관련 많은 역할을 하는 것으로 주장하였지만 과장된 것이었다. 북한은 이후 데바 회장과의 접촉을 기피하였다.[42]

## 6.4 러시아와 북한 관계[43]

2022년 2월 24일 러시아의 우크라이나 전면 침공으로 시작된 러시아–우크라이나 전쟁은 미국을 단극으로 하는 탈냉전 시대가 끝났음을 확실하게 선언하였다. 북한은 강대국 사이에서 의존의 균형을 이루고자 한다. 2019년 2월 28일 하노이 미·북 정상회담 결렬로 북한은 미국을 통하여 중국과 균형을 이루려던 전략을 미루었다. 북한에 대해 러시아와의 관계 발전은 중국과의 관계에서 균형을 이루는 방편이 되고 있다.

북한은 노골적으로 러시아를 두둔하였다. 북한은 2022년 3월 2일 유엔

41) "Mission Report" following the 5th EU–DPRK Inter–Parliamentary Meeting (IPM), 28 October–3 November 2018, Beijing/Pyongyang, European Parliament, 2018.11.15.
42) 양희정, "유럽의회 "북한과 3년간 14차례 비밀 대화"," *rfa 자유아시아방송*, 2018.3.14.; 이조은, "북 고위급과 대화 이어온 EU 의원 "북한이 원하는 것 평화협정"," *voa*, 2018.3.23.
43) 김형진, "북한 핵문제는 해결책이 없는가?" 한국 비확산·원자력 저널 2024 DEC VOL. 19, pp56–58 수정·보완

총회 결의안 채택 시에 반대를 표명한 5개국 중 하나였다. 결의안은 러시아의 우크라이나 침공을 규탄하고 철군을 요구하는 것으로 141개국이 지지하여 압도적인 표차로 가결되었다. 반대한 나라는 러시아, 벨라루스, 시리아, 에리트리아 및 북한뿐이었다. 중국도 기권하였다.

북한은 한 걸음 더 나갔다. 최선희 외무상이 2022년 7월 13일 '도네츠크 인민공화국'과 '루한스크 인민공화국' 외무상들에게 서한을 보내어 북한이 두 공화국의 독립을 인정하기로 결정한 것을 통보하였다. 러시아가 돈바스 침공을 정당화하기 위해 만든 허구로서 세계에서 러시아를 제외하면 시리아와 북한만이 승인하였다. 우크라이나는 이에 대응하여 북한과 단교하였다.

북한의 다걸기는 효과를 발휘하였다. 유엔 안보리는 2022년 5월 26일 의장국인 미국의 제안으로 북한의 대륙간탄도미사일 발사에 대한 책임을 묻고자 대북 추가 제재 방안을 표결에 부쳤지만 중국과 러시아의 거부권 행사로 부결되었다. 북한에 대한 안보리 결의안이 부결된 것은 처음이었다. 북한의 유류수입 상한선을 줄이는 내용 등으로서 안보리 15개 이사국 중 13개국이 찬성하여 마지노선 9표를 훨씬 넘었지만 중국과 러시아의 거부권 행사로 좌절되었다. 중국과 러시아가 더블 비토(double veto)로 공조한 것은 극히 이례적이었다. 특히 미국이 제의한 결의안은 안보리 결의 2397호에 명시된 "방아쇠"(trigger) 조항을 이행하는 것이었다.

김정은 국무위원장이 2023년 9월 러시아를 방문하였다. 특별열차를 이용해 9월 10일 평양을 출발하여 9월 19일 평양으로 돌아왔다. 김정은의 해외 방문은 코로나19로 북한이 국경을 봉쇄한 이후 처음이었다. 김정은의 평양 출발 사실을 다음 날 노동신문이 보도하는 등 북한의 언론 보도가 이어졌다. 북한 지도자의 외국 방문은 사후 공개되는 일이 많았던 만큼 이례적이었다.[44]

---

44) "The surge of activity in relations between North Korea and Russia," Strategic Comments, Volume 29, Comment 30, IISS, October 2023

김정은 국무위원장과 푸틴 대통령은 2023년 9월 13일 아무르 지역 보스 토치니 우주기지에서 정상회담을 개최하였다. 발사체 조립 빌딩에서 5시간 에 걸쳐 회담을 가졌다. 장소는 상징성이 있는 것이었다. 향후 협력 방향을 암시하였다. 여타국 정상과의 회담에 대개 지각하여온 푸틴 대통령은 이례 적으로 30분이나 먼저 도착하여 김정은 위원장을 기다렸다.

김정은은 정상회담 모두발언을 통하여 러시아가 서방에 맞서 성전을 벌 이고 있다고 하면서 러시아가 제국주의와 맞서 싸우는 데 함께 하겠다고 발언하였다. 김정은은 "지금도 우리나라의 최우선 순위는 러시아와의 관계 다"라고 하면서 대중국과의 관계에서 미묘한 균형을 이루려는 듯하였다.

푸틴 대통령은 북한의 인공위성 개발을 도울지를 묻는 취재진 질문에 대하여 "그래서 우리가 이곳에 온 것"이라고 답변하였다. 북한 위성을 궤 도에 올리는 것을 돕는 것은 유엔 제재를 위반하는 것이었으므로 러시아 와의 대북제재 협조가 종료되는 것을 시사하는 것이었다. 북한은 2023년 11월 21일 세 번째 시도 만에 군사정찰 위성 발사에 성공하였는데 러시아 의 도움을 받은 것으로 평가되었다.[45]

사실 북한 인공위성 개발을 도울 것이라는 푸틴의 발언 이후 이 분야에서 의 양측 간 협력이 노출되었다. 최선희 외무상이 2024년 1월 16일 크렘린 궁에서 푸틴 대통령을 예방하기 위하여 기다리는 동안 북한 수행원이 들고 있던 서류 표지가 언론에 촬영되었는데, 서류 상단에 '우주 기술 분야 참관 대상 목록'이라는 제목이 적혀 있었고 제목 밑에는 참관 장소로 추정되는 '우주로케트 연구소 <쁘로그레스>', '워로네쥬 기계공장' 등이 적혀 있어 양측 간 로켓 개발 등과 관련 협력이 진행 중인 것을 추정할 수 있었다.[46]

러·북 간 협조는 '악마의 거래'로 보도되었다. 북한이 탄약, 포탄 등 재

---

45) Choe Sang-Hun, "North Korea Launches Rocket With Its First Spy Satellite," *The New York Times*, 2023.11.21.
46) 이근평·이유정, "'로케트 쁘로그레쓰'…최선희, 기밀서류 들고 푸틴 만났다," 중 앙일보, 2024.1.18.

래무기를 러시아에 지원하며 러시아는 외화, 식량과 유류는 물론 군사 기술을 지원할 가능성이 우려되었다. 러시아가 북한에 지원할 수 있는 군사 기술은 군사위성 기술, 핵잠수함 기술, 고체연료 등 ICBM 기술 등으로서 다양하였다. 러시아 정부가 직접 지원하지 않더라도 구소련 붕괴 당시와 같이 퇴직한 무기개발자들의 명단을 넘겨주고 이를 묵인하는 방식을 사용할 것이 우려되었다.[47)]

북한 포탄은 2010년 20% 정도 불발률을 보이는 것이었지만 러시아-우크라이나 전쟁이 진행되고 있던 만큼 가치를 높게 인정받았다. 2023년 여름 러시아는 하루에 5천 발, 우크라이나는 하루에 7천-7.5천 발의 포탄을 발사하고 있었는데 2023년 10월 러시아는 하루에 1만 발, 우크라이나는 2천 발 이하를 발사하는 것으로 평가되었다.[48)] 북한이 제공한 포탄이 의미를 가졌다.

신원식 국방장관은 2024년 2월 26일 기자 간담회를 통하여 2023년 8월 말 이후 6개월간 북한에서 러시아로 이동한 컨테이너가 6,700개 분량이라고 밝혔다. 152mm 포탄일 경우 300만 발 이상, 122mm 다연장로켓포탄일 경우 50만 발 이상으로 두 포탄이 섞여서 갔을 가능성도 있고 적어도 몇 백 만발이 갔다고 볼 수 있다고 말하였다. 러시아는 북한에 빚을 지고 있었다.

러시아는 북한에 대한 유엔 안보리 제재결의 이행을 감시하여온 유엔 전문가 패널 활동을 2024년 4월 말로 종료시켰다. 유엔 안보리는 2024년 3월 28일 대북 제재위원회 산하의 전문가 패널 임기 연장 결의안을 투표하였는데 러시아의 거부권 행사로 부결되었다. 안보리 이사국 15개국 중 13개국 찬성하였으며 중국도 기권하였지만 소용이 없었다.

---

47) 양욱, "북-러 군사협력과 한반도 정세": 2024.12.17. 공감한반도연구회 개최 공감세미나 "2025 한반도 전략정세 전망: 트럼프의 재등장과 대혼란" 중 발제
48) "Ukraine Uses Five Times Less Artillery Ammunition Than russia - RUSI," *Defense Express*, 2024.1.8.

푸틴 대통령이 2024년 6월 19일 북한을 국빈 방문하였다. 푸틴으로서는 2000년에 이어 24년 만의 방북이었는데, 김정은 집권 이래 처음이었다. 푸틴은 평양 도착이 지연되어 새벽 02:46에 도착하였다. 1박 2일로 예정되었던 방문이 하루의 방문이 되었다. 김정은은 한밤중에 수행원도 없이 공항에 나가 푸틴을 영접하였다.

김정은과 푸틴은 양국 간 포괄적인 전략적 동반자 관계에 관한 조약에 서명하였다. 조약의 제4조는 일방이 무력 침공을 받아 전쟁 상태에 처하게 되는 경우 타방은 유엔헌장 제51조와 북한과 러시아 법에 준하여 지체 없이 모든 수단으로 군사적 및 기타 원조를 제공한다고 규정하였다. 1961년 소련과 북한 간 동맹 조약이 2001년 폐기되었다가 부활하였다.

이는 북한의 러시아에 대한 파병으로까지 이어졌다. 북한은 2024년 10월 러시아의 쿠르스크 지역에 1만 1천 명을 파병한 데 이어 2025년 2월 약 1천 명을 추가 파병한 것으로 보도되었다.[49] 조태용 국정원장은 2023년 10월 23일 국회정보위 간담회에서 파병 대가는 1인당 월 2천 달러 수준으로 말하였다. 북한의 파병은 북한이 먼저 제안해 푸틴이 수용한 것이라고 보도되었다.[50]

유럽연합은 러시아와 북한에 대한 제재를 추가해 대응하지만 역부족이었다. 유럽연합은 2024년 2월 22일 개인 106명과 기관 88개를 제재 대상으로 추가 지정하면서 북한의 강순남 국방상 및 북한의 대러시아 무기 수송에 관련된 러시아인 6명과 러시아 회사 5개를 제재 대상으로 포함하였다.[51]

---

49) 손현수, "국정원 "북한군 이달초 러시아에 2차 파병","" *한겨레*, 2025.2.27.
50) Julian E. Barnes and Michael Schwirtz, "Sending Troops to Help Russia Was North Korea's Idea, U.S. Officials Say," *The New York Times*, 2024.12.23.
51) "European Council meeting (21 and 22 March 2024) – Conclusions" European Council, Brussels, 22 March 2024; Thirteenth package of sanctions (23 February 2024)

# 제7장

# 유럽연합의 **국제사회에서의 의미**

그때 용감한 호라티우스가 말했소,
그는 성문의 수장이었지요.:
"이 세상의 모든 사람들에게
죽음이 조만간에는 찾아오지요.
그런데 사람이 더 잘 죽을 수 있겠소,
무시무시한 확률에 맞서는 것보다.
자신의 조상들의 유해를 위해.
또한 자신의 신의 신전을 위해."

Then out spake brave Horatius,
The captain of the gate.:
"To every man upon this earth
Death cometh soon or late.
And how can man die better
Than facing fearful odds,
For the ashes of his fathers,
And the temples of his Gods."

"호라티우스," 고대 로마의 노래 중 "Horatius," in Lays of Ancient Rome

토머스 배빙톤 매콜리 Thomas Babington Macaulay

# 제7장

## 유럽연합의 국제사회에서의 의미

## 7.1 유럽연합의 규정을 만드는 힘: 브뤼셀 효과

### ▌브뤼셀 효과

유럽연합의 규정은 유럽의 통합과 협력을 증진시킨다. 유럽연합은 회원국 간 협력을 위해서도 공통의 규정을 만들어 왔는데, 보편성을 가지고 있어 세계적으로 확장되었다. 유럽연합이 규정을 제정해 세계적으로 적용되도록 하는 영향력을 콜럼비아(Columbia) 법과대학 애뉴 브래드포드(Anu Bradford) 교수는 브뤼셀 효과(Brussels effect)라고 지칭한다.[1]

유럽연합은 자체의 필요성 때문에도 많은 규정을 만드는데, 국제적 영향력 때문에 전 세계에서 규정을 선도하는 영향력을 갖는다. 유럽연합이 이러한 힘을 갖는 것은 △내부시장이 거대하며 △규정이 구체적이고 △각국의 기업들이 모국 정부에 유럽연합의 규정을 받아들이도록 로비할 정도로 호응을 받기 때문이다.[2]

유럽연합은 화학물질 처리 등 환경규정, 법의 지배, 인권, 개인정보 보

---

[1] Bradford, Anu, *The Brussels Effect: How the European Union Rules the World*, pp.1-3

[2] "Charlemagne: The parable of the plug," *The Economist*, 2020.2.8.

호, 경쟁 관련 기준, 디지털 기업 과세, 조세회피 기준 등에서 범세계적인 기준을 선도해 왔다. 유럽연합의 기준이 보편성을 가지는 것은 27개 선진 국 간 통용되어 모범성이 있으며 지향하는 가치가 공감을 받기 때문이다. 근대 국제질서의 기초가 된 국가이성, 국민국가, 주권, 세력균형 등의 개념 이 탄생한 곳도 유럽이다.3)

유럽연합은 미국과 전 세계 시장에 적용되는 국제규범과 국제 기준의 80% 정도를 만들어 냈다. 인구 5억 명(브렉시트 이전), 세계 GNP의 약 25%, 세계 상품수출의 약 40%를 차지하는 유럽연합은 존재감이 있었다.4) 유럽연합은 무역과 규범을 통해 평화와 번영을 이루었다. 유럽연합은 회원 국 간 통합을 통해 국제적인 힘의 중요한 중심으로 부상하였다.

영국의 2020년 1월 31일 EU 탈퇴 후 양측간의 장래관계 협상에서도 기 준이 문제가 되었다. 폰데어라이엔 집행위원장은 향후 협상은 영국이 EU 규정을 준수할지 여부에 달려있다고 말하였다. 라브(Raab) 외무장관은 영 국은 EU의 규정을 따르지 않을 것이라고 말하였다. 유럽연합은 영국이 노 르웨이 모델에 따라 EU 규정을 따르기를 원하였지만 영국은 캐나다 모델 에 따라 EU 규정을 따르지는 않겠다고 한 것이었다.

2016년 6월 보리스 존슨(Boris Johnson) 영국 하원의원은 영국의 브렉시 트(Brexit) 투표를 한 달여 앞두고 유럽연합이 영국의 진공청소기가 얼마나 강력해야 하고 영국의 바나나가 어떤 형태이어야 한다고 말을 하는 것은 미친 일이라고 주장하였다. 존슨 의원은 불필요한 EU 규정 때문에 일주일 에 6억 파운드가 소요된다고도 주장하였다.5)

---

3) Henry Kissinger, *Diplomacy*, p.24
4) 얀 지엘론카 지음/신해경 옮김, *유럽연합의 종말 – EU는 운을 다했는가?*, p.9
5) John Henley, "Is the EU really dictating the shape of your bananas?" *The Guardian*, 2016.5.11.

## █ 브뤼셀 효과 사례: 개인정보보호규정

유럽연합이 능한 분야는 규칙을 만드는 것이다. 유럽연합이 규칙 창설자(rule-setter)라고 불리는 배경이다. 또 유럽연합은 공식 종교를 가지고 있다면 사생활 보호라고 할 정도로 사생활 보호를 중시해 왔다. 유럽연합이 사생활 보호를 중시하는 것은 전통 때문이기도 하지만 영향력을 투사하는데 도움이 되기 때문이다.

유럽연합은 사생활 보호를 다룰 때 내부적으로도 더 큰 힘을 모은다. 회원국 시민이 관심을 갖는 사안이기 때문이다. 사생활 보호와 직결되는 정보보호는 EU 규제의 핵심(the jewel of the EU's regulation crown)으로 평가된다.[6] 유럽연합은 엄격한 기준을 제시하고 여기에 커다란 단일시장의 힘을 결합하여 브뤼셀의 규칙을 따르도록 한다.

유럽연합은 △회원국 간 개인정보의 자유로운 이동을 보장하되 △개인정보 보호관리를 강화하는 일반 개인정보 보호규정(General Data Protection Regulation: GDPR)을 제정하였다. 2018년 5월 25일부터는 이를 통해 개인정보 보호 지침(Data Protection Directive)(1996년 제정)을 대체한 것이었다. 이는 기존 지침과 달리 그 자체로서 법적 구속력을 가지며 모든 회원국들에게 직접적으로 적용되었다.

일반 개인정보 보호규정 적용을 받는 기업은 △EU 회원국 내에 사업장을 보유한 경우 △EU 회원국 내에 사업장을 보유하지는 않지만 EU 회원국 국민의 개인정보를 처리하는 경우이다. 후자의 경우에는 △직원 수 250명 이상 △직원 수 250명 미만이지만 정보주체의 권리와 자유에 영향을 주는 정보의 처리가 빈번하거나 민감한 개인정보를 처리하는 경우이다.

피해 발생시 구제방안으로 △민원을 제기할 권리 △감독기구의 결정에 의한 사법구제 △손해 배상권 행사 등을 규정하였다. 과징금은 △심각한 위반인 경우 당해 회사의 연간 매출액 4% 또는 2천만 유로 중 높은 금액

---

6) "Charlemagne: Testing the faith," *The Economist*, 2020.4.25.

을, △일반적인 위반인 경우 연간 매출액 2% 또는 1천만 유로 중 높은 금액을 지불하도록 하였다. 바로 주목을 끌 만한 내용이었다.

유럽연합의 데이터 시장은 지속적으로 증가하였다. 2017년 650억 유로에 달한 데이터 시장이 2025년까지 961억－1.464억 유로에 달할 것으로 전망되었다. 유럽연합의 일반개인정보보호규정 적용 비용은 1억 3천만 유로로 예상되며 경제적으로 얻게 되는 이익은 23억 유로에 달할 것으로 예상되었다. 유럽연합의 규정은 한국을 비롯한 여러 나라에 기준을 제시하였다.[7]

## ▌브뤼셀 효과 사례: 조세 비협조국 지정

유럽연합은 2017년 12월 5일 경제·재무 각료이사회 회의에서 전 세계 국가의 법제도를 조사한 결과로서 조세회피 목적으로 사용될 수 있는 법률이 있는 국가의 명단을 발표하였다. 이러한 법률이 있으면 기업들이 세금이 낮은 곳으로 이윤을 이전함(profit shifting)으로써 조세기반이 침해(erosion of tax basis)될 수 있다는 것이었다.

유럽연합은 이러한 법률을 수정할지 여부를 각 국에 확인해 법률수정 약속 여부에 따른 국가 명단을 발표하였다. 개선약속을 하지 않은 조세분야 비협조국 Category 1에는 한국 등 17개국이 포함되었다. 그레이 리스트 Category 2에 등재된 여타 47개국은 2018년 말까지 구체적인 조치를 약속한 국가들이었다.[8]

유럽연합은 한국이 해로운 특혜세금제도(harmful preferential tax re-gimes)를 가지고 있는데 2018년 12월 31일까지 수정 또는 폐지를 약속하지 않았다고 하였다. 한국의 외국인투자지역, 경제자유구역과 자유무역지역의 법인세와 소득세 감면제도가 외국기업을 국내기업보다 우대하여 제3

---

7) "GDPR 대응지원 센터," 한국인터넷진흥원 홈페이지 (2022.8.13. 열람); "General Data Protection Regulation (GDPR) Compliance Guidelines," EU 홈페이지 (2022.8.13. 열람)

8) "The EU list of non－cooperative jurisdictions for tax purposes," FISC 345, ECOFIN 1088, Council of the European Union, Brussels, 2017.12.5.

국 기업이 조세회피를 위해 이용할 가능성이 있다고 지적한 것이었다.

한국의 외국인투자 조세감면제도는 국내시장을 분리취급(ring-fencing)하며 행정당국이 재량을 보유하는 만큼 투명성이 부족하다고 한 것이다. 이전 경제협력개발기구(OECD)가 이를 검토하였으며 한국의 외국인투자 조세감면제도를 검토범위 밖(out of scope)으로 판단하였지만 유럽연합은 OECD보다 넓은 기준을 적용한 것이었다.

한국은 반발하였다. 2017년 12월 6일 기획재정부 보도참고자료를 통하여 유럽연합의 결정은 OECD 등 국제적 기준에 부합되지 않고 국제적 합의에도 위배되며 조세 주권을 침해하는 것이라고 발표하였다.[9] 그러나 유럽연합이 여론을 이끄는 힘은 컸다. 기획재정부는 결국 국내 관련법이 이미 의미가 없음을 확인하고 유럽연합의 권고를 따르기로 하였다.

한국은 2017년 12월 26일 조세감면제도 개선을 약속하는 경제부총리 서한을 보내 2018년 1월 23일 EU 경제·재무 각료이사회 회의 시 그레이리스트로 이동(Category 1→2)되었다. 한국은 국내법을 개정하여 2019년 3월 12일 같은 회의에서 조세비협조국 명단에서 완전히 제외되었다. '외국인투자 법인세 감면 제도'(외국인 기업이 특정 신기술을 국내에 들여오거나 경제자유구역 등에 입주할 경우 5-7년간 법인세 50-100% 감면)를 폐지하는 조세특례제한법 개정안이 2018년 12월 국회에서 승인된 데 따른 것이었다.

유럽연합은 조세 비협조국 지정을 통해 성공을 거두었다고 자평하였다. 각국의 △조세부과의 투명성이 높아지고 △조세수입도 증대된 것으로 평가하였다. 다국적 기업의 이윤이전을 통한 재원잠식 문제도 개선되었다. 바하마(The Bahamas)와 케이먼 제도(Cayman Islands) 등 조세 피난처의 장점이 없어져 금융거래가 25% 감소하였다고 평가하였다.[10]

9) "2017. 12. 6.(수) 연합뉴스 등 「EU, 한국 포함해 17개국 조세회피처 블랙리스트 대상국 선정」 제하 기사 관련," 기획재정부 보도참고자료, 2017.12.6.
10) 2019.9.24. Stephen Quest EU 집행위원회 조세총국장의 필자에 대한 설명

## 7.2 유로화의 운용 및 장래

### ▌제2 기축통화 유로

유럽 통합 진전을 위한 3개 구상으로 ① 유럽연합과 나토의 확대, ② 유로화 창설, ③ 셴겐 협정을 꼽기도 한다.[11] 유럽연합과 나토의 회원국 확대는 가입 희망국의 제도와 법률을 개선할 동기를 만들었다. 회원국 확대는 이미 다룬 만큼 유로화 및 셴겐 협정의 효과를 살펴보기로 한다. 공통화폐를 사용하며 출입국 절차 없이 주변국을 방문하는 것은 마치 한 나라에 사는 느낌을 준다.

1999년 1월 1일 도입되어 26년을 훌쩍 넘긴 유로화는 달러화에 이어 제2의 기축통화로 통용된다. 국제통화기금(International Monetary Fund: IMF)에 따르면 2024년 3분기 현재 세계 외환보유액 중 유로의 비중은 20.0%로서 57.4% 비중을 차지하는 달러화에 비해 아직 1/3 수준이기는 하지만 달러의 대안으로서의 입지를 꾸준히 유지하여 왔다.[12]

기축통화 보유국은 유리한 점이 많다. 화폐를 제작하는 비용만 들이면 화폐의 액면에 나타난 부를 가질 수 있으므로 엄청난 이득이다. '화폐주조차익'(seigniorage)이다. 유럽연합, 중국이 이러한 이점을 갖고자 노력하여 온 것은 당연한 일이다. 중국이 IMF에서 인민폐의 역할을 증대하기 위해서 노력해 온 배경이다.

100유로의 달러 대비 환율은 1999년 초 115.53(달러/유로)에서 2021년 말 113.74, 2024년 8월 109.22로 변화되었다. 1999년 1월부터 2003년 5월까지 유로화의 가치는 하락하였다가 다시 원래 수준으로 회복하였으며 2003년 5월부터 2014년 12월까지 유로화의 가치는 상승하였다가 다시 원래 수준으로 하락하였다. 이후에는 소폭의 등락을 반복하고 있다.

---

11) William Drozdiak, *Fractured Continent*, p.xiv
12) "Currency Composition of Official Foreign Exchange Reserves (COFER)," IMF DATA Access to Macroeconomic & Financial Data, 2024.12.20.

유로화는 EU 회원국 27개국 중 20개국에서 사용된다. 2024년 초 EU 인구 4억 4,920만 명 중 3억 5,010만 명이 사용한다.[13] EU의 GDP는 1999년 7조 9,258억 달러에서 2023년 18조 3,494억 달러로 늘었다.[14] 유로화는 EU 회원국 간 무역을 증대하며 경제협력을 증진하는 데 기여하였다. 1999년 1월 1일 유로화 창설 당시 독일, 프랑스, 이탈리아 등 EU 회원국 11개국이 참가하였지만 계속 확대되어 2025년 20개국이 참가한다. EU 정상회의가 개최될 때도 유로화 사용 국가는 추가 정상회의를 갖는다. 창설 당시 유로화는 계산단위나 장부상 통화에 불과하였다. 유로화가 지폐, 동전으로 유통되기 시작한 것은 3년 후인 2002년 1월 1일부터였다.

유로화 창설 당시에 독일과 프랑스의 인식이 달랐다. 독일은 정치적인 관점에서 접근하였다. △동서독 통일에 대한 프랑스의 동의를 확보하는 것이 결정적 동기였으나 △힘과 안정성을 확보한 마르크화를 증명되지 않은 통화로 대체하는 것을 내켜하지 않았다. 프랑스는 △유럽중앙은행을 공동으로 통제하며 △사실상 독일 중앙은행에 빼앗긴 통화의 자주권을 일부라도 회복하고자 하였다. 프랑스는 당시 환율 변동을 제한한 것은 경제적으로 가장 큰 힘을 가진 독일의 중앙은행을 따라갈 수밖에 없도록 하기 때문에 차라리 단일 화폐를 갖자는 입장이었다.[15]

유로화는 독일의 커다란 경제력에 좌우되는 만큼 결국 독일의 지배를 위한 도구(German instrument of dominance)라는 주장도 제기되었다. 데니스 힐리(Dennis Healy) 영국 재무장관의 주장이었다.[16] 유로에 프랑스의 입장이 많이 반영되었지만 명칭은 독일의 희망대로 불어처럼 들리는 '에

13) Eurostat은 2024년 초 EU 인구를 4억 4,920만명으로, Trading Economics는 2024년 유로지역 인구를 3억 5,010만명으로 소개한다.
14) Macrotrends, "European Union GDP 1960−2025"; Macrotrends: 2023년 GDP는 미국 27조 3,609억 달러, 중국 17조 7,948억 달러, 일본 4조 2,130억 달러, 한국 1조 7,128억 달러
15) Simon Usherwood & John Pinder, op. cit., p.56
16) Markus K. Brunnermeier, et al., op. cit., p.8

쿠'(ecu) 대신 '유로'(euro)로 결정되었다.

EU 회원국이 유로화를 법정통화로 사용하기 위해 충족해야 하는 5개 조건은 ① 물가상승률, ② 이자율, ③ 예산 적자, ④ 공공부채 총액, ⑤ 환율 안정성이다. 물가상승률은 최근 1년간 소비자 물가상승률이 가장 낮은 3개 EU 회원국의 평균 물가상승률+1.5% 포인트 이내, 예산적자는 GDP 3% 이내, 공공부채는 GDP 60% 이내 등이다.

유로화를 유일한 법정통화로 사용하고 있는 20개 EU 회원국 통화연합을 유로존(eurozone) 또는 유로지역(euro area)이라고 한다. 유로존은 독일, 프랑스, 이탈리아, 네덜란드, 벨기에, 룩셈부르크, 그리스, 스페인, 포르투갈, 오스트리아, 슬로바키아, 슬로베니아, 핀란드, 아일랜드, 에스토니아, 라트비아, 리투아니아, 사이프러스, 몰타의 19개국에, 2023년부터 크로아티아가 추가되었다. 유로그룹은 유로지역 장관들이 유로화 관련 공동책임에 관해 논의하는 비공식 협의체이다.

유로화 사용은 무역과 경제협력에 도움이 된다. 특히 화폐 제작과 위조화폐 방지에 소요되는 비용을 감안하면 작은 나라에서는 더욱 그렇다. 안도라, 모나코, 산마리노, 바티칸은 EU 회원국은 아니지만 EU와 협정을 체결해 유로화를 공식통화로 사용한다. 몬테니그로와 코소보는 일방적으로 유로를 공식통화로 채택하였다. 이들 국가는 유로지역에 포함되지 않아 유럽중앙은행에 대표를 파견하지도, 유로그룹에 참여하지도 않는다.

유로화는 유럽중앙은행과 유로시스템(Eurosystem)을 통해 운영된다. 유럽중앙은행은 독일 프랑크푸르트에 소재하며 유로지역 통화정책 결정 전권을 갖고 있다. 유로시스템은 유로존 국가의 중앙은행으로 구성된다. 유럽중앙은행은 유로화를 법정통화로 채택한 EU 회원국의 중앙은행으로서 1998년 6월 1일 설립되었다. 유럽중앙은행 최고위 인사는 총재(President)이다. 유럽연합에서 정상회의 상임의장, 집행위원장, 외교안보고위대표와 함께 가장 영향력 있는 4명으로 꼽힌다.

유럽중앙은행은 유로화 발행, 유로지역 통화정책 수립 및 집행, 외환업무, 금융기관 건전성 감독 등의 기능을 수행한다. 여타국의 중앙은행과 유사하다. EU 창설조약은 유럽중앙은행에 물가안정을 최우선 목표로 규정하고 완전한 독립성을 보장한다. 경기진작을 위해 통화정책을 사용하는 사례는 적다. 유럽연합이 미국과 같은 합중국이 아니기 때문에 가지는 제약이기도 하다.

## ▌유로화의 공적과 과실

유로화는 EU 경제성장을 촉발하였다. 회원국 GDP의 증가를 가져왔지만 유럽중앙은행의 구제금융 지원 조건으로 강력한 구조조정과 긴축을 강요받아 온 PIGS(포르투갈, 이탈리아, 그리스, 스페인) 국가는 채권국 독일의 강경 입장에 반감을 가졌다. 이들 국가를 돼지(pigs)라는 의미의 영어 단어로 지칭한 것도 의도가 있었다.

북유럽과 남유럽 간 격차가 확대될 뿐 아니라 고소득층과 저소득층 간 격차도 확대되어 양극화 현상이 심화되었다. 유로화를 함께 사용하기 이전에는 경쟁력이 약한 국가의 경우 통화 가치가 낮아져 그 나라 상품이 저렴하게 인식되며 수출이 늘어났다. 그런데 단일 통화를 사용하면서 환율 평가절하에 따른 조정을 할 수 없게 되었다.

평가절하된 통화의 도움 없이 이탈리아, 스페인, 포르투갈 등이 독일과 경쟁하기는 버거웠다. 구제금융을 지원받았지만 그 대신 취해야 하는 구조조정에 대해 국내의 반발이 거셌다. 유럽중앙은행과 이를 이끄는 독일에 비난을 돌리고자 하는 경향이 있었다. 반면 독일에서는 구제금융을 지원받은 국가들이 돈을 헤프게 쓴다고 생각하며 더 강한 긴축정책을 요구하였다.

EU 회원국의 재정적자 및 국채 부담을 제한하는 '안정·성장합의'(Stability and Growth Pact)를 제시한 것도 독일 재무부였다. 다만 재정적자의 기준을 GDP의 3%로 제시한 것은 프랑스였다. 1980년대 초 자크 들로르(Jacques

Delors) 프랑스 재무장관이 프랑스의 화폐인 프랑화를 강력하게 만들기 위해 추진한 정책이었다.[17]

국제경제학은 '불가능한 삼위일체'(impossible trinity)라며 어느 국가든 △고정환율제 △자본 이동 자유 △독립적인 통화정책의 세 가지를 모두 시행하는 것은 불가능하다고 한다. 고정환율제를 유지하면서 자유로운 자본이동을 허용하면 한 나라에서 유통되는 통화의 양을 통제할 수 없다. 세 가지 정책방편이 서로 연결되어 있어 그중 한 가지 정책은 사용할 수 없게 된다.

대외 환율조정이 불가능하면 대내 환율조정을 위해 임금을 삭감해야 하는데 국민의 저항감이 크다. 임금삭감 등 구조조정을 해야 하는 나라는 불만을 채권국 등 외부로 돌리기 쉽다. 이탈리아의 오성동맹과 동맹당, 독일의 '독일을 위한 대안', 스페인의 포데모스(Podemos) 등이 유로화에 반대하며 유럽연합의 존재 자체에 의문을 제기하는 배경이다.

유로화는 수차례 어려움을 겪었다. 그리스, 스페인, 아일랜드, 포르투갈, 이탈리아에서 심각한 무역적자와 재정적자가 발생하였다. 국공채가 증대되어 외부 지원이 필요하였다. 독일은 이를 구조적인 지불불능 문제로 보았던 반면 프랑스는 일시적인 통화부족 문제로 보았다. EU 차원의 지원을 검토할 때 독일은 도덕적 해이를 우려하고 프랑스는 다중균형이 가능하다고 보았다.[18]

2012년 6월 유로화 위기 당시 EU 정상회의는 은행연합(banking union)을 추진하기로 합의하였다. EU 차원의 금융정책을 통해 일부 회원국 금융기관의 취약성이 부채 위기로 발전하지는 않도록 차단한다는 것이었다. 마리오 드라기(Mario Draghi) 유럽중앙은행 총재는 독일이 유로화가 붕괴되도록 하지 않을 것이라는 신호를 보낸 것으로 이해하여 2012년 7월 26일 "유로화를 보존하기 위해 유럽중앙은행은 권한의 범위 내에서 어떠한 조치라도 취할 준비가 되어 있다"(Within our mandate, the ECB is ready to do whatever

---

17) ibid., p.135
18) ibid, p.116, p.198

it takes to preserve the euro)라고 말하였다. 이는 시장에 신뢰감을 주었고 이후 유로화에 대한 투기수요가 줄어들면서 환율이 안정되었다.[19]

유럽연합이 공동통화를 채택하고도 공동으로 재정정책을 취할 수 있는 것은 아니어서 계속 문제가 발생하였다. 유럽연합이 재정연합과 정치연합을 만들지 않고 통화연합을 실시한 것을 독일 메르켈 총리는 '설계 결함'(Gruendungsfehler)이라고 불렀다.[20] 공동통화가 재정연합(fiscal union)으로 이끌 것이라는 유럽통합론자들의 기대는 바로 실현되지 않았다. 오히려 일부 회원국 지도자들이 통합 심화에 계속 제동을 걸어 유로의 존속 자체가 위협받곤 하였다.[21]

## 7.3 셍겐 협정

### ▎셍겐 협정 체결

유럽 여행에는 독특한 풍취가 있다. 하루에도 여러 나라를 방문할 수 있는데 각국에서 특유의 문화를 느낄 수 있다. 국경을 넘을 때 비자나 출입국 절차가 필요하지 않아 하루에 수 개국을 방문하는 것이 어렵지 않다. 비자나 출입국 절차가 필요 없는 만큼 여러 나라를 방문해도 마치 한 나라 안에서 여행하는 것과 같은 느낌을 준다. 셍겐 협정(Schengen Agreement) 덕분이다.

셍겐은 주민 5천 명 정도의 작은 마을이다. 룩셈부르크에 있지만 프랑스와 독일과 가까워 3개국 국경이 맞닿은 느낌을 준다. '베네룩스경제연합 국가, 서독과 프랑스 간 공동국경에서 점진적 검색 폐지에 관한 협정'(Agreement between the Governments of the States of the Benelux Economic Union, the Federal Republic of Germany and the French Republic on the gradual

---

19) ibid, pp.122－123
20) 앙겔라 메르켈 독일 총리의 2011년 독일 의회에서의 발언
21) "Briefing: Europe under strain," *The Economist*, 2020.5.16.

abolition of checks at their common borders)이 체결된 곳이다.

셴겐 협정은 1985년 6월 14일 체결되어 1995년 3월 26일 발효되었다. 체약국의 국민은 국경검색을 거치지 않고 자유롭게 왕래할 수 있게 되었다. 셴겐 협정은 일부 EU 회원국이 참여하지 않아 관련국 간 국제조약 형태로 시작되었으나 1997년 암스테르담 조약에 포함되면서 EU 조약 성격을 갖게 되었다. 다만 영국과 아일랜드는 협정 적용을 배제(opt-out)하였으며 덴마크는 향후 도입되는 공동조치 적용을 거부할 권한을 유보하였다.

아일랜드와 북아일랜드(영국령) 간에는 국경 없는 이동이 보장되고 있다. 북아일랜드가 영국에 남을지, 아일랜드와 합칠지를 둘러싼 분쟁을 종결한 결과가 1998년 4월 10일 체결된 '성금요일 협정'(Good Friday Agreement)이었다. 영국과 아일랜드는 서로 간 국경 없는 이동을 보장하면서 여타 EU 회원국과의 국경통제는 유지하였다.

셴겐 협정 체결국은 아일랜드와 사이프러스를 제외한 25개 EU 회원국과 유럽자유무역연합(EFTA) 모든 4개 회원국(노르웨이, 아이슬란드, 스위스, 리히텐슈타인) 등 29개국이다. 아일랜드는 협정 적용을 배제하였으나 사이프러스는 2025년 초 참가를 위한 조치를 밟아 가고 있는 중이다. 덴마크는 협정의 공동조치 적용을 거부할 수 있는 권한을 유보하는 조건으로 서명하였지만 실제는 참여한다. 소국인 모나코, 산마리노, 안도라, 바티칸 공국은 셴겐 협정을 체결하지는 않았지만 셴겐 협정 참여국에 국경을 개방하여 사실상 셴겐 협정 지역이다.

유럽연합은 체결국 간 인원 이동 자유에 따른 테러, 불법이민, 마약 등 문제에 공동으로 대처하기 위해 데이터 베이스인 셴겐 정보 시스템(Schengen Information System: SIS)을 가동하고 있다. 국경통제를 하지 않음에 따른 부족을 보완하기 위한 것이다. 참여국 간 국경, 이민, 경찰, 관세, 사법 등과 관련 원활한 협력이 이루어지고 있다.

셴겐 정보 시스템은 셴겐 지역 29개국은 물론 향후 참여할 사이프러스 외에 아일랜드도 활용한다. 영국도 셍겐 정보 시스템을 제한적이지만 활용할 수 있었지만 EU 탈퇴에 따른 전환기간이 2020년 말로 종료되면서 2021년 1월 1일 셍겐 정보 시스템 접근이 차단되었다. 반면 아일랜드는 2021년 3월 15일 셍겐 정보 시스템에 완전히 접근할 수 있게 되었다.

## ▌EU 시민권 및 여권

유럽연합은 때로는 한 나라와 같이, 때로는 여러 나라의 연합과 같이 행동하는데 그렇다면 EU 회원국 국민은 출신국 시민권과 별도로 EU 시민권도 갖고 있는가? 그렇다. 마스트리히트(Maastricht) 조약에 따라 모든 EU 회원국 국민은 출신국 시민권과 동시에 유럽연합 시민권도 갖고 있다. 이러한 두 개의 시민권은 상호보완적이다.

EU 시민권 취득은 △속지주의(Jus soli: right of ground)에 따라 EU 회원국에서 출생 △속인주의(Jus sanguinis: right of blood)에 따라 조상 중 한 사람의 시민권을 승계 △EU 회원국에서 영주권(EU Blue Card)을 받아 장기간 근무하여 귀화(Naturalization) 등의 방법으로 취득한다. 속인주의의 경우 EU 전체에 통용되는 규정은 없으며 각 회원국의 법에 따른다.[22]

EU 회원국의 국민은 EU 시민으로서 어느 EU 회원국에서든 국적을 이유로 차별대우를 받지 않으며 방문 및 거주의 권리를 갖는다. 상품, 서비스, 자본, 인원 이동 자유라는 EU 내의 4대 자유에 따른 것이다. EU 회원국 국민은 EU 비회원국에서 도움이 필요한 경우 어느 EU 회원국 대사관이나 영사관으로부터도 영사보호를 받을 권리를 갖는다.

EU 회원국 국민은 모국이 아닌 여타 EU 회원국에 거주하더라도 EU 시민으로서 거주국에서 그 나라의 국민과 같은 조건으로 유럽의회 선거와 지방선거에서 투표하고 입후보도 할 수 있는 권리를 갖는다. 또 EU 회원국 국민은 EU 시민으로서 자신이 가지고 있는 불만을 유럽의회에 호소할

---

22) "EU Blue Card Network: Live and work in Europe," EU 홈페이지 (2022.6.19. 열람)

수 있는 권리를 갖는다.

EU 회원국 국민은 어느 EU 회원국에서도 자유로이 일할 수 있기 때문에 EU 주변국 국민 중 EU 회원국 여권을 받아 일하는 경우도 있다. 유럽의 과거 역사가 뒤얽혀 있어서 예를 들어 발칸 국가의 국민은 인근 모국 (neighboring mother country) 여권을 받는 것이 어렵지 않다. 보스니아 국민은 크로아티아 여권을, 몰도바 국민은 루마니아 여권을 갖고 일하기도 한다.[23]

EU 회원국은 국적부여 권리를 포기하지 않으려 한다. 그러면 EU 회원국 국적은 금전적으로 어느 정도 가치가 있는가? EU 회원국 국적의 가치를 환산할 척도가 하나 있다. 사이프러스는 2013년부터 220만 유로를 투자하는 사람에게 시민권을 부여하여 2020년까지 70억 유로를 유치하였다. 220만 유로를 투자해 EU 시민권을 갖고자 하는 사람이 상당 수 있었다. 사이프러스에 투자된 금액은 사이프러스의 연간 GDP(2020년 247억 달러: 216억 유로)의 1/3에 달하였다.[24]

EU 회원국 국민은 회원국 중 어디서든 직장을 갖고 학교에 다니거나 거주할 수 있다. 그러면 유럽연합도 여권을 발급하는가? EU 자체로는 여권을 발급하지 않으며 각 회원국이 발급한다. 단 27개 EU 회원국이 발급하는 여권은 공통 양식을 따르도록 권고된다. △크기는 B7용지(88㎜x125㎜) 정도이며 △표지는 대개 진홍색이다. 의무 사항은 아니어서 가장 늦게 유럽연합에 가입한 크로아티아는 여권 표지로 자신들이 기존에 사용하여 온 진곤색을 유지한다.

EU 공통 양식에 따른 여권 표지는 가장 상단에 "EU" 표기, 다음 줄에 발급국가, 중앙에는 국가 문양, 하단에 "Passport" 표기에 이어서 다음 줄에 생채인식 정보표시가 있다. 발급국가의 언어로 표기하는데, 영어나 불

---

23) "Depopulating the Balkans: Ageing, dying, leaving," *The Economist*, 2022.8.22.

24) "Charlemagne: The right to sell passports," *The Economist*, 2020.9.26.

어를 부기할 수 있다. 여권 소지자의 얼굴 사진, 지문을 포함하는 생채인식 칩을 장착하는 것은 EU 규정에 따른 의무이다.

여권의 속지 첫 쪽에는 △"EU" 표기 △발급 국가명 △"Passport" 표기 △연번이 찍혀 있으며 이어서 다음 쪽인 인적사항 쪽에는 △성명 △국적 △생년월일 △성별 △출생지 △발급일자 △만료일자 △발급권자 △소지인의 서명란이 있다. 다음 쪽은 선택 정보로서 △주거지 △신장 △눈의 색깔 △여권연장 여부 △출생 당시 성명을 기입하는 난이 있으며 그 다음 쪽에는 필요에 따라 △자녀 관련 정보 △자녀 사진을 부착할 수 있는 난이 있다.

## 유럽연합의 공식 언어

유럽연합의 공식 언어는 24개이다. 회원국이 27개국인데 공식 언어가 24개에 이르는 것은 대부분의 회원국들이 고유의 언어를 가지고 있다는 뜻이기도 하다. 하나의 언어를 사용한다면 편할 수도 있겠지만 24개 언어를 유지하는 것은 '다양성 가운데 통일'(United in diversity)을 추구한다는 유럽연합의 모토와 일맥상통하는 면이 있다.

언어는 생각의 틀이다. 생각을 표현할 뿐 아니라 생각이 이루어지는 도구가 된다. 여타국의 언어를 배우는 것은 그 나라의 문화와 생각의 방법을 배우는 길이기도 하다. EU 회원국 국민이 여러 언어를 구사할 수 있다는 점은 유럽연합의 협력과 통합을 추진하는 원동력이 된다. 여러 언어를 구사하는 만큼 EU 인사들은 국내정치를 파악하듯 인근국의 정치에도 관심을 갖는다.

에라스무스 프로그램을 통해 EU 회원국 대학 간 학점이 서로 인정되면서 대학을 졸업하기 전 여타 회원국에서 공부하고 생활하는 점도 장점이다. 젊은 시절 외국문화를 접합으로써 외국에 대한 이해를 높이며 외국 국민을 평생의 친구로서 사귀기도 한다. 폴란드 국적이지만 네덜란드 여권을 갖고 이

탈리아에 집을 소유하며 영국에서 일하는 것도 드문 사례가 아니다.25)

유럽연합에서는 흔히 영어와 프랑스어를 사용한다. 영어, 프랑스어, 독일어가 업무언어이지만 독일어 사용은 제한된다. 주요 EU 문서는 24개 공식언어로 번역된다. 이탈리아 작가 움베르토 에코(Umberto Eco)가 유럽의 언어는 번역이라고 말한 배경이다.26) 영국의 EU 탈퇴에도 불구하고 영어는 가장 많이 사용된다. 구동구권 인사들은 프랑스어 보다 영어를 구사한다.

EU 인사들 간 영어로 소통하면서 영국인의 영어를 농담에 올리기도 한다. 다른 사람들 영어는 알아듣기 쉬운데 영국인의 영어만 알아듣기 어렵다는 것이다. 브뤼셀에 근무하는 영국인들은 EU 회원국 인사들이 이해하기 쉽게 영어를 사용하다 보니 휴가 때라도 본국에 귀국하면 이번에는 고향의 친척과 친지가 자신의 영어를 알아듣지 못하겠다고 불평한다고 넋두리한다.

문법이 망가진 영어(broken English)는 영국의 EU 탈퇴 후에도 공통언어(lingua franca)이다. 그래서 그런지 유럽 인사들이 영어로 말할 때는 일부러 그러는 것처럼 유럽 억양을 넣기도 한다. 옌스 스톨텐베르그(Jens Stoltenberg) 나토 사무총장이 2019년 4월 3일 미국 상하원 합동회의에서 연설할 때에도 일부러 유럽식 발음을 사용하였다고 한다.27)

유럽연합에서 쓰는 영어는 미국식 영어보다 영국식 영어이다. 영국이 인접 이웃일 뿐 아니라 회원국으로서 함께 문서를 만들었던 만큼 당연한 일일 수 있다. 영국과 미국의 스펠링이 다른 영어 단어의 경우 영국 스펠링이 쓰이며 영국과 미국에서 모두 사용되지만 의미가 상이한 경우에는 영국 측 의미로 사용된다.

25) 얀 지엘론카 지음/신해경 옮김, *유럽연합의 종말 – EU는 운을 다했는가?* p.13: 이 책의 저자가 이러한 사례에 해당한다.
26) "Charlemagne: Netflix Europa," *The Economist*, 2021.4.3.
27) 수프라이즈(surprise), 리얼리티(reality), 카우어즈(cowards) 등이다.

# 한국과 유럽연합은 **어디로?**

우리는 탐험을 그치지 않을 것이다. 그리고 우리의 모든 탐험의 끝은 우리가 출발하였던 곳에 돌아와서 그곳을 처음으로 알게 되는 것일 것이다.

We shall not cease from exploration, and the end of all our exploring will be to arrive where we started and know the place for the first time.

티. 에스. 엘리엇 T. S. Eliot

# 제8장

# 한국과 유럽연합은 어디로?

## 8.1 유럽연합의 위상

유럽을 방문하는 외국인에게는 유럽의 평화와 번영이 당연한 것처럼 보인다. 선진 문물과 이를 뒷받침하는 제도가 정교하게 잘 짜여져 있다. 세월이 묻어나는 건물은 유럽의 현재가 유구한 역사에 기초한 것임을 보여준다. 그러나 사실 대규모 전쟁이 유럽을 주기적으로 휩쓸던 것이 오래 전의 일이 아니다.

### ▌사라예보: 제1차 대전의 도화선

보스니아·헤르체고비나(Bosnia – Herzegovina)의 수도 사라예보(Sarajevo) 내 라틴교(Latin Bridge)는 밀야카(Miljacka) 강을 남북으로 가로지른다. 사라예보의 가장 오래된 다리 중 하나이다. 당초 나무다리가 돌다리로 바뀌었다. 1541년 인구조사 기록에 나오며 1565년 법원기록은 돌다리 건설을 말한다. 1791년 대홍수로 쓸려나간 후 1798년 재건되었다. 3개의 기둥과 4개의 아치가 있다.[1]

---

1) "The Latin Bridge" Destination Sarajevo (2022.11.9. 열람); "Latin Bridge," Wikipedia (2022.6.19. 열람)

라틴교 북쪽 끝의 지점이 프란쯔 페르디난트(Franz Ferdinand) 오스트리아·헝가리제국 황태자가 암살된 곳이다. 1914년 6월 28일 페르디난트 황태자 부부는 라틴교 북쪽 끝 지점에서 암살되었다. 제1차 세계대전을 촉발시킨 사건이었다. 역사를 가정하여 말할 수 없다고 하지만 제1차 세계대전이 발생하는 과정을 보면 상황은 얼마든지 다르게 전개될 수 있었다.

우선 페르디난트 황태자 암살이다. 황태자는 사라예보에 도착하여 암살시도를 맞이하였지만 예정대로 시청 행사에 참석하였다. 다만 행사 이후 강변로를 따라오다 라틴교 북쪽 끝 지점에 이르면 우회전해 좁은 길로 돌아오려던 계획을 강변로를 계속 가는 것으로 변경하였다. 경호를 고려한 것이었다. 단 운전원에게 전달되지 않았다. 운전원은 강변로를 따라오다 라틴교 북쪽 끝 지점에 이르자 당초 계획대로 우회전하였고 황태자가 잘못을 지적하자 후진해 방향을 바꾸려 하였다. 가브릴로 프린시프(Gavrilo Princip)는 그날 암살 시도가 실패해 실망하고 있다가 기회를 맞이하였고 정확하게 황태자 부부를 총격하였다. 제1차 세계대전의 도화선이 된 사건이었다.[2]

암살 장소에 "이곳에서 1914년 6월 28일 가브릴로 프린시프가 프란쯔 페르디난트 오스트리아·헝가리 황태자와 그의 부인 소피아를 암살하였다"(FROM THIS PLACE ON 28 JUNE 1914 GAVRILO PRINCIP ASSASSINATED THE HEIR TO THE AUSTRO−HUNGARIAN THRONE FRANZ FERDINAND AND HIS WIFE SOFIA)라고 현지어와 영어로 쓰여져 있다. 미국의 지원으로 건설된 기념관 건물의 외벽이다.

문장의 주어가 황태자가 아니라 프린시프이다. 프린시프에 대한 평가가 다를 수 있음을 시사한다. 그는 대체로 암살자로 기술되지만 세르비아는 그가 정당한 목적을 위해 투쟁했다고 가르친다. 세르비아의 그리스정교 교

---

2) Henry Kissinger, *Diplomacy*, p.209; Rene Albrecht Carrie, *A Diplomatic History of Europe: Since the Congress of Vienna, Revised Edition*, pp.321−323

회는 그가 민족의 영웅이라고 선언한다. 그는 유고슬라비아의 통일을 위한 투사로 묘사되다가 유고슬라비아 해체 이후에는 세르비아 민족주의자로 불린다.[3]

유고슬라비아 시절 라틴교는 프린시프교(Princip bridge)라고 불렸다. 라틴교 인근에 유럽 문화와 이슬람 문화가 이어지는 거리가 있다. 거리 중간 쯤에서 한편으로는 유럽 양식의 건물이, 다른 한편으로는 이슬람 양식의 건물이 늘어서 있다. 투박한 사람들과 헐벗은 산이 배타적인 인상을 주는 보스니아·헤르체고비나이지만 사라예보는 문화 화합의 상징이 될 수 있었다.

보스니아·헤르체고비나는 EU 가입후보국이다. 분쟁이 잦고 정세가 복잡한 지역이다. 유럽연합은 발칸지역에서 러시아와 튀르키예의 영향력이 커지는 것을 우려한다. 보스니아·헤르체고비나의 EU 가입은 평화와 안정, 경제 발전과 번영을 약속한다. EU 가입 가능성만으로도 긍정적 효과가 있다. 유럽연합이 가지는 의미이다. 유럽연합은 1차 대전과 2차 대전의 참화를 기억한다.

## ▎마음에 남아 있는 워터루

유럽연합 본부가 있는 벨기에의 브뤼셀 중심으로부터 자동차로 30분 정도 거리에 워터루(Waterloo)가 있다. 보나파르트 나폴레옹(Bonaparte Napoleon)이 마지막 전투에서 패배한 곳이다. "워터루를 맞이하였다"라는 표현이 있다. 나폴레옹의 마지막 전투 장소가 워터루였던 만큼 어떤 일이 "끝나게 되었다"라는 의미이다.[4]

스웨덴의 4인조 보컬그룹 '아바'(ABBA)도 워터루를 노래하였다. '아바'

3) Denis Dzidic, Marija Ristic, Milka Domanovic, Josip Ivanovic, Edona Peci and Sinisa Jakov Marusic, "Gavrilo Princip: hero or villain?" *The Guardian*, 2014.5.6.
4) "Bagehot: The elite that failed," *The Economist*, 2018.12.22.: "이러한 인맥주의는 마침내 그 워터루를 맞이하였다.(This chumocracy has finally met its Waterloo.)" 필자가 본 한 예이다.

는 1974년 유로비전 송 콘테스트에서 '워터루'로 그랑프리를 수상해 세계적 팝 그룹으로 부상하였다. '아바'는 노래하였다. *워터루에서 나폴레옹은 패배하였다. 나도 유사한 방법으로 내 운명을 만났다. 책장에 있는 역사책은 항상 되풀이된다. 나는 패배했고 당신은 전쟁을 이겼다. 당신을 영원히 사랑할 것을 약속한다.* '아바'는 '워터루' 노래에서 패배를 인정하면서도 사랑에 굴복하는 것으로 재치 있게 바꾸었다.

워터루 전투는 1815년 6월 18일 치러졌다. 일요일이었다. 역사에 커다란 의미를 남긴 전투는 단 하루 동안만 수행되었다. 당시 워터루는 네덜란드 통합왕국의 영토였다. 벨기에가 1830년에야 네덜란드에서 독립을 선언했기 때문이다. 나폴레옹이 이끄는 프랑스 군대는 영국과 프로이센 등의 군대에게 패배하였다. 나폴레옹은 전쟁에서 패하였고 역사의 한 시대가 종언을 고하였다.

2016년 6월 23일 영국의 브렉시트 국민 투표 이후 EU 탈퇴 협상이 진행되었다. 합의 도출 전에도 많은 조치가 이루어졌다. 워터루에 상당수의 영국인이 살고 있었는데 이들이 귀국하기 시작하였다. 유럽연합에 근무하는 한 프랑스 인사는 워터루 전투 패배에 대해 영국에 되갚아 주는 기분이라고 말하였다. 유럽에도 역사에서 비롯된 감정은 남아 있었다. 유럽연합은 이를 긍정적으로 넘어서고자 하는 노력이다.

## ▌벨기에의 아픈 기억

유럽연합과 나토의 본부가 위치한 벨기에는 네덜란드어를 사용하는 북부의 플란더즈와 프랑스어를 사용하는 남부의 왈로니아로 나뉜다. 프랑스어를 사용하는 벨기에 사람은 프랑스를 방문하면 기분이 상하여 돌아온다. 프랑스 사람이 벨기에 사람의 프랑스어를 촌사람의 프랑스어라고 놀린다는 것이다. 벨기에에 대해 유럽연합은 동등한 발언권을 가질 수 있게 하는 장치가 된다.

벨기에도 식민지를 경영하였다. 벨기에의 식민지인 벨기에 콩고(1908–1960)는 벨기에 영토의 76배나 되었다. 레오폴드 2세 국왕은 정부가 식민지 경영에 반대해 개인 식민지로 유지하였다. 벨기에 정부는 식민지가 경제·정치적 위험성이 있고 도움이 되지 않는다고 판단하였다. 벨기에 콩고에서는 무자비한 폭력과 경제착취가 자행되었다. 벨기에의 아픈 기억이다. 체제가 제대로 갖추어져 있지 않으면 사람 마음의 비겁한 부분이 나온다는 교훈이 유럽연합에서 적용된다.

벨기에도 제2차 세계대전 당시 유대인 수용소를 운영하였다. 브뤼셀에서 30분 정도 걸리는 브린동크(Breendonk)이다. 1940년 9월부터 1944년 9월간 3,500여 명이 수용되어 절반인 1,700여 명이 목숨을 잃었다. 초기에는 독일인 파병대가 요새를 지켰지만 점차 벨기에 사람들로 대체되었다. 제2차 세계대전 이후 전범 재판을 통하여 독일인 요새사령관과 부역하였던 벨기에인들이 사형을 선고받았다. 제2차 세계대전의 아픈 기억이 가까이에 있다.

벨기에에도 마지노선이 있었다. 독일의 침공에 대비한 방어진지였다. 에벤 에말(Eben Emael) 요새는 최첨단 시설로 평가받았다. 벨기에는 제1차 세계대전 때에도 독일의 침공을 막을 수 없었다. 중립을 선포해도 소용이 없었다. 자신을 지키지 못하면 중립선포는 의미가 없다는 교훈이었다. 에벤 에말 요새의 면적은 75헥타아르(75만 평방미터)에 달하였다. 공포의 대상이던 독일 탱크의 진격로를 차단하고자 하였다. 대포가 장착된 돔 형태의 쿠폴라는 60센티미터 두께의 강철판이 감싸고 있었다. 3개월을 버틸 수 있는 식량 재고도 유지하였다.

1939년 9월 1일 나치 독일의 폴란드 침공으로 2차 세계대전이 시작되었다. 독일과의 전투가 일어난 곳은 벨기에의 에벤 에말 요새가 처음이었다. 에벤 에말 요새는 구축하는 데 1931년부터 1935년까지 4년이 소요되었지만, 독일의 침공에 따라 항복하는 데 이틀이 걸리지 않았다. 에벤 에말 요새는 당시 알려진 공격기술에 대비하였지만 이를 뛰어넘는 기술에는 무력하였다. 히틀러는 탱크로 공격하지 않았다. 글라이더를 이용해 공수부대가 침투하였고 이들은 첨단폭탄을 이용하여 두꺼운 방위벽을 뚫었다. 물샐틈 없는 요새에 배치되어 있던 1,200명의 벨기에 군인이 86명의 독일군 앞에 무릎을 꿇었다. 18일 후 벨기에는 독일에 항복하였다.

벨기에로서는 치욕스러운 일일 수 있다. 그러나 벨기에는 에벤 에말 요새를 관광지로 개방하고 당시의 일을 소개한다. 에벤 에말의 안내문은 소규모 독일 공수부대원이 15분도 안 되어 요새의 포병부대를 장악하였다고 하면서 독일군 성공의 열쇠는 조직, 혁신과 과감함이었다고 설명한다. 마치 독일군을 홍보하는 느낌이 들 정도이다.

벨기에 사람이 이러한 태도를 가질 수 있는 것은 현재의 벨기에와 독일 관계의 영향일 수도 있다. 벨기에와 독일은 EU와 나토를 통해 긴밀하게 협력하고 있다. 독일은 과거의 잘못에 관해 사죄하는 데 인색하지 않다. 더욱이 과거 침공당한 나라들의 감정을 배려해 앞으로 나서지 않으면서 뒤에서 이끌어 가는 태도를 취한다.

## 유럽연합의 정체성

유럽연합은 국제기구 단계는 넘어섰다. 유럽합중국은 요원할지 몰라도 통상, 경쟁정책 등에서 한 나라처럼 행동한다. EU 인사들은 유럽연합에 두 가지 나라만 있다고 말한다. 작은 나라와 자신이 작은 줄 모르는 나라 뿐이라고 한다. 미국, 중국, 러시아에 홀로 대응하기는 역부족이며 함께 해야 영향력을 가질 수 있다는 것을 안다. 유럽연합의 정체성을 위해 노력하는 배경이다.

[유럽기(旗)] 유럽기는 △유럽연합 및 △유럽의 전체성과 통일을 상징한다. 하늘색 바탕에 12개 금색 별이 원형으로 배치되어 있다. 별의 숫자는 회원국 수와는 관계가 없다. 원형으로 배치된 12개의 별은 유럽주민 간 통일, 단결 및 조화를 상징한다. 숫자 12는 완전과 완성을 상징한다. 12사도,

12지파의 시조가 되는 야곱의 아들들, 헤라클레스의 성취, 1년 12개월 등에서 보인다.

유럽기 역사는 1955년으로 거슬러 올라간다. 유럽평의회(Council of Europe)(인권보호, 유럽문화 창달 목적으로 창설)는 1949년 창설 당시부터 일체감을 주는 상징의 필요성을 인식하였다. 유럽평의회는 1955년 10월 25일 자신들을 상징하는 기(旗)를 만장일치로 채택해 1955년 12월 13일 파리에서 공식적으로 출범시켰다. 현재의 유럽기와 같은 것이다.

유럽평의회는 조직상으로 아무 관계가 없지만 유럽공동체(EC)도 유럽평의회가 채택한 기(旗)를 사용할 것을 권유하였다. 1983년 유럽의회는 유럽공동체가 유럽평의회의 기를 사용하기로 결정하였다. 정상회의도 1985년 유럽평의회의 기를 만장일치로 유럽공동체의 공식상징으로 채택해 1986년부터 사용하기 시작하였다.

[국가(國歌)] 2019년 7월 2일 제9대 유럽의회가 개회되었다. EU 국가가 연주되자 대부분 의원이 자리에서 일어섰다. 단 영국의 '브렉시트 당' 의원들은 일어서지 않으려고 하다가 마침내 일어섰을 때에는 뒤로 돌아서 단상을 외면하였다. 유럽연합의 국가는 유럽기만큼 유럽연합을 상징하는 힘이 있다.

2019년 5월 유럽의회 선거에서 영국 정당 중에서 최대 의석을 차지한 '브렉시트 당'의 입장은 미묘하였다. 유럽의회가 개회되니 의원들이 개회식에 참석하기는 하는데 유럽연합을 떠나고자 하는 입장에서 거북한 일일 수 있었다. 유럽의회의 상징적 행사에서 어정쩡하며 부정적 태도를 취한 이유였다.

유럽연합은 베토벤(Beethoven)이 1823년 작곡한 교향곡 제9번 '합창'의 첫 부분 '환희의 송가'(Ode to Joy)를 국가로 사용한다. 국가에서도 유럽평의회가 한발 앞섰다. 유럽평의회는 1972년 '환희의 송가'를 상징음악으로 사용하기로 결정하였다. EC 정상들은 1985년에야 '환희의 송가'를 국가로 채택하였다. EC 회원국에는 베토벤의 음악을 채택하는 것이 당연하다는 인식이 있었다.

'환희의 송가'는 작사가 앞섰다. 1785년 프리드리히 폰쉴러(Friedrich von Schiller)가 인류의 동포애를 축하한 시가 노랫말이다. 베토벤은 폰쉴러의 시에 맞춰 음악을 작곡하였다. '환희의 송가'를 EU 국가로 하는 것은 유럽기와 함께 EU 헌법조약에 포함되었다.5) EU 헌법조약이 비준되지 않아서 대신 추진된 리스본 조약에서는 EU 국가와 유럽기 규정은 빠졌다. 통합이 너무 빠르게 추진되고 있다는 일부 회원국의 우려를 덜어 주기 위한 고려였다.

EU 국가에는 가사가 없다. 음악만 있다. 24개국 언어를 공용어로 하는 유럽연합에서 당연할 수 있다. 음악은 만국 공용어이다. EU 국가는 유럽의 이상인 자유, 평화, 단결을 상징한다. 단 EU 국가가 회원국 국가를 대체하지는 않는다. EU 국가는 회원국이 공유하는 가치를 축하한다. 5월 9일 유럽연합의 날 행사, 조약 서명식, 유럽의회 개막식 등 EU 공식행사에서 연주된다.

## 8.2 유럽연합의 장래

### ▌유럽연합의 붕괴 가능성

필자가 2017년 1월 브뤼셀에서 근무하기 위해 출국하기 직전 만난 분 중에는 의미 있는 시기에 브뤼셀 근무를 하게 된다고 축하하는 분이 있었다. 영국의 브렉시트 국민 투표, 유로지역의 문제에서 보는 것처럼 유럽연합은 많은 문제를 갖고 있는데 필자의 근무 중 유럽연합 붕괴가 시작되는

---

5) EU 헌법조약 초안 I-8항 연합의 심볼(The Symbols of the Union): The flag of the Union shall be a circle of twelve golden stars on a blue background. The anthem of the Union shall be based on the 'Ode to Joy' from the Ninth Symphony by Ludwig van Beethoven.

과정을 볼 수 있을지도 모른다는 것이었다.

　유럽연합은 가지가 많은 나무와 같은 조직이다. 조용히 있고자 하여도 바람이 놔두지 않아 움직일 수밖에 없는 가지 많은 나무와 같이 유럽연합은 다루는 사안이 많아 어떤 사안에서든 불만이 드러나면서 비판을 받기 쉽다. 다만 유럽연합은 뿌리가 깊은 나무와 같은 조직이어서 어려움을 견딘다. 오랜 세월에 걸쳐 어려움을 극복할 때마다 유럽연합의 뿌리는 더욱 깊어졌다.

　유럽연합은 균형이 이루어진 결과이다. 많은 요구가 수렴되어 있다. 완벽하다고 할 수 없지만 많은 당사자들을 만족시키는 상황이다. 유럽연합에 근본적 변화가 이루어지기 위해서는 하나의 균형으로부터 다른 균형으로 움직여 가야 한다. 그러나 현재의 균형도 여러 가지 힘이 수렴된 결과이기 때문에 균형을 움직이는 것이 쉬운 일은 아니다.

　유럽연합의 도움으로 경제성장과 평화를 보장받는 나라들이 있다. 폴란드와 발트해 국가들이 우선 생각되지만 그리스, 루마니아, 사이프러스, 크로아티아 등 국가들도 다르지 않다. EU 회원국들은 함께 행동함으로써 국제사회의 리더가 될 수 있다. 회원국들이 쉽게 포기하기에는 너무 소중한 공동체로서의 유럽연합의 역할이 많다.

　필자가 브뤼셀 근무 당시 만난 주나토 스페인 대사는 유럽연합에서 근무하다가 자리를 옮겨 온 상황이었다. 그는 유럽연합과 나토에서의 근무의 차이점을 이렇게 말하였다. 유럽연합에서는 스페인이 5대 강국으로서 대접을 받았으나 나토에 오니 그렇지 않다. 나토는 미국과 여타국가(the United States and the rest)로 움직이는 조직이다. 스페인 대사만이 아니다. 유럽국가들은 홀로 강대국을 상대하기는 어렵다는 점을 인식한다. 유럽연합의 구심력을 만드는 요소이다.

## ▎유럽연합의 장래6)

그럼에도 불구하고 유럽연합은 종말을 고하게 될 것이라는 의견이 많다. 유럽연합이 맞이하는 도전은 이주민, 정치 우경화 등 끝이 없다. 다만 많은 전쟁을 경험한 EU 회원국 간 전쟁 가능성을 말하는 것은 터무니없다. 로베르 슈망(Robert Schuman) 프랑스 외교장관이 ECSC를 제안하며 말한 바와 같이 EU 회원국 간 전쟁은 생각할 수 없을 뿐 아니라 물리적으로 불가능하게 되었다.

"목표가 정확한 노력과 상호신뢰를 통해 역사적으로 적대적인 국가가 파트너가 되기도 한다." 2012년 10월 12일 노르웨이 노벨 위원회가 유럽연합에 노벨 평화상을 수여한다고 결정하면서 발표한 사항이다. 유럽연합은 유럽을 전쟁의 대륙에서 평화의 대륙으로 전환시킨 공적을 인정받았다.

유럽연합은 수많은 고비를 넘어왔다. 그렉시트, 이탈리악시트는 실현되지 않았고 유로는 붕괴되지 않았다. 브렉시트 협상을 통해 남게 된 EU 27개국 간 결속은 더 강화되었다. 일부 회원국에서 유럽연합에 회의적인 정당이 힘을 얻기도 했지만 유럽연합의 존립을 위협하는 단계로까지 가지는 않았다. 이제 이들 정당도 EU 탈퇴를 주장하기보다는 EU 내의 개혁을 주장한다.

유럽연합은 1648년 베스트팔렌 평화조약 이후 생겨난 국민국가 질서에서 새로운 방향을 제시하였다. 베스트팔렌 평화조약 이후 개별 국가의 야심을 억제하는 방법은 세력균형밖에 없었다. 어떤 나라에게도 자신의 안보를 맡길 수 없는 주권국가들의 어쩔 수 없는 선택이었다. 유럽연합은 세력균형을 거부하고 지역 통합이라는 새로운 길을 제시하였다.7)

유럽연합이 맞이하는 도전은 많다. 난민과 이민 문제는 EU 주민의 우려 사항이다. 포퓰리즘이 힘을 얻게 된 배경이기도 하다. 일자리를 만들고 성

---

6) 김형진 (주벨기에유럽연합대사), "새로운 EU 지도부의 도전과 과제: NATO와의 관계, Brexit 등," *외교* 제131호 2019.10., 한국외교협회, pp.46-47 수정 및 보완
7) 얀 지엘론카 지음/신해경 옮김, *유럽연합의 종말 - EU는 운을 다했는가?* p.123

장을 이룩하는 것은 항상 유럽연합의 관심사였는데 점점 디지털 단일시장에 관심을 갖는다. 유럽의회에서 녹색당 그룹 의석에 기복은 있지만 기후변화에 대한 대응도 중요한 관심사가 되고 있다.

유럽연합은 유엔과 다자기구를 지지하며 나토와 긴밀하게 협력한다. 전통적으로 가장 가까운 우방이었지만 트럼프 2기 행정부 출범을 맞아서 1기 당시 이란 핵 문제, 기후변화, 통상관계 등에서 마찰을 빚은 경험을 토대로 미국과 안정적 관계를 가져가는 것이 중요하다. 유럽연합은 나름대로 트럼프 대통령의 복귀 가능성을 대비해 왔지만 준비가 부족하다고 느낀다. 다만 유럽연합의 대응은 많은 나라에 참고가 될 것이다.

유럽연합은 중국의 부상이 향후 EU의 정체성에 직결되는 근본적인 도전을 제기한다고 생각한다. 중국의 EU 인프라 장악, 불공정 경쟁, 기술이전 강제, 중국 공공조달사업 참여 불평등 등이다. 중국을 전략적 동반자이자 경제적 경쟁자이며 체제 라이벌로 정의하는 배경이다. 나토도 중국에 우려를 표명하면서 나토가 중국에 다가간 것이 아니라 중국이 다가왔다고 말한다.

EU 인사들은 유럽연합의 가장 큰 도전으로 △EU-미국 관계(trans-Atlantic relationship) 발전 방향 △중국의 부상에 대한 대응을 꼽는다. 트럼프 행정부는 1기에서도 이란 핵 합의, 기후변화, 난민 문제, 중동 평화 등에서 기존의 긴밀한 협력에서 벗어나 어려운 문제를 제기하였는데 2기에서도 예측 불가능성을 경계하며 장기적으로 미국의 유럽에 대한 관심이 하락할 것을 우려한다. 중국과의 관계는 계속 조정을 이루어 가지만 가까이하기도 멀리하기도 어려운 도전을 제기한다.

2024년 출범한 EU 지도부는 다양한 도전에 맞서 EU 통합과 협력을 더욱 증진하고자 노력하였다. 코스타 정상회의 상임의장, 폰데어라이엔 집행위원장, 칼라스 외교안보 고위대표, 다수의 유럽의회 의원은 유럽연합이 나아갈 방향에 대해 공감한다. '하나의 목소리를 찾는 많은 언어'(Many

Tongues in Search of One Voice)라는 유럽의회 슬로건처럼 한 목소리를 찾고자 노력한다. 다양성 가운데 통일(unity in diversity)을 찾는 노력이다.

아이슬란드 작가인 외이뒤르 아바 올라프스도티르(Audur Ava Olafsdottir)는 우리 언론과의 인터뷰에서 이렇게 말하였다.[8] 아이슬란드는 유럽연합의 회원국은 아니지만 작가는 유럽연합에 관해 말하는 것과 같은 이야기를 하였다.

죽음은 쉽다. 죽음은 별로 독창적이지 못하다. 살아남는 게 보다 흥미롭고 도전적이고 어렵다. 우리는 남들을 위해 뭔가 선한 일을 함으로써 자신의 행복을 증진할 수 있다. 그 누구도 모든 일을 할 수는 없으나 하지만 모든 작은 일을 할 수 있다. 내가 말하려는 것은 그 나라 사람들도 우리와 같다는 것이다. 당신이 바로 그 나라 사람 중 한 명인지 모른다. 우리가 곧 타인, 다른 사람들이다(we are the others).

앞으로도 유럽연합이 맞이하는 도전은 적지 않겠지만 유럽연합의 아버지로 불리는 장 모네의 다음 말은 아직도 타당한 것으로 보인다. 유럽연합은 도전을 극복하면서 발전해 왔으며 현재의 유럽연합은 이러한 도전 극복의 결과이다.

## 8.3 한국의 퍼스트 무버 전략

세계는 변곡점을 지나고 있다. 미국과 중국 간 관계 조정이 가장 큰 관심사이지만 AI 등 새로운 기술의 발전이 가져올 변화도 향후 상황을 가늠하기 어렵다. 우크라이나 전쟁에 따른 지정학적 변화, 기후변화, 팬데믹 등 변수가 많다. 유럽연합의 조치는 한국에 참고가 되며 함께 협력할 사안도 많다.

8) 김환영, "누구나 마음속에 흉터 있지만, 살아남아 착한 일 하면 행복이...", 중앙 SUNDAY, 2019.03.23.

한국이 패스트 팔로워에서 퍼스트 무버로 옮겨 가는 데 유럽연합의 규범을 만드는 힘인 '브뤼셀 효과'가 요긴할 수 있다. '전쟁은 다른 수단에 의한 정책의 연장'이라는 카를 폰 클라우제비츠(Carl von Clausewitz)에 비견하여 말한다면 '외교는 또 다른 수단에 의한 국내정치의 연장'이 되는 현실에서 유럽연합에 대해서는 초당적 공감대를 이루기 쉽다. 한·EU FTA는 비슷한 내용에도 불구하고 한·미 FTA와 달리 국내 쟁점이 되지 않았다.

## 유럽연합에 대한 전략

유럽연합의 우리나라의 동심원 외교 전략에서 미국에 이어 두 번째로 중요한 동심원에 위치할 수 있다.9) 우리나라가 추구하여 온 가치와 유럽연합이 추구하는 가치에 공통점이 많으며 상호 추구하는 국익이 서로 부합하기 때문이다. 한국과 유럽연합을 자연스러운 동반자로 부른 이유이다. 이러한 기반을 토대로 상호 도움이 되는 실질적인 협력을 구현할 필요가 있다.

트럼프 2기 행정부의 출범으로 2차 세계대전 이후 유지되어 온 국제 질서가 변화되는 조짐을 보이는 때에 만일 새로운 국제 질서가 형성된다면 이러한 움직임에서 앞에 서고자 하는 것은 한국이나 유럽연합이나 같다. EU 정상회의 상임의장이던 샤를 미셸은 마크 루테(Mark Rutte) 네덜란드 총리의 말이라고 하면서 "유럽은 경기장이 아니라 선수가 되어야 한다"라고 말하였다.10)

향후 강화해 나갈 협력은 유럽연합의 성격을 감안한 것이어야 한다. 전체로서의 유럽연합과 함께 개별 회원국과의 협력을 동시에 염두에 두고 추진하는 것이다. 유럽연합과의 협의를 통해 협력의 틀을 조율하며 각 회원국에 특화된 협력을 확대할 필요가 있다. 유럽연합은 단일시장을 유지하

---

9) 손인주 등, "강대국 외교 구상: 한국 주도 동심원 전략," 서울대학교 국가미래전략원 <글로벌 한국> 클러스터 2023년 연차보고서, 2023년 9월
10) "State of Europe" — Speech by President Charles Michel at the Berlin Conference 2021; "Europe must be a player. Not a playing field."

지만 각 회원국 내의 사정은 다르기 때문이다. 임금, 운송비, 국내 세금 등의 조건이 다를 수 있는 만큼 이를 염두에 둔 협력을 추진할 필요가 있다. 소규모 EU 회원국의 협의 요청에도 귀를 기울일 필요가 있다. 또 다른 협력의 기회가 될 수 있다.

매년 정상회담을 갖는 것이 바람직하다. EU 측의 희망이기도 하다. 교환 방문이 쉽지 않다면 G20, 유엔총회, ASEM 등 다자회의 계기에 우선순위를 두어 정상회담을 가질 수 있다. 교환 방문 계기에는 EU 측이 희망하듯 공동성명을 발표하여 양측 협력을 점검하고 향후 발전 방향을 제시할 수 있다. 외교에서 정상회담은 지금까지의 현안을 해결하며 새로운 협력을 여는 많은 동력을 만들어 낼 수 있다.

한국과 닮은 유럽연합 회원국은 어느 나라일까? 이탈리아, 스페인을 꼽는 사람이 있다. 전체 GDP 규모, 인구가 한국과 비슷하며 가족을 중시하는 전통이 유사하기 때문이다. 유럽 사람을 만나 보면 자신들이 한국과 닮았다고 말하는 사람이 의외로 많다. 정이 많은 아일랜드와 벨기에, 강대국에 시달린 역사를 공유하는 폴란드, 리투아니아, 라트비아, 에스토니아, 핀란드, 룩셈부르크도 그렇다. 강대국을 바로 옆에 두고 함께 살아야 하는 루마니아, 불가리아, 덴마크도 그러하였고 유럽연합의 가장 큰 회원국인 독일과 프랑스도 한국과 비슷하다고 말한다. 한국에 느끼는 정감이라고 생각하였다. 6.25 전쟁 때 병력과 의료지원을 보내 준 전통이 계속되고 있다.

유럽연합 인사들이 진정으로 마음을 같이 하는 유럽연합의 전략적 동반자 국가는 한국이라고 말하는 배경일 것이다. 전쟁의 폐허에서 한국이 이룩하여온 산업화와 민주주의 발전에 대해서 유럽 사람들도 자부심을 갖는다. 한국과 유럽연합이 함께 할 수 있는 일들을 찾아간다면 서로에게 도움이 될 것이다.

유럽연합이 포함되는 소규모 다자회의를 가질 수 있다. 한·미·일 협의가 가장 빈번히 개최되며 주목되는 회의이지만 한·미·EU 협의를 추진할 필요가 있다. 의외로 많은 부분에서 협력 사안이 있을 수 있다. 바로 정부가 협의를 갖는 것이 어렵다면 이미 개최된 학계 회의를 활성화하며 1.5 트랙 회의 등으로 옮겨 갈 수 있다.

외교부를 비롯한 정부의 유럽연합 담당 인력과 조직을 대폭 확대하는 등 외교 인프라를 개선할 필요도 있다. 현재는 유럽연합 측 요청에 응하는 데에도 어려울 정도의 인력만이 유럽연합을 담당하는 것이 현실이다. 유럽연합이 불만을 갖는 부분이기도 하다. 망치를 든 사람에게 두드릴 것이 보이듯이 유럽연합을 담당하는 인프라를 확충하면 더 많은 협력 사항이 보일 수 있다.

현재는 한국 언론의 유럽 특파원은 대부분 프랑스의 파리와 독일 베를린에 주재하고 있다. 브뤼셀에 주재하는 특파원은 1명에 불과하다.[11] 한국 언론의 수요와 공급을 반영하는 결과이다. 유럽연합의 일은 일반 독자가 쉽게 이해할 수 있도록 설명하는 것이 쉽지 않다. 게다가 유럽연합은 민주주의와 법의 지배 등 확립된 규칙에 따라 움직이는 만큼 갑작스럽게 한국을 당황하게 하는 일은 많지 않다. 다만 한국과 유럽연합의 협력을 늘려감에 따라 언론도 더 관심을 가질 것이다.

이는 브뤼셀에 지사를 두고 있는 한국 기업에도 해당한다. 한국 기업의 지사는 독일, 프랑스, 폴란드, 네덜란드 등에 위치하고 있다. 브뤼셀에 지사를 두는 한국 기업의 숫자는 비교적 작다. 그 배경에는 유럽연합이 어떠한 일이든 무리하게 처리하지는 않을 것이라는 믿음이 있다. 다만 유럽연합이 만드는 규칙은 파급성이 있으며 우리가 관심을 가져야 할 사항이 될 수 있다.

유럽은 세계 대부분의 지역에 대한 전략을 가지고 있고 공개한다. 한국

---

11) "2023 한국언론 연감," 한국언론진흥재단 미디어본부, 2023.12.: 파리에는 신문 2, 방송 4, 통신 1사의 특파원이, 베를린에는 신문 3, 방송 1, 통신 1사의 특파원이 주재한다. 브뤼셀에서는 특파원 1명이 방송(연합뉴스TV)과 통신(연합뉴스)을 동시에 담당한다.

은 전문가들이 아프게 지적하듯이 유럽에 대한 전략으로 발표한 것이 사실상 없다. 포괄적이며 전반적인 유럽에 대한 전략을 발표할 필요가 있다. 일단 전략이 발표되면 이후 보완하며 수정해 나가는 것은 그다지 많은 노력이 필요하지 않는다.

## 유럽연합의 북한 문제 역할

유럽연합은 북한 문제에 많은 관심을 가지고 있지만 그 역할이 부각되지는 않는다. 유럽연합이 북한을 압박할 수단도, 북한을 끌어올 유도책도 충분하게 갖고 있지 않기 때문이다. 유럽연합의 북한과의 무역이나 북한에 대한 지원은 의미 없는 수준으로 축소되었다. 유럽연합이 북핵 문제나 러시아-우크라이나 전쟁 관련 북한에 제재를 부과하여도 북한에 아프게 다가오지 않는다.

유럽연합은 북한 문제를 다루는 데 있어 우방국인 미국, 한국, 일본과 공조를 중시한다. 규범을 중시하는 유럽연합의 특성에서 비롯된 것도 있지만 유럽연합이 자신들이 보유한 카드의 한계를 인식하고 있기 때문이기도 하다. 다만 유럽연합은 북한에게 블루오션과 같은 상대이다. 장래의 협력 가능성이 많다.

북한은 유럽연합과의 교류를 마다하지 않는다. 북한이 핵 문제를 해결하여 미국, 일본과 수교하는 상황이 온다면 바로 외교 영역을 넓힐 수 있는 지역이기도 하다. 북한은 유럽연합과 정치대화, 인권대화를 유지하였을 뿐 아니라 유럽의회 한반도관계대표단과 상호 방문을 유지하면서 유럽연합을 미국에 비하여 더 나은 적대 상대(lesser evil)로 보는 태도를 보여 주었다.

북한은 자신들의 생존에 직접적으로 관계되는 국가는 미국이라고 생각하면서 미국에 긍정적 영향을 줄 수 있는 국가들로서 유럽을 인식하는 것으로 보인다. 유럽은 북한 내의 인권 문제를 제기하고 북한에 대해 제재를 이행하기도 하였지만 북한이 견딜 수 없는 정도의 고통을 주는 것은 아니었다. 오히려 유럽은 북한에 대해서 많은 인도적인 지원을 제공하였다.

마이클 힌들리(Michael Hindley)와 제임스 브리지스(James Bridges)는 지정학 고려상 북한은 중국과 같은 결론을 내릴 가능성이 있다고 말한다. "유럽연합은 자신의 존재보다도 대안을 제기하는 것으로부터 이익을 얻는 중립적인 제3의 세력이다. 중국은 유럽연합이 시작되는 1956년 이를 인정하였는데 강력한 경제블록이 발전한다면 중국의 커다란 라이벌인 소련의 서쪽에서 유용한 대항세력이 될 것으로 보았다."12)

6개 유럽연합 회원국은 북한에 공관을 유지하며 북한도 9개 회원국에 공관을 유지하고 있어 상호 소통이 가능하다. 점차로 외교공관의 수를 줄여 오고 있는 북한이 세계의 동향을 파악할 수 있는 많지 않은 통로인 셈이다. 특히 북한으로서는 미국의 동향을 파악할 수 있는 통로이다. 트럼프 2기 행정부에서 미국-북한 간 핵 협상이 재개될 수 있다. 러시아-우크라이나 전쟁이 종료됨에 따라 러시아에 대한 북한의 가치가 줄어들게 되면 북한은 미국과의 협상을 더 중요시할 것이다. 유럽연합이 북핵 문제와 북한의 인권 문제에 더 많은 역할을 할 수 있는 기회가 올 수 있다. 국제사회가 유럽연합을 주목해야 할 이유이다.

---

12) Michael Hindley and James Bridges, "4. Europe and North Korea," in Hazel Smith, et al. eds., *North Korea in the New World Order*, p.82

# 참고문헌

스마트폰으로 아래의 QR코드를 인식하면 참고문헌을 확인하실 수 있습니다.

# 인명 색인

# 사항 색인

## 저자 소개

**김형진**

서울대학교 국가미래전략원 객원연구원 겸 한국원자력통제기술원 정책위원이다. 서울대학교 경제학과를 졸업하고 미국 프린스턴(Princeton) 대학교에서 정책학 석사학위를 취득하였으며 일본 정책연구대학원대학 박사과정을 수료하였다. 일본 도쿄대학 객원연구원, 와세다대학 초빙연구원으로 수학하였다.

2022년 5월 퇴직할 때까지 38년 넘게 정부에서 근무하며 국가안보실 제2차장, 서울시 국제관계대사, 주벨기에유럽연합 대사, 외교부 차관보, 기획조정실장, 청와대 외교비서관, 북미국장 등을 맡았고 6자회담, 4자회담, KEDO 협상 등에 참여하였다. 미국, 가나, 중국, 벨기에 등에서 근무하였다.

현재는 국내외 대학에서 강연을 진행하며, 국내외 학술지에 다양한 논문을 기고하고 있다.

왜 유럽연합은 한국외교에서 잘 보이지 않을까

초판발행        2025년 6월 10일

지은이          김형진
펴낸이          안종만 · 안상준

편 집          박세연
기획/마케팅     노 현
표지디자인      BEN STORY
제 작          고철민 · 김원표

펴낸곳          ㈜ **박영사**
               서울특별시 금천구 가산디지털2로 53, 210호(가산동, 한라시그마밸리)
               등록  1959. 3. 11. 제300-1959-1호(倫)
전 화          02)733-6771
f a x          02)736-4818
e-mail         pys@pybook.co.kr
homepage       www.pybook.co.kr
ISBN           979-11-303-2333-6  93340

정 가          19,000원